F. W. Bernstein / Robert Gernhardt / F. K. Waechter

DIE DREI

Die Wahrheit über Arnold Hau / Besternte Ernte /
Die Blusen des Böhmen

F.W. Bernstein / Robert Gernhardt / F.K. Waechter

DIE DREI

Die Wahrheit über Arnold Hau / Besternte Ernte / Die Blusen des Böhmen

Zweitausendeins

1. Auflage, Oktober 1981. / 2. Auflage, November 1981.
3. Auflage, Dezember 1981. / 4. Auflage, Januar 1982.
5. Auflage, März 1982. / 6. Auflage, November 1982.
7. Auflage, Juni 1984. / 8. Auflage, Februar 1985.
9. Auflage, Oktober 1986. / 10. Auflage, November 1987.
11. Auflage, Oktober 1989. / 12. Auflage, November 1990.
13. Auflage, Oktober 1992. / 14. Auflage, August 1993.
15. Auflage, Oktober 2002. / 16. Auflage, Dezember 2002.
17. Auflage, Februar 2005. / 18. Auflage, Dezember 2006.
Gesamtauflage jetzt 67000 Stück.

Umschlagmotiv von F. K. Waechter.
Umschlaggestaltung Hanno Rink.
Herstellung Dieter Kohler GmbH, Wallerstein.
Druck Gutmann + Co GmbH, Talheim.
Bindung G. Lachenmaier, Reutlingen.

Dieses Buch gibt es nur bei Zweitausendeins im Versand, Postfach, D-60381 Frankfurt am Main, Telefon 069-420 8000, Fax 069-415 003.
Internet www.Zweitausendeins.de, E-Mail Service@Zweitausendeins.de.
Oder in den Zweitausendeins-Läden in Berlin, Düsseldorf, Frankfurt am Main, Freiburg, 2 x in Hamburg, in Hannover, Köln, Leipzig, Mannheim, München, Nürnberg, Stuttgart.

In der Schweiz über buch 2000, Postfach 89, CH-8910 Affoltern a. A.

ISBN 978-3-86150-022-3

Die Wahrheit über Arnold Hau

Die Wahrheit über

ARNOLD HAU

Herausgegeben von
Robert J. Gernhardt, F. W. Bernstein
und F. K. Waechter

Durchgesehene und nicht verbesserte Neuauflage
des Erstdrucks von 1966.

INHALTSVERZEICHNIS

„Alles, was ich über den Kuckuck gehört habe", sagte Goethe, „gibt mir für diesen merkwürdigen Vogel ein großes Interesse. Er ist eine höchst problematische Natur, ein offenbares Geheimnis; das aber nichtsdestoweniger schwer zu lösen, weil es offenbar ist."

Johann Peter Eckermann: Gespräche mit Goethe in den letzten Jahren seines Lebens. Band I; Gespräch vom Montag, den 8. Oktober 1827, in Jena.

Daher wird unter allen Tieren der Mensch allein Mensch genannt, weil er zusam*mensch*aut, was er gesehen hat.

aus: Plato: Kratylos. 399c.
Platon, sämtliche Werke Bd. 2, Rowohlt Hamburg;
in der Übersetzung von Friedrich Schleiermacher.

Wenn die Araber gleichsam die Spanier des Orients sind, so sind die Perser die Franzosen von Asien . . .

aus: Immanuel Kant, Beobachtungen über das Gefühl des Schönen und Erhabenen, Vierter Abschnitt: Von den Nationalcharakteren, insofern sie auf dem unterschiedlichen Gefühl des Erhabenen und Schönen beruhen.
Kants Werke in drei Bänden, hrsg. v. A. Messer, Verlag Knaur Nachf., Berlin u. Leipzig, o. J. S. 210.

Krrrchr,
rrchch
chrr

Vorwort

Ist es möglich, daß auch heute noch ein Dichter von den literarisch Interessierten unbemerkt bleibt? Unbemerkt trotz der vielbeschrienen Massenmedien, die doch angeblich dafür sorgen, daß kein Wort verlorengeht, daß jedes auch noch so kümmerliche Talent zu Gehör kommt? Es ist möglich. Arnold Hau blieb unbemerkt, und sein Nicht-Ruhm kommt einem vernichtenden Urteil über das Vermögen der Literaturkritik und den Horizont der kulturellen Meinungsmacher gleich.

Es sage keiner, Hau sei selber schuld an seiner Unbekanntheit. Es stimmt, daß er seine Kräfte scheinbar verzettelte. Es stimmt, daß er stets mehr war als nur ein Dichter. Er leistete ebenso Bedeutendes als Zeichner, Denker, Städteplaner und Polemiker. Als Entdecker der Grottenmaus schlug er ein neues Kapitel der nacheinsteinschen Zoologie auf, als Mathematiker legte er den Grundstein zu einer Synthese der komplexen Mathematik und den Erkenntnissen der modernen Gestaltspsychologie – es sei zugegeben, daß es schwer ist, einen Menschen von so vielfältigen Talenten auf eine Formel zu bringen. Aber wie konnte man ihn übersehen?

Der Einwand, man habe Hau nicht kennenlernen können, da er zu seinen Lebzeiten so gut wie nichts veröffentlichte, gilt nur bedingt. Denn warum konnte er so gut wie nichts veröffentlichen? Etwa, weil er es nicht wollte? Nein. Sondern weil es keine Plattform gab, die ihn zum Gehör kommen ließ. Denn er war immer ein Unbequemer. Den Agnostikern mißfiel sein Glaube an die Notwendigkeit eines Gesetzes, den Modernisten sein Wurzeln in den besten Traditionen des Abendlandes, den Konservativen sein unbekümmertes Zerschlagen aller überkommenen Werte, den Kapitalisten sein unbedingter Sozialismus und den Sozialisten sein Wunsch, möglichst schnell reich zu werden. Überall eckte er an. Und doch besteht kein Zweifel, daß nicht nur Literatur- und Kunstkritik, sondern das gesamte kulturelle Deutschland an Arnold Hau eine schwere Schuld gut zu machen hat.

Es ist eine tragische Pointe, daß dieses Buch, das erstmals den ganzen Hau zeigt, seine Entstehung ebenfalls einer Schuld, einem Wortbruch, verdankt.
Kurz vor seinem bis heute ungeklärten Verschwinden im Jahre 1962 ließ Arnold Hau mich, den Herausgeber, zu sich kommen und nahm mir das Ehrenwort ab, seine Arbeiten – ganz gleich, ob Zeichnung oder Geschriebenes – zu vernichten, wenn ihm etwas zustoßen sollte. „Denn was wäre damit gewonnen, wenn meine Werke gedruckt würden?“ fragte er mich und fuhr selber fort: „Sie würden den jungen Menschen verwirren, den Erwachsenen erregen oder apathisch werden lassen, den Greis bestürzen und das Weib zu Hochmut und Ausschweifung veranlassen ...“ Und dann zeigte er mir drei kleine, gelbe Kistchen, die er aus Sandelholz hatte anfertigen lassen. „Diese drei kleinen Särge enthalten mein Werk. Sandelholz brennt gut. Ich hoffe, daß Sie wissen, was Sie zu tun haben, lieber Jeman ...“
Zwei Tage darauf „stieß“ Arnold Hau wirklich etwas „zu“. Er verließ seine Berliner Wohnung in der Habsburger Straße und kehrte nie mehr zurück. Zweimal wurde er noch gesehen, an der Gedächtniskirche und an einer Wegscheide im Württembergischen. Danach verliert sich seine Spur. Die Suche nach ihm blieb erfolglos.
Daß ich mein Wort nicht einhielt, beweist der vorliegende Band. Ich durfte es nicht einhalten. Denn obwohl ich Haus Befürchtung, sein Werk werde in schlecht unterrichteten Köpfen Verwirrung und Unheil anrichten, verstehe, so glaube ich doch, daß die Öffentlichkeit nun endlich reif für die Auseinandersetzung mit dem Werk dieses Mannes ist.
Dabei verkenne ich nicht die Schwierigkeiten der Hau-Lektüre. Dem Leser wird die verwirrende Vielfalt der Formen, Stile und Ausdrucksweisen in seinem Werk zunächst labyrinthisch vorkommen. Doch gibt es einen roten Faden, der all diese Bruchstücke einer großen Konfession durchzieht. Es ist die Frage, die der junge Hau nachweislich bereits 1911 im Seylerschen Badehause stellte und die er seitdem zu stellen nicht müde wurde, die Frage: „Was ist der Mensch?“
Nur wenn man begreift, daß alle Arbeiten Haus als Antworten auf diese Frage aufzufassen sind, lassen sie sich mit wirklichem Gewinn

lesen. Daß er die Antworten, die er fand, immer wieder verwarf und nach neuen suchte, zeugt für seine unbestechliche Ehrlichkeit, daß er die Suche nicht abbrach, für sein Künstlertum. Er lebte ein exemplarisches Leben: wie ein Komet durchmaß er weite Räume, lebte, sang und erlosch.

Es schien mir daher das Sinnvollste, die Arbeiten biographisch zu ordnen. Dadurch wird es dem Leser ermöglicht, Schritt für Schritt am Suchen Arnold Haus teilzunehmen. Wenn es nötig war, habe ich den Arbeiten einige erklärende Worte beigefügt, andere, wie so manches Blatt aus seinen zahlreichen Skizzenbüchern, ließ ich für sich sprechen.

Mein Dank gilt den Herren F. W. Bernstein und F.-K. Waechter, die unermüdlich zur Hand waren, sowie der Stadtbücherei Flensburg, dem Deutschen Industrieinstitut, der Unesco und dem Verband Belgischer Pfadfinder. Nicht zuletzt gebührt er jedoch Herrn Kraneel, der mit seiner Weigerung, auch nur das Geringste zum Zustandekommen des Werks beizutragen, die Edition wesentlich beschleunigte.

Zürs, den 24. 12. 1966 *Lützel Jeman*

DER FRÜHE HAU

DER JUNGE MENSCH

28. Januar 1900. Im Hause des Posthalters Josef Hau und seiner Ehefrau Elena, geb. Strahm, klingen die weingefüllten Gläser. Man feiert die Taufe des ersten Sohnes Arnold Hau. Während der Feier, so berichtet ein guter Bekannter der Familie, sei Großvater Strahm an die Wiege getreten und habe gesagt: „Eidibeididaduda KiKiKiKi Kiiiiieks." Darauf soll Arnold fröhlich gelacht haben.
Diese Fröhlichkeit ist typisch für den jungen Hau. Er hat sie von der Mutter ererbt, einer Frau aus der Schwalm, jenem heiteren Landstrich südlich von Bregenz. Ein Zufall verschlug sie in den Norden. Auf der Jubiläumsaussstellung „100 Jahre Schwalm" lernte sie jenen ernsten jungen Posthalter kennen, den die Oberpostdirektion Dortmund zum Studium des Posthalterwesens nach Bregenz geschickt hatte. Er heiratet das frische Mädchen und zieht mit ihr nach Dortmund, später erst wird er nach Ratzeburg versetzt. Dort wird auch der Sohn Arnold geboren, und bald schon kommt in ihm das väterliche Erbgut zum Durchbruch: die äußere Gestalt, ein gewisser Ernst, die Liebe zum Wassersport.
Doch vorerst dominiert das mütterliche Erbe. Unter ihrer Anleitung beginnt er schon früh zu malen und zu dichten, doch noch ist nicht die Frage nach dem Menschen der Motor seiner Kunst, sondern kindliches Einssein mit dem, was ihn umgibt. 1907 bis 1911 sind diese Tierbilder zu datieren. Sie mögen auch in diesem Buch am Anfang stehen. Wie Hau selbst einmal wehmütig sagte, hat er diese Gelöstheit – und er ist darin Mozart vergleichbar – nie wieder erreicht.

Armes Häschen, bist du krank,
daß du nicht mehr hüpfen kannst?

Da sprach das Kalb
zur Kuh;
ich bin halb
so groß wie du.
Ich reich dir bis zum Euter
und nicht weiter

Der Fuchs, der ist in großer Not,
gleich machen ihn die Gänse tot.

DER UNBEHAUSTE MENSCH

Das Kind Hau beginnt zum Jüngling zu reifen. Noch fragt er nicht nach dem Menschen, doch schon macht er die ersten bitteren Erfahrungen, die jeder Mensch früher oder später erlebt. Der Einfluß der Abenteuerbücher, die er liest, das tägliche Einerlei, die Engstirnigkeit der Lehrer, das Unverständnis seines Vaters für seine künstlerischen Pläne (Hau arbeitet damals an Entwürfen für einen Neubau des Kölner Doms) – all diese Faktoren wirken zusammen. Arnold Hau hält es nicht mehr in der Enge der Vaterstadt, er will die große Welt erleben, heimlich bricht er von zu Hause auf. Sein Ziel: das Meer, der Hafen von Beitzburg.
Dort heuert er als Smutje auf der „Selma Lagerlöf" an, doch bald erkennt er, daß es müßig ist, das Glück in der Fremde zu suchen.
„Der Einsame ist überall einsam", notiert er überraschend frühreif und er fügt den noch überraschenderen Satz hinzu: „Wo ich auch bin, ist's nichts und überall kann ich nicht sein . . ."
Tief enttäuscht mustert er schon in Heudelsleev ab und kehrt heim. Dort verarbeitet er seine Erfahrungen in einem sehr schönen Gedicht und in einer ausgezeichneten Geschichte. So haben sich seine bitteren Erfahrungen letzten Endes doch gelohnt. Freilich steht Hau die entscheidende, schmerzhafte Erfahrung noch bevor. Denn wie „heil" seine Welt im Grunde immer noch ist, zeigt die ebenfalls kurz nach seiner Rückkehr entstandene Bildfolge „Der gestohlene Mond".

Cristobal

Morgengrau. Leiser Nebel über den Wellen. In ungewisser Ferne der blasser werdende Horizont des atlantischen Ozeans.
Am Ausguck steht, hochgewachsener Genuese, Cristobal Colon, der Tuchwebersohn. Er findet keinen Schlaf in der Nacht. Unruhe treibt ihn auf Deck umher, seit Stunden schon geistert er herum. Wie wird das alles noch enden?

Er starrt in die dämmernde Ferne – nichts, nichts . . . noch immer nichts –
Und doch ist er am 3. August 1492 von Palos losgesegelt. Drei kleine Schiffe nur – „Santa Maria“, „Passacaglia“ und „Mubf“ – 120 Mann Besatzung, Kerle wie Pech und Schwefel. Und die Zusicherung der erblichen Würde eines Großadmirals und Vizekönigs in den Ländern, die er entdecken würde . . .
Wird er sie entdecken? 51 Tage schon auf See – vergebens sein Suchen im Ozean, stumm die Wogen. Sein Harren und Starren umsonst? Vergeblich? Das ihm, Cristobal Colon, dem hochgewachsenen Tuchwebersohn?
„Ich wills nicht hoffen“, denkt er, „und doch . . .?“
Hat er sich zuviel vorgenommen? Hat man ihm nicht gesagt: Cristobal Colon, das geht nicht gut?
Schneller durchmißt er den Bugsprit. Er müßte es schaffen . . . müßte, muß! Doch wird er? Wird er es sehen, das Land, das gelobte Land, wo der Pfeffer wächst und die Potatenfrucht? Das ist die Frage, seine Frage. Und die Antwort? Die Antwort für Cristobal Colon, den Genueser in spanischen Diensten? Ruhelos und still schlagen die Wellen ans hölzerne Schiff . . .
Im Mastkorb der Trocadero, der Späher, fest die Schnallen ums spanische Wams. Frage . . . Kopfschütteln. Noch immer nichts.
Rastlos steht wieder der Colon. Noch ist er Genuese, Tuchwebersohn. Und er hofft. Doch wie lange noch? Gibts Grund zur Hoffnung? Wächst ihm nicht schon alles über den Kopf? Nicht den Blick abwenden, Colon! Dort, im Tauwerk, kauert der Schiffshund, die Zitrone gegen Scorbut tief im röchelnden Rachen. Schläft er? Hat das Tier mehr Hoffnung als er, der Mensch, der Genuese Cristobal Colon? Fragen . . .
Es wird heller.
Ob dieser neue Tag die Entdeckung bringt, oder der nächste Tag, oder der Tag darauf, oder . . . gibt es gar keine Entdeckung? Nicht daran denken!
Am 3. August ist er von Palos nach den Canarischen Inseln abgesegelt, am 6. September weiter nach Westen, am 13. September hat er entsetzt die Deklination der Magnetnadel beobachtet. Und jetzt?

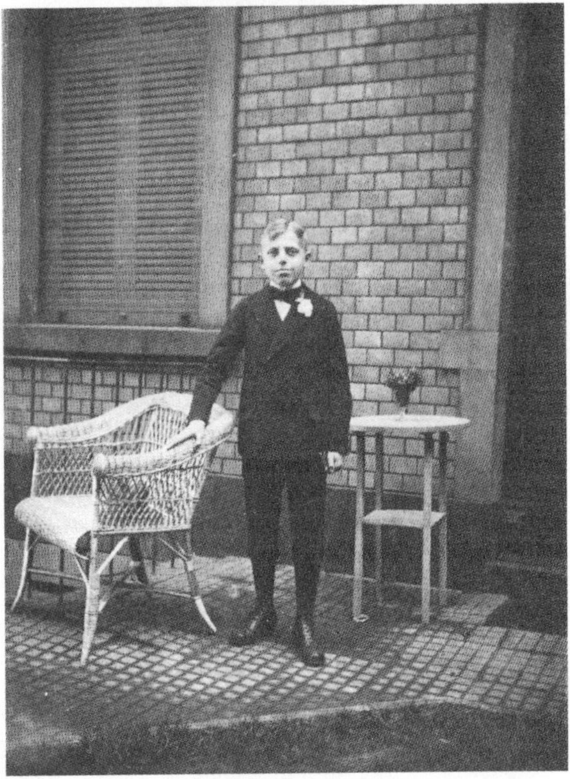

Eben hat der blutjunge Arnold Hau sein Abitur mit der Note „Erstaunlich“ bestanden, und schon gibt er auf einer improvisierten Pressekonferenz das Ergebnis bekannt. Dieser heute nicht mehr ungewöhnliche Vorgang rief damals – vor über vierzig Jahren – noch einiges Aufsehen und beträchtliche Befremdung hervor.

Beim Musizieren offenbarte Arnold Hau die zwei Seelen, die in ihm wohnten.
So zeigte sich am 3. März 1929 der glückhaft-fröhliche Arnold Hau, der in gelöster Spiellaune eben ein großes Wagner-Potpourri beendet. 30 Jahre später erblicken wir den früh gealterten Arnold Hau, der, tief beunruhigt und von Sorge gezeichnet, am 21. September 1959 vor Eintritt der partiellen Sonnenfinsternis seine Sinfonietta für Laute solo zuende bringen muß.

„Und wenn das Ziel trügt?“ flüstert er, „Wenn ich einem Phantom nachjage? Jage ich einem Phantom nach? Phantom ... Phantom! Sind nicht alle Entdeckungen Phantome erst gewesen, verlacht, verspottet als Plan und närrisches Vorhaben? Oder ist es nicht so, ist nur mein Plan verlachte Narrheit ... ?“ Heller werden die Wellen, doch stumm bleibt der unergründliche Ozean.
Bleibt er stumm? Raunt er ihm nicht Hoffnung zu? Oder Zweifel? Narrheit! Aber jede große Tat ist Narrheit! Oder fast jede ...
Gestern wars – der Obermaat zu ihm: „Was meint Ihr, Capitan, wie wir zu den kleinen runden Frauchen an Land hüpfen werden!“ Glücklicher einfacher Mann, der keine Zweifel kennt.
Doch vor Tagen der Segelflicker, der schlichteste Mann an Bord: „Ich weiß nicht, ich weiß nicht, Capitan, wie das noch enden soll.“ War das glückliche Zuversicht?
Wohl kaum.
Aber sind nicht stets die Zweifel die stärksten Triebfedern, lösen sie nicht grade die lösende, klärende Tat aus? Allerdings, Cristobal, der Tuchwebersohn, verhehlt es sich nicht, oft sind sie Hemmschuhe, oft ist fehlende Zuversicht die Wurzel des Mißerfolgs.
Was aber gilt in seinem Fall? Was ist gut für sein Vorhaben: Zweifel oder Zuversicht? Wenn sein Plan gelingt, wem wird er es verdanken? Wenn-wenn-wenn ... wenn kein Land ist hinter den Wogen, dann hilft weder Zuversicht noch Zweifel!
Wie klein doch sein Schiff ist, verglichen mit den Ausmaßen des Ozeans. Geringe Chancen! Überhaupt Chancen? Aalglatt und ohne Antwort liegt das Meer in der kühlen frühen Morgensonne.
O warum ist er nicht Tuchweber geworden, wie sein Vater, der Genuese? Warum will er ausgerechnet Entdecker sein, er Cristobal Colon? Ein Entdecker, der nichts entdecken wird ...
„Ein Entdecker, der nichts entdeckt, das ist ... das ist das Verächtlichste von der ganzen Welt.“ Er ruft's und speit aus.
Ihn fröstelt. Der Morgen ist kühl.
Klappern auf dem Vorderdeck. Dort, der alte Segelflicker bereitet Kräuterteer. Ruft ihm zu: „Capitan, Commodore, wir werden es schaffen. Bald hüpfen wir an Land zu den kleinen, runden ...“ Unwirsch wendet Colon sich ab. Will man ihn, den hochgewachsenen

Genuesen verhöhnen? Er geht zur Luke, steigt unter Deck. Wie soll er jemals Großadmiral werden und Vizekönig . . .
Ein leerer Tag steht ihm bevor, wieder ein Tag ohne den Fleck am Horizont, ohne den ersehnten Blick auf die dunkle Zwiebelscheibe der Küste . . .
Vor ihn tritt der Obermaat, grüßt schwer und murmelt: „Capitan, ich weiß nicht, ich weiß nicht, wie das noch enden soll . . .“ Wortlos läßt ihn Colon stehen, schließt sich ein ins Ruderhaus.
Gibt er auf?
Aber keineswegs.
Am 16. September 1492 gelangte Cristobal Colon in das Sargassomeer, landete am 12. Oktober auf Guanahani (Watlinsinsel), entdeckte am 28. Oktober Kuba, am 6. Dezember Haiti (Hispaniola), trat am 4. Januar seine Rückreise an und war am 15. März in Palos. Zum Granden erhoben verließ er mit 17 Schiffen und 1200 Mann am 25. September 1493 Cadiz, war seiner Sache diesmal sicher und entdeckte am 3. November Dominica, dann Marie Galante, Guadeloupe, Antigua und Puerto Rico und am 5. Mai 1494 Jamaica.
„Warum nicht gleich“, sagte er.
In seinem ganzen Leben jedoch ist Cristobal Colon, der hochgewachsene Genuese, Grande, Großadmiral und Vizekönig, nie nach Königsberg reingekommen.
Das muß man sich einmal überlegen!

Verwirrte Sehnsucht

Ein Drängen ist in meiner Brust,
wovon ich früher nichts gewußt.
Das Drängen drängt mich nach und nach
nach Bacharach, nach Bacharach . . .

Dort angekommen fühl ich bald
ein neues Drängen mit Gewalt.
Und dieses lockt mich in die Welt
nach Gröbelsfeld . . . nach Gröbelsfeld.

Ich finde dort auch keine Ruh,
schon schnür ich meine Wanderschuh –
ich spür der Sehnsucht neuen Keim
nach Lampertzheim ... nach Lampertzheim.

Selbst dieser Drang wird nicht gestillt,
obwohl dies Städtchen klar und mild.
Ein neuer Drang drängt – noch amorph –
nach Nollendorf ... nach Nollendorf.

Doch ach – hier bleib ich auch nicht lang,
schon fühl ich wieder einen Drang,
der ruft mich weg von dem Radau
nach Schlefelau ... nach Schlefelau.

Dort endlich wird mir sonnenklar,
daß alles dies nur Vorwand war.
Das rechte Ziel! ich eile schon
nach Washington ... nach Washington.

Bei Gott! auch diese Hoffnung trog!
Doch immer fehlt im Katalog
noch eine Stadt – ich weiß, ich muß
nach Syrakus ... nach Syrakus.

Vom Ziel trennt mich dort eine Kluft.
Ich merks, ich hör den Berg, der ruft,
und ich beginn die Reis von vorn
zum Matterhorn ... zum Matterhorn.

Dort merk ich es endlich, dort weiß ich Bescheid,
was ich muß, was ich soll – ganz gewiß!
ich eile, ich fliege – es ist nicht mehr weit –
nach Rom, nach Madrid, nach Paris.

Der gestohlene Mond

DER ZWEIFELNDE MENSCH

1915: ein unscheinbares Ereignis verwandelt den jungen Hau in jenen Sucher, der er sein Leben lang bleiben sollte. Hau arbeitet gerade an einer auf 70 Blätter geplanten Bildfolge „Die Hand des Höchsten", das Werk macht schöne Fortschritte, da schenkt ihm sein Onkel aus Clausthal-Zellerfeld eine aus 25 Bänden bestehende philosophische Handbibliothek. Hau nimmt, liest und erkennt betroffen, wie wenig der Mensch eigentlich über sich und sein Menschsein weiß und wie viele Wahrheiten es gibt.
Seine Glaubenssicherheit ist nachhaltig erschüttert. Er zeichnet an seiner Bildfolge weiter, doch manichäisches Gedankengut dringt hinein, der Einfluß Feuerbachs wird in einem Blatt wie dem mit dem Hasen deutlich – es ist eine Paraphrase des Satzes „Der Mensch schuf Gott nach seinem Bilde". Eine Variation des nietzscheschen „Gott ist tot!" bildet den Schluß, eine weitere Fortsetzung ist nicht möglich und unterbleibt. Bereits damals aber spürt der junge Hau, daß man auch in geistigen Dingen nichts zerstören darf, ohne etwas anderes an die Stelle zu setzen. Wenn der Mensch nicht als Geschöpf Gottes begriffen werden kann, als was dann?
Haus Suche beginnt.

Die Hand des Höchsten

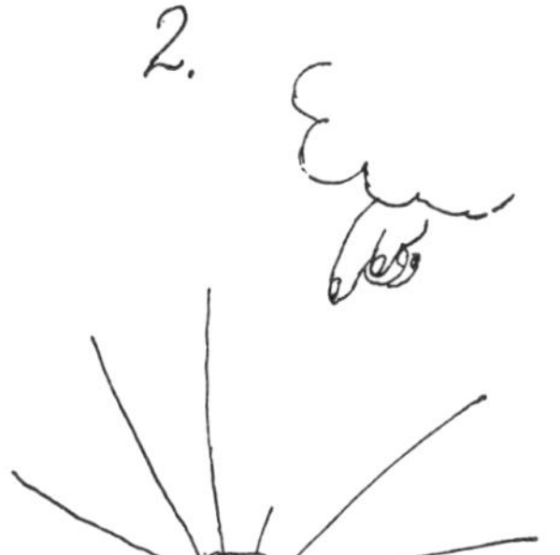

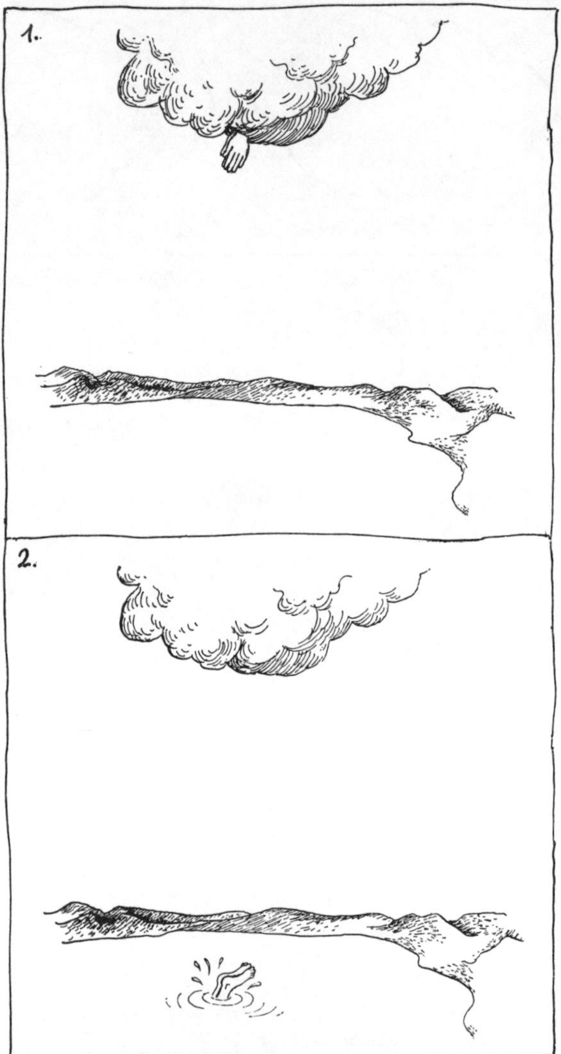
1.
2.

DER MENSCH ALS OPFER DES EROS

1920. Hau begegnet einem Menschen, der ihm während der nächsten Jahre viel bedeuten sollte: Marianne Lechner, der Schwester seines Milchbruders Georg Lechner. Ein an Arnold Hau gerichteter Brief Mariannes vom 2. 5. 1920 ist erhalten geblieben. Er lautet:

Lieber Arnold, sei nicht bös,
meine Wirtin ist porös,
komm und schau sie dir mal an.
Tausend Grüße, Mariann.

Hau folgt dieser etwas scheinheiligen Einladung, und für eine kurze Zeit glaubt er, die wahre Natur des Menschen erkannt zu haben: Er ist ein Wesen, das Lust sucht und sich in Lust verwirklicht. Doch bald durchschaut er das Doppelgesicht des Eros. Der Lust ist ein steter Schatten beigesellt, der Ekel. Hau gerät zwischen diese beiden Pole, und nur indem er die Bedrohung gestaltet, kann er sich ihr entziehen.

Davon zeugen die Bildfolge „Froschkönig" und die Erzählung „Geheilte Liebesfolgen". Sie ist als burgundische Chronik getarnt, schildert jedoch durchaus persönliche Erfahrungen. Erfahrungen, die auch in anderen Zeichnungen der gleichen Zeit ihren Niederschlag finden.

Der Froschkönig

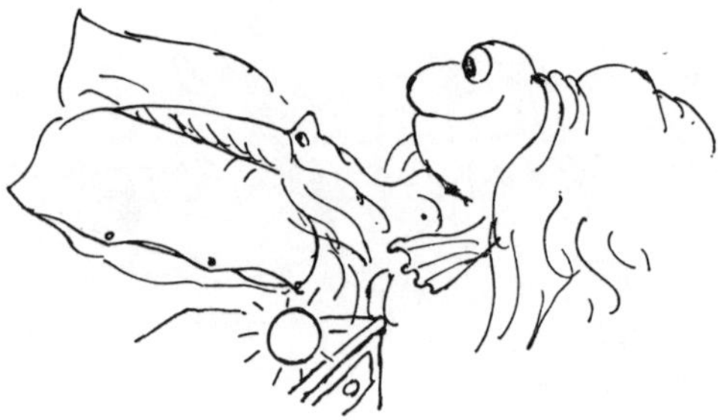

Aus burgundischen Chroniken

Geheilte Liebesfolgen

Früher, vor langen Jahren, als man die Schornsteine noch nicht kannte und die Krammetsvögel und Krickenten mit der bloßen Hand gefangen wurden, da herrschte Erwin Fil de Roi Lac über Burgund.

Er war weit und breit berühmt wegen seiner Sinnenlust und Weisheit. Auch an Entschlossenheit kam ihm keiner gleich, und habgierig war er, wie nur je einer aus Burgund. „Was ich hab, das hab ich!“ war sein Wappenspruch, und weise pflegte er zuzugreifen, wenn er sich entschloß, seiner Lust zu frönen.

Einmal sah er von seinem Söller aus ein wunderschönes Mädchen in der Ferne. Das aber war die Küferstochter Isabell. Und ihr einmaliger Anblick ließ den Burgunder nicht mehr los. Fortan war er nur noch vor einem Gedanken und einem Gefühl beherrscht: Isabell. Unaufhörlich wuchs sein Verlangen nach ihr – kein Zweifel: Erwin Fil de Roi Lac liebte. Und diese starke Liebe zu dem fremden Küfersmädchen wandelte ihn völlig. Unruhig, rastlos irrte er durch sein

Schloß, kaum war er wiederzuerkennen. Wo war seine alte Entschlossenheit, wo sein sinnenkräftiges Wesen? Wo schließlich blieb seine Gier? Er war nur noch ein Schatten seiner selbst – zerrüttet und zerfallen.

Lange konnte es so nicht weitergehen. Auf Zuraten seiner besorgten Umgebung sagte sich endlich nach Monaten der Burgunderfürst: Länger trag ich es nicht mehr! Und er ließ nach der schönen Küferstochter schicken.

Sie kam auch sofort, hörte sein Werben und sein burgundisches Flehen und ward noch in selbiger Nacht seine Geliebte, ja, seine Frau.

Burgund hatte eine Fürstin, doch, was noch wichtiger war: wieder einen Herrscher. Rasch nämlich genas Erwin Fil de Roi Lac von seinem Liebesschmerz, ja, er blühte förmlich auf. Entschlossen blitzten seine Augen, er genoß neue und unbekannte Küferslüste und mehrte mit neuerwachter Habgier sein Reich, getreu seinem Wappenspruch. Und endlich bestimmte auch wieder alte burgundische Weisheit sein Handeln, und er sagte sich: Eine Küferstochter ist eine Küferstochter und letztlich auch nur eine Frau. Also, was solls?

Rasch entschlossen ließ er sie in ein Kloster bringen und feierte schon am nächsten Abend ein rauschendes burgundisches Schenkelfest mit zweiundzwanzig provençalischen Fürstenmädchen, die ihm zu Willen waren, auch als er ihre goldenen Knöchelkettchen einforderte und sie rechtzeitig des Landes wieder verwies, weil er zu neuen Taten einen klaren Kopf brauchte.

Aus Hau's „Erotischem Skizzenbuch"

Zwei Herzen

Der liebestolle Schneemann

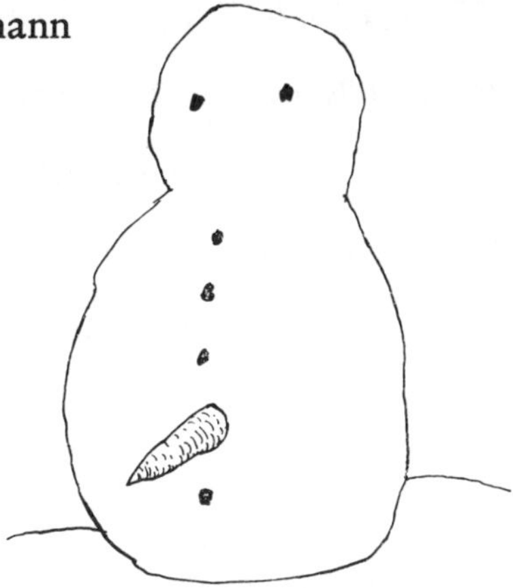

Königskinder – heute

HOMO SAPIENS

1921. In Rilke gären die Duineser Elegien, Hermann Hesse arbeitet an dem Riesenwerk des „Siddhartha", die erste dampfgetriebene Uhr legt die Stunde in der bis dahin für undenkbar gehaltenen Zeit von 27 Minuten zurück.
Auch für Arnold Hau beginnt in diesem Jahr ein neuer Lebensabschnitt: das Studium in Göttingen. Ein schmerzhafter Abschied von Marianne Lechner, ein Scheideblick aufs Vaterhaus, dann macht er erst mal Ferien bei seinem Onkel in Clausthal-Zellerfeld. Hier schreibt er das Gedicht „Heini Haberstroh", das er Marianne widmet.

Heini Haberstroh

In Clausthal-Zellerfeld
da kriegt man was zu seh'n für sein Geld.
Da macht jeden Montag um elf
Heini Haberstroh ein Faß auf.
Das schmeißt er dann mit gottsjämmerlichem Fluch
an die Wand –
und macht einen blitzeblauen Fleck,
und schaut drein wie Martin Luther,
so grimmig und so froh.
Dabei ist er nur
Heini Haberstroh.

In seinem Begleitbrief schreibt Hau: „Wenn Du dieses Gedicht gelesen hast, wirst Du wissen, wie es um mich steht . . ."
„Nein", notiert Marianne an den Rand – die Entfremdung nimmt ihren Anfang.
Hau beginnt sein Studium, er belegt die Vorlesungen des Germanisten Gorman, in dem er ein Vorbild sieht. Doch der bedingungslose Dienst am Wort, den Gorman predigt, ist Hau's Sache nicht. Seine Seminararbeiten aus dieser Zeit heben sich erfreulich vom Dogmatismus der Gorman-Schule ab – trotz oder gerade wegen der fast persönlichen Avancen, die Hau in einem Shakespeare-Referat dem Professor macht.

Mehr und mehr vernachlässigt er seine philologischen Studien. „Lieber lerne ich reiten, tanzen und voltigieren ...“ schreibt er seinem Onkel. Ob er diese Vorsätze wahrgemacht hat, wissen wir nicht, wohl aber nimmt Hau noch im selben Semester am Humor-Seminar von Prof. Emberdingkh teil, der damals an seinem grundlegenden Werk „Die Grundlagen der europäischen Komik“ arbeitet.
Doch auch hier scheint es Hau nicht lange Spaß zu machen, zumal er mit seiner ersten selbständigen Arbeit, dem „Tractatus logico-humoristucus“ in Emberdingkhs Seminar nur verhaltenen Spott und Gelächter erregt.
Nach diesem Fehlschlag schließt sich Hau enger an die sprachphilosophische Schule Eggelscher Prägung an, die zu der Zeit in Göttingen durch Professor Doenthsen vertreten wird. Doenthsen lobt Hau's „Versuch zur Dialektik der Poesie“, doch private Zwistigkeiten, in denen auch Carla, die Stieftochter des Professors, eine undurchsichtige Rolle spielt, führen zum Eklat: Doenthsen streicht Hau aus der Hörerliste.
Noch einmal wechselt er die Studienrichtung. Im mathematischen Seminar nimmt er an Professor Glauburgs „Übungen zur komplexen Zahlentheorie“ teil. Doch wieder hat er kein Glück. Seine „Zifferblätter“ finden – aus Gründen, die ich noch näher erläutern werde –, keinen Anklang.
Vom Studienbetrieb enttäuscht, beendet Hau das Sommersemester 1921, das er mit seinen germanistischen Referaten „Shakespeare und die deutsche Literatur“ und „Goethe und Schiller“ so verheißungsvoll begonnen hatte.

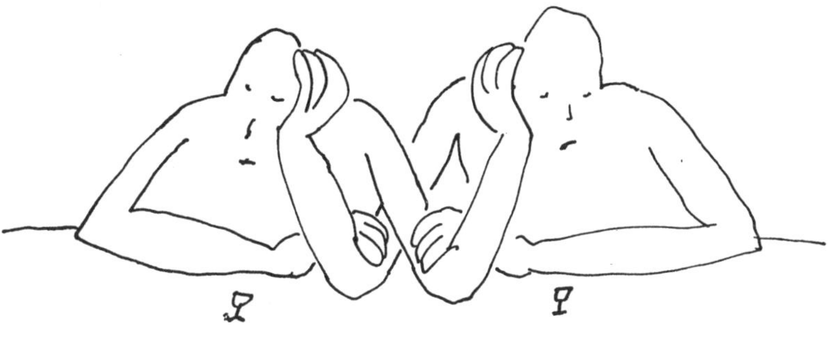

Shakespeare und die deutsche Literatur

Die Frage stellt sich: Inwiefern bestehen Beziehungen zwischen Shakespeare und der deutschen Literatur? Gibt es Zusammenhänge, die nicht so ohne weiteres von der Hand zu weisen sind? Diese Arbeit soll zur Klärung dieser Frage beitragen, eine eindeutige Antwort aber kann man billigerweise nicht fordern.

Teilaspekte der Problematik lassen sich rascher klären:

So sind etwa die gegenseitigen Einflüsse, die Querverbindungen, Adaptionen, Strukturähnlichkeiten, Motivübernahmen sowie die wechselseitigen Aneignungen thematischer oder formaler Art sattsam bekannt.

Betrachten wir aber unser Thema unter kulturgeschichtlichen Perspektiven, so erhebt sich die Frage: war dies alles notwendig? Wäre – als Denkmodell – nicht auch ein Shakespeare vorstellbar, der unbeeinflußt und ohne Wirkung seine Dramen schreibt und andererseits eine deutsche Literatur, die es ebenso hält. Hie Shakespeare also – und hie deutsche Literatur?

Solche Fragen stellen, heißt sich dumm stellen. Auf diese Weise Literaturgeschichte betreiben, hieße, von allen guten Geistern verlassen, einem bequemen Wunschdenken anhängen, das früher oder später zu völliger Ignoranz führt. Beziehungen zwischen literarischen Phänomenen leugnen kann nur der, der keine Ahnung von dieser Materie hat. Denn wie schon Prof. Gorman mit Recht in seinem Buch „Shakespeare und die deutsche Literatur" schrieb: „Wer Beziehungen zwischen literarischen Phänomenen einfach leugnet, setzt sich dem Verdacht unwissenschaftlicher Betrachtungsweise aus" und, am angeführten Ort: „Die stete Wechselwirkung zwischen Shakespeare und den Werken deutscher Schriftsteller ist eine Tatsache, an der wir uns nicht vorbeieskamotieren können."

Wir dürfen uns den Zusammenhang, den unser Thema anreißt, im Bilde einer Schaukel vorstellen – Shakespeare an einem Ende, am andern unser Schrifttum. Beide Partner verfügen zwangsläufig über beträchtliches Eigengewicht, sind somit wohl zu unterscheiden. Aber durch die Mechanik der Schaukel – die dem Kontinuum der Literarhistorie in etwa entspricht – ist ein unlösbarer Bezug geschaffen.

Auch der Vergleich mit einer Lawine sei herangezogen – einer Naturkraft, die im stetigen Rollen alles in ihre Bewegung miteinschließt. Das Bild vom Echo bietet sich an – wie Shakespeare in den deutschen Dichterwald hineinrief, so tönte es spätestens am Ende des 18. Jahrhunderts heraus.
Jedoch, das sei abschließend festgestellt – alle diese Vergleiche hinken. In Wirklichkeit sind die beschriebenen Verhältnisse wesentlich komplizierter. Shakespeare hat noch mehr mit der deutschen Literatur zu tun, als sich unsere Schulweisheit träumen läßt.

Goethe und Schiller

Die Nennung dieser beiden Namen soll uns hier beschäftigen.
Da ist zunächst Goethe. Er ist, insbesondere wenn er isoliert angeführt wird, durchaus ohne Schiller zu denken. Ebenso Schiller, der nicht unbedingt die Addition, die syndetische Verknüpfung mit „Goethe" braucht. (Ich verweise auf die Inschrift an seinem Geburtshaus in Marbach. Dort ist nur von Schiller die Rede.)
Beide, sowohl Goethe als auch Schiller, haben ihre dichterischen Arbeiten nur mit einem, meist ihrem eigenen Namen unterzeichnet. Wir sehen, der Anwendungsbereich der Doppel-Nennung „Goethe und Schiller" ist begrenzt. Sie erfüllt ihren Zweck an dem Denkmal von Rietschl, das tatsächlich beide Dichter darstellt. Dieses Monument, ein Sinnbild der Doppelformel Goethe und Schiller, ist ohne einen von beiden schwer vorstellbar. Fehlte einer, es verdiente kaum den Namen eines Goethe-und-Schiller-Denkmals.
Bei dem Denkmal von Dannecker in Stuttgart dagegen fehlt einer. Dannecker nannte das Werk: Schiller. Wir schließen daraus, daß es sich bei dem Fehlenden um Goethe handelt.

Arnold Hau bereitet seine Arbeit für Prof. Emberdingkhs Humor-Seminar intensiv vor. Es ist ein vollgeschriebenes Doppelheft erhalten, die „Prolegomena, Parerga und Paralipomena zum Tractatus logico-humoristicus". Drin finden sich neben Excerpten und Zitaten

aus Hegel, Giordano Bruno, F.Th. Vischer, Max Eyth und Abraham a Santa Clara auch durchaus eigenständige Notizen.
So etwa:
„Nicht vergessen: neben der Schermaus ist der Mensch das einzige Wesen, das lachen kann."
„Ein trauriger Clown muß auch ein fröhlicher Tragöde sein – über beide lacht man."
„Jedoch: Gäbe es gar keinen Unterschied zwischen Spaß und Trauer, so wären Ausdrücke wie ‚Spaßkloß' und ‚Trauervogel' durchaus alltäglich."
„Ich weiß, woher ich komme
ich weiß, wohin ich geh,
ich weiß auch, wo ich bin –
was wunders, daß ich fröhlich bin."
Jedoch gewinnen diese Sprüche erst ihre Evidenz im Zusammenhang mit Hau's Hauptarbeit, dem „Tractatus", der leider bei Emberdingkh keinen rechten Anklang fand.

Tractatus logico – humoristicus

1. Der Humor zerfällt in drei Teile.
2. Dargestellt am Beispiel des Nilpferdes lauten sie:

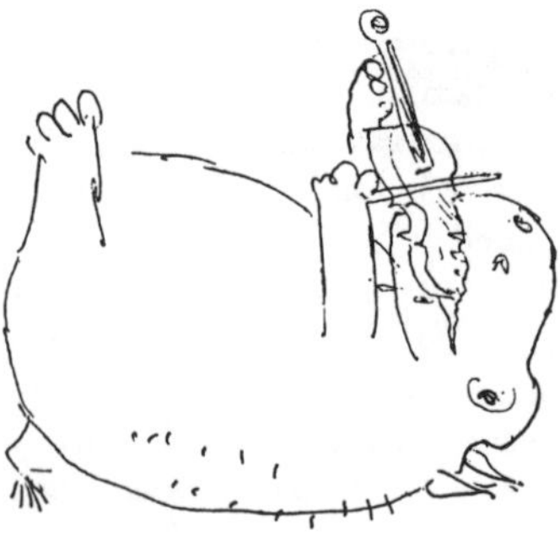

Skurriler Humor

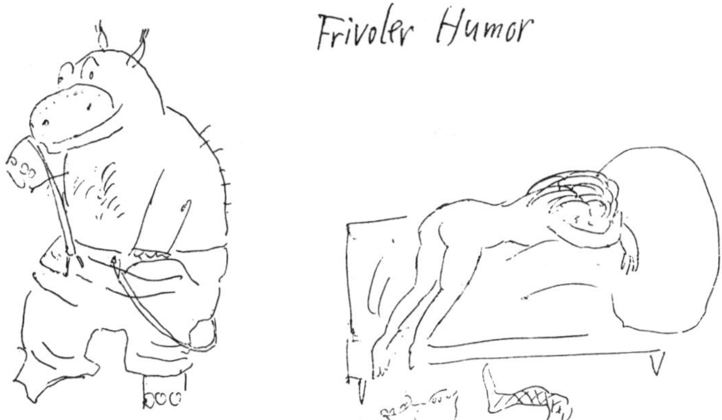

3. Was sich nicht unter diesen Kategorien subsumieren läßt, ist nicht oder nur bedingt als Humor anzusprechen.
4. Wovon man nicht reden kann, darüber kann man lachen.

Im Seminar Professor Doenthsens entsteht die folgende, anfangs begeistert aufgenommene Arbeit. Als der Professor jedoch ähnliche, von Hau handgeschriebene Verse in der Nachttischschublade seiner Tochter Carla findet, nimmt er plötzlich Anstoß an der angeblich unsittlichen Thematik und verstößt Hau aus dem Seminar. Wie die Verse in die Nachttischschublade des jungen Mädchens gekommen sind, wird wohl für immer ein Rätsel bleiben. Hau notiert in sein Tagebuch: „Dort werde ich doch nichts liegengelassen haben, oder?"

Versuch über die immanente Dialektik der Poesie

Inwieweit kann wechselnde Form den jeweiligen Gehalt eines Gedichtes bei gleichbleibender Thematik verändern?

A 1) *Thema im 3-hebigen Vierzeiler:*

Kam einst ein armer Schlucker,
zog sich die Hosen aus.
Wie schrien da die Mucker
und warfen stracks ihn raus!

A 2) *Thema im alternierend 3- und 4-hebigen Vierzeiler:*

Ein Schlucker, der löste den Träger
und viele schauten ihm zu.
Es riefen die Mucker: Da ist etwas los!
Und küßten ihm freudig die Schuh.

A 3) *Thema in 2-hebigen Kurzstrophen:*

Schlucker kam
in die Stadt,
die ihm nahm
was er hatt'.
Ohne Hemd
völlig nackt,
allen fremd –
weggejagt.

A 4) *Thema im Volksliedton:*

Ein Männchen steht im Hemde
auf einem Bein;
es kommt grad aus der Fremde
enttäuscht und ganz allein.

A 5) *Thema in klassischen Blankversen:*

Häuser stehn in straßenlanger Zeile,
Menschen gehen ohne große Eile.
Dort – ein dickes Mädchen
huscht besessen kreuz und quer durchs Städtchen.
Wolken hängen regenschwer;
Wind treibt eine Hose vor sich her . . .

Als Mathematiker liefert Hau nur ein kurzes Gastspiel. Hinter all den Differentialen, Katheten, Tangenten, Ebenen und Zahlen sucht er mehr als nur abstraktes Wissen, er sucht das Menschliche. Und er findet es. Seine „Zifferblätter“, auch heute noch die geglückteste Synthese zwischen Gestaltpsychologie und komplexer Mathematik, entstehen. Doch Prof. Glauburg lehnt diese Forschungsergebnisse, die ihrer Zeit um 256 Jahre voraus sind, als unwissenschaftlich ab.

Zifferblätter

HOMO LUDENS

Durch einen Zufall findet Hau im März 1921 zum Drama. Er lernt auf einer Sprungschanze Georg Winters, den Komischen Alten der Städtischen Bühnen Göttingen, kennen und darf an den Proben zu dem Weihnachtsspiel „Zwerg Punkelchens Brautschau" teilnehmen. Hau ist von der neuen Welt begeistert. Es bleibt nicht bei dem einen Besuch, bald ist er häufiger Gast im Theater. („Es war nicht nur das Schauspiel, das mich anzog", vertraute er mir später an, „es war auch eine Schauspielerin ..." Doch auf mein „Olala" verstummte er.)

Gleichviel, der spielende Mensch, der auf der Bühne mit den drei heiligen K's, wie Iffland sie nannte: Kulisse, Kostüm, Text und Farbe, eine neue, der wirklichen an Anmut überlegene Welt schafft, begeistert ihn. Er schreibt selbst zwei Dramen, den „Sängerkrieg auf der Wartburg", ein Singspiel, das in vielen Szenen Elemente der Zauberposse und des bürgerlichen Trauerspiels vorwegnimmt und das Schauspiel „Die Übergabe von Breda", mit dem er völlig neue Wege geht. Als Anregung diente Hau das gleichnamige Gemälde des Diego Velazquez, mit seinem Drama hofft er eine neue Form des Gesamtkunstwerks schaffen zu können. Eine Form, die die unnatürliche Spaltung der Künste in Wort- und Bildkunstwerk überwinden und Freunde der Farbe und der szenischen Aktion in gleichem Maße ansprechen soll.

„Wenn die Fähigkeiten und Möglichkeiten aller Künste mit einem Male auf das Volk losgelassen werden, dann wird es die Kunst zur Kenntnis nehmen müssen, ob es will oder nicht", notiert Hau. Doch keine Bühne hat den Mut, seinen Anregungen zu folgen. Wieder einmal ist er seiner Zeit allzuweit voraus.

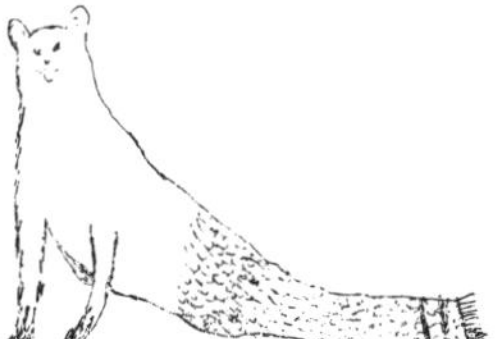

Der Sängerkrieg auf der Wartburg

Festspiel in einem Akt

Teilnehmer des Sängerkriegs:
Neidhardt von Kreuzberg
Oswin von Wolkenbruch
Wolfram von Eschenbach
Tannhäuser
Hugo von Hoffmannsthal
Graf Karl von Wartburg
Zween Schiedsrichter

Szene:
Auf der Bühne ist eine mittelalterliche Burganlage aufgebaut, mit mannshohen Türmen, Gebäuden und Giebeln. Auf den dicken runden Burgfried inmitten des Hofes klettert der jeweilige Sänger. Die Sänger sitzen auf den Gebäuden und Türmen und unterhalten sich mit den Schiedsrichtern.
Graf von Wartburg erscheint in Eile.
GRAF VON WARTBURG: Meinen Gruß, ihr Herren. Laßt Euch nicht stören. Ich such nur meinen Harnisch. *Sucht. Beiseit*: Ist wohl woanders. Hm. *Laut*: Na, da gibts ja heut noch Musik. Das hat man nicht alle Tage. Viel Spaß.
Er geht eilig wieder weg. Die Sänger knobeln um die Reihenfolge. Oswin von Wolkenbruch gewinnt überlegen.
ERSTER SCHIEDSRICHTER: Oswin fängt an. Alles klar? Also los. Bitteschön, Herr Oswin von Wolkenbruch.
TANNHÄUSER: Bitte um Entschuldigung, aber ...
ERSTER SCHIEDSRICHTER: Ja, was ist denn, Herr von Tannhäuser?
TANNHÄUSER: Wollt nur nochmals mich vergewissern. Mir ist da eines noch nicht klar ...
ERSTER SCHIEDSRICHTER: Was denn?
TANNHÄUSER: Wie ist das denn bitte mit dem ... ich wüßt gern ...

ERSTER SCHIEDSRICHTER: Also worum handelt es sich denn, Herr von Tannhäuser?
TANNHÄUSER: Ach – ist schon gut. Vergaß, was ich fragen wollt. War sicher nicht so wesentlich. Verzeiht!
ERSTER SCHIEDSRICHTER: Können wir nun anfangen? Nochmals: Ein Lied pro Teilnehmer. Es wird mittelhochdeutsch gesungen. Herr Oswin, bitte sehr!
Oswin von Wolkenbruch klettert auf den Burgfried. Klettert wieder herunter. Hat Laute vergessen. Holt sie. Klettert wieder hinauf.
TANNHÄUSER: Bitte um Entschuldigung. Eine Frage ...
ERSTER SCHIEDSRICHTER: Ja, was ist denn schon wieder?
TANNHÄUSER: Bitteschön, wird das Klettern auch schon bewertet?
ERSTER SCHIEDSRICHTER: Natürlich nicht. 's kommt nur auf die richtige Deklination und Formenbildung an, das wissen Sie doch. Aber nun los. Herr Oswin, Sie haben sich jetzt die erste Deklination vorgenommen. Bitte Ihre Ablautreihen.
OSWIN VON WOLKENBRUCH *präludiert ein paar Takte auf der Laute und beginnt dann:*
schriben schreib schriben geschriben
riben reib riben geriben
ligen leig ligen gelogen
dihen dech digen gedigen
trihen trech trihen getrigen
Wafna!
Kurzes Nachspiel; starker Beifall.
ERSTER SCHIEDSRICHTER: Dankeschön, Herr Oswin von Wolkenbruch. Sie haben sich die erste Deklination zum Thema gesetzt und haben alles Wesentliche mit den vier a-verbo-Formen ausgedrückt. Ich fand das sehr schön, sehr straff.
ZWEITER SCHIEDSRICHTER: Besonders die Prägnanz der O-Hochstufe. Und die verspielte Pointe des Schlußrufes. Mhm! Sie wollen etwas dazu sagen, Herr von Tannhäuser?
TANNHÄUSER: Ja nun – ich fand das Lied – also ich möchte sagen – doch, doch, sehr schön, sehr straff. Wunderbar, wirklich.
Gemurmel der Übrigen.

ERSTER SCHIEDSRICHTER: Ja was ist denn? Herr von Eschenbach, möchten Sie etwas dazu sagen?
WOLFRAM VON ESCHENBACH: Ja – nein – ich meine . . .
NEIDHARDT VON KREUZBERG: Die vielen ‚i' haben ihm nicht gepaßt.
WOLFRAM VON ESCHENBACH: Ja, das wars wohl. Etwas viel i's. Aber sonst sehr straff, ehrlich.
ZWEITER SCHIEDSRICHTER: Schön, dann können wir nun zum nächsten Sänger kommen. Wer ist dran? Herr Neidhardt? Bitteschön!
Der Graf von Wartburg erscheint in Eile.
GRAF VON WARTBURG: Nicht stören lassen, nicht stören lassen. Hat vielleicht einer der Herren mein Pferd gesehen? Schwarze Stute? Nicht hier? Muß wohl woanders sein. Nichts für ungut. *Beim Abgehen:* A! Sie sind schon am Singen? Fein, sehr fein! *Ab.*
Neidhardt ist raufgestiegen. Singt.
NEIDHARDT VON KREUZBERG:
brimmen bram brummen gebrummen
rimmen ram rummen gerummen
trimmen tram trummen getrummen
brimmen bram brummen gebrummen –
Tandaradei!
Springt herab.
ERSTER SCHIEDSRICHTER: Schon aus? Sehr schön, sehr schön! Das war also die dritte Ablautreihe, die dritte Deklination! Ganz treffend. Gedrungen. Gut die Wiederkehr der Anfangsreihe.
ZWEITER SCHIEDSRICHTER: Wirklich schön. Haben Sie alle bemerkt, wie der Doppelnasal die Brechung verhindert hat? Das nenn ich das Hohelied der Grammatik.
TANNHÄUSER: Fand ich auch! Besonders das mit dem „rimmen" war gut, nicht?
WOLFRAM VON ESCHENBACH: Wenn ich noch etwas dazu sagen darf? . . .
ERSTER SCHIEDSRICHTER: Aber bitte!
WOLFRAM VON ESCHENBACH: Nun, ich finde, es waren nicht mehr so viele i drin.

ZWEITER SCHIEDSRICHTER: Und? Halten Sie das für gut, oder ...
WOLFRAM VON ESCHENBACH: Je nun, ich weiß nicht ...
Allgemeines Gemurmel der Ungeduld.
ERSTER SCHIEDSRICHTER: Ja? Noch jemand was dazu zu sagen?
ZWEITER SCHIEDSRICHTER: Herr von Hoffmannsthal, Sie?
HUGO VON HOFFMANNSTHAL: Nein.
ERSTER SCHIEDSRICHTER: Gut, dann können wir weitermachen. Herr von Eschenbach, Sie sind dran.
TANNHÄUSER: Entschuldigen Sie bitte ...
ERSTER SCHIEDSRICHTER: Was ist denn schon wieder?
TANNHÄUSER: Eine Frage: was machen wir, wenns regnet?
ZWEITER SCHIEDSRICHTER: Welche Frage! 's ist doch herrlichstes Wetter ...
TANNHÄUSER: Ich meine ja nur, wenn ... im Falle daß ...
ZWEITER SCHIEDSRICHTER: Ach was! Stören Sie doch nicht immer! Wer ist jetzt dran? Bitte, Herr von Hoffmannsthal!
Hugo von Hoffmannsthal klettert rauf und beginnt.
HUGO VON HOFFMANNSTHAL:
Im Märzen der Bauer die Rößlein anspannt
dann werfen die Mägde die Saat in den Sand
er pflüget ...
Gemurmel, Pfeifen.
ERSTER SCHIEDSRICHTER: Bitte um Ruhe. Ja, Herr von Hoffmannsthal, ich weiß nicht –. Sie haben sich da vielleicht nicht so recht an die Vorschriften gehalten ... Sie sollten doch die Deklinationen ...
HUGO VON HOFFMANNSTHAL: kommt ja gleich – bittesehr:
er pflüget, pflouc, pfloge, gepflogen
er zieget, zouc, zuge, gezogen
es bliuwet, blot, blouwe, geblouwen
und so fortan!
ERSTER SCHIEDSRICHTER: Danke, Herr von Hoffmannsthal. Fein. Sehr raffiniert in fremde Bezüge eingebettet – das Lehrhafte und das Lyrische, nicht wahr ...

ZWEITER SCHIEDSRICHTER: Ich halte auch das Faktische daran für sehr subtil. Was meinten Sie eben, Herr von Tannhäuser?
Tannhäuser, der während des ganzen Wettbewerbs immer wieder aus einer kleinen Flasche trinkt, steht auf, wankt etwas.
TANNHÄUSER: Find ich gelungen. Oho, die Mägde!
Fängt zu lachen an und droht dem Vorsänger mit dem Finger.
ERSTER SCHIEDSRICHTER: Fanden Sie diese Verknüpfung von Formenlehre und Frühlingsallegorie so komisch?
TANNHÄUSER: Na! Ich möcht nur sagen: das kann ich auch!
ZWEITER SCHIEDSRICHTER *kühl*: Bittesehr, Sie haben jetzt Gelegenheit, Ihre Fähigkeiten zu zeigen. Sie sind dran.
Tannhäuser klettert auf den Turm, zieht eine Blockflöte hervor und beginnt Triller zu blasen. Gemurmel und Geschrei der Übrigen.
ZWEITER SCHIEDSRICHTER: Ruhe! So geht's ja nun nicht, Herr Tannhäuser!
TANNHÄUSER: Stimmt. Zur Flöte kann ich nicht singen. Kann kein Mensch. Sie auch nicht, da unten Sie!
ERSTER SCHIEDSRICHTER: Wir warten!
TANNHÄUSER *wirft die Flöte runter und singt sehr laut*:
Der Frühling ist ein fetter Mann,
so recht aus Bier und Butter.
Er hat ein rotes Köpfchen an
als wie der Doktor Lutter.
Juppheidi und jupphei . . .
Gemurmel und Rufe. Verhaltenes Lachen.
ERSTER SCHIEDSRICHTER: Was soll das mit den Deklinationen zu tun haben?
TANNHÄUSER: Überhaupt nichts. Eins nach dem andern. Jetzt kommts. Aufgemerkt! Los!
zwicken zwack zwocken gezwucken
ich du er sie es wir ihr sie
eins zwei drei vier fünf sechs sieben
wo ist denn mein Hut geblieben
zwick zwack zwock –
bist ein alter Bock
Hollodrio . . .

BEIDE SCHIEDSRICHTER: Schluß! Sie sind disqualifiziert! Aufhören!
TANNHÄUSER:
Lirum larum Löffelstiel
wer viel trinkt, der macht auch viel ...
Tumult. Graf von Wartburg erscheint in Eile.
GRAF VON WARTBURG: O, verzeihen Sie. Nicht stören lassen. Ich suche mein Pferd. Schwarze Stute, wissen Sie. Niemand gesehen? Aber meine Herren, was ist denn ...
Großer Tumult. Die Schiedsrichter zerren Tannhäuser vom Turm, die andern Sänger aber haben inzwischen Tannhäusers Verse aufgegriffen, singen, tanzen, entreißen den Schiedsrichtern den Tannhäuser, heben ihn auf die Schultern und tragen ihn im Reigen um den Turm.
CHORUS *jauchzend*:
lirum larum Löffelstiel
wer viel trinkt, der macht auch viel
eins zwei drei vier fünf sechs sieben ...
ERSTER SCHIEDSRICHTER: Aber was soll denn das! Herr Graf, sehen Sie selbst. Solch ein Auftritt! Was hat das noch mit einem Sängerkrieg zu tun ... weh, weh ...
Der Tanz wird wilder, die Schiedsrichter und der Graf werden gepackt und mitgerissen – lärmend ziehen alle ab, verschwinden in der Ferne. Hinter einem Haus kommt ein schwarzes Pferd hervor, geht über die Bühne. Das Licht erlischt. Aus der Ferne Geschrei.

Die Übergabe von Breda

Dramatische Szene aus Niederlands schwerster Zeit

Die Bühne ist hell erleuchtet. Das Licht ist leicht grünlich gefärbt. Die Bühne ist anfangs leer, im Hintergrund eine weite offene Landschaft, die Silhouette von Breda.

Ein Landsknecht kommt pfeifend auf die Bühne, geht wieder. Zwei Spanier treten auf.

ERSTER SPANIER: Caramba! Usted es Generale Hoyckenpouten?

ZWEITER SPANIER: Non capito.

Zuckt mit den Achseln. Beide mit ärgerlichen Mienen ab. Die Bühne bleibt eine zeitlang leer, der Zwischenraum kann mit Musik ausgefüllt werden.

Zwei Holländer von links.

ERSTER HOLLÄNDER: Her schall den spanjen Generalen sin, man wo is de olen Groitelboitel?

ZWEITER HOLLÄNDER: Er hat wohl nich ousm bett gefounden.

Gelächter. Die Holländer lassen sich zur Linken nieder. Sie holen Würfelbecher heraus und würfeln um die Vorlage. Sie beginnen einen verdeckten Hamburger.

Von rechts vier Spanier.

ERSTER SPANIER: Madre dios, come esta. Que non a visto Breda, ha visto neda!

Zustimmung. Die Spanier setzen sich, holen ein Kartenspiel aus der Tasche, mischen, beginnen einen Doppelkopf.

Von links mehrere Holländer, einer führt ein Pferd.

DER HOLLÄNDER: General Villafrancia soll mir mal de Trassen verbrassen!

Die Holländer setzen sich, lachen, einem werden die Augen verbunden, sie spielen blinde Kuh. Die Bühne füllt sich, von rechts kommen Spanier, Soldaten mit Lanzen, Edelleute, sie warten erst unschlüssig, machen es sich dann bequem und beginnen verschiedene Brett-, Würfel-, Lauf- und Kreiselspiele. Von links Holländer, es wird immer voller, sie spielen Jojo, Bring den alten Mann ins Bett, Mein linker Platz ist leer, Städteraten, Murmeln. Ein Engländer tritt auf. Er ist lang, hat vorstehende Zähne, einen karierten Anzug.

Dieses Bild des Spaniers Velasquez, „Die Übergabe von Breda" regte Hau zu seinem Drama an. Selten hat ein Gemälde schönere Folgen gehabt.

Immer wieder haben sich Künstler des Alkohols und der Rauschgifte bedient, um die Inspiration zu erzwingen. Wie Poe, Baudelaire und Benn suchte auch Hau hin und wieder jene „künstlichen Paradiese" auf, doch nicht selten kehrt er enttäuscht aus ihnen zurück. So auch am 2. 4. 1942. Einzige Ausbeute der im Rausch verbrachten Nacht war der Zweizeiler

„Komm doch ran
Dschingis-Khan!"

Haus selbstkritischer Kommentar: „Schade um das Kokain!"

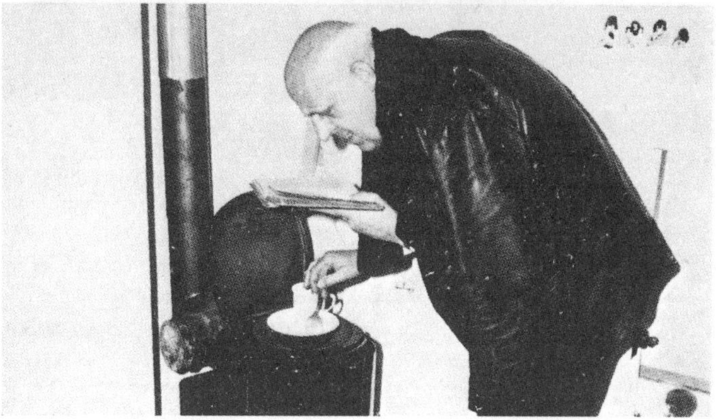

Arnold Hau lag nichts daran, den Künstler zu spielen. Er schätzte die kleinen Freuden des Lebens: einen guten Tropfen, ein gutes Buch, sein Pfeifchen (Burgwedel 1959). Doch es gab auch den Bohemien Hau. Im kalten Winter 1961 entstand die zweite Aufnahme. Ist der asketischen Gestalt abzulesen, daß Hau zur selben Zeit sein „Ja zum Leben“ verfaßte?

DER ENGLÄNDER *bei sich*: O my, what a lot of people.
Zu den Holländern mit deutlichem Akzent: Hewt je General Hoyckenpouten geblikken? Ik bin de Dolmetsch.
EIN HOLLÄNDER: Im schall in feif Minuten her lang klabastern.
Neue Holländer von links, sie beginnen Stech-, Tanz- und Ringelspiele.
DER ENGLÄNDER *zu den Spaniern*: Cherco Generale Villafrancia. Sono il traduce.
Lachen bei den Spaniern, Rufe: Uno momento, arriba los manos!
Der Engländer holt einen Kricketstab hervor, da ertönen Trompetensignale, die Spiele verschwinden, die Soldaten beider Heere stehen auf und formieren sich nach dem bekannten Bild von Velasquez.
Von links kommt ein holländischer General. Er trägt einen Schlüssel. Von rechts nähert sich der spanische General.
Ein Moment völliger Ruhe.
DER SPANISCHE GENERAL: Buenos dias! In moras perditas alla mania tedesca, voi chalanguete Breda!
DER ENGLÄNDER *zum holländischen General*: Chouten Tag, je schallt Breda ouwergewen!
DER HOLLÄNDISCHE GENERAL: Chouten tach! Is da nieten an ze fietsen?
DER ENGLÄNDER: Es nada por manquar?
DER SPANISCHE GENERAL: Nada.
DER ENGLÄNDER: Nieten te makken!
DER HOLLÄNDISCHE GENERAL: Ik schall Breda ouwergewen?
DER ENGLÄNDER: Per donar chalanguer Breda?
DER SPANISCHE GENERAL: Si!
DER ENGLÄNDER: Ja!
DER HOLLÄNDISCHE GENERAL: Da is wol andemeiten nix te andern.

Er übergibt den Schlüssel, der spanische General legt ihm die Hand auf die Schulter, die Soldaten beider Heere zeigen Zeichen der Rührung. Tränen, alle singen gemeinsam die Marseillaise. Vorhang.

DER MENSCH IN DER REVOLTE

1922. Das Kultusministerium der UdSSR veranstaltet einen Wettbewerb, der „alle fortschrittlichen Geistesschaffenden in aller Welt" aufruft, in Gedicht oder Erzählung den Sieg des Sozialismus zu unterstützen. Das veranlaßt Arnold Hau, die untenstehende Arbeit einzureichen. In einem Begleitbrief gibt er seiner Hoffnung Ausdruck, daß sein Beitrag die Proletarier aller Länder zum letzten Gefecht anstacheln möge.
Doch die Hoffnung trügt. Im November 1922 erhält er seine Arbeit mit einem nichtssagenden Briefvordruck zurück. Tief enttäuscht verzichtet er während der nächsten Jahre auf politische Stellungnahmen.

Trinklied auf die Oktoberrevolution

Hoch die Tassen,
Hoch die Gläser!
Preist in frohem Sängerton,
Was wir jetzt besingen wollen:
Die Oktoberrevolution.
Trallallalla, Trallallalla die Oktoberrevolution!

Hoch die Becher,
Trinkt auf Lenin!
Er verdient der Treuen Lohn,
Denn er war der Initiator
Der Oktoberrevolution.
Trallallalla, Trallallalla die Oktoberrevolution!

Hoch die Kelche
Für den Trotzki!
Er zerbrach die Reaktion.
Und erstritt in heißem Kampfe
Die Oktoberrevolution.
Trallallalla, etc.

Stimmt mit ein,
Ihr edlen Sänger!
Bald weiß es die Erde schon,
Daß die Zukunft ihr gehört:
Der Oktoberrevolution.
Trallallalla, etc.

QUO VADIS, MENSCH?

1923. Arnold Hau beginnt sein Studium vollends zu vernachlässigen. Auf seine Frage, die Frage nach dem Menschen, erhält er in den Seminaren keine Antwort. „Der eine sagt so, der andere so, dieser das, jener dies ...“ *Die Anmerkung ist charakteristisch für die quälenden Zweifel eines Studiums.*

Niemand hilft ihm weiter. Als er die Frage im Salon der Freifrau von Kolm, in den ihn der Schauspieler Winters eingeführt hat, anschneidet, stößt er auf blanken Zynismus: „Die einzig brauchbare Anthropologie hat die Eisenbahn entwickelt: der Mensch ist entweder Raucher oder Nichtraucher.“

Doch auch er selbst ist seiner Bestimmung ungewisser denn je. Ist er Maler, Dichter oder Denker? Hau beginnt wieder zu zweifeln und zu zeichnen, und unter der Hand gerät ihm die Bildreihe „Quo vadis“ zum Symbol seiner rätselhaften Existenz, ja, des Menschen überhaupt.

Quo Vadis

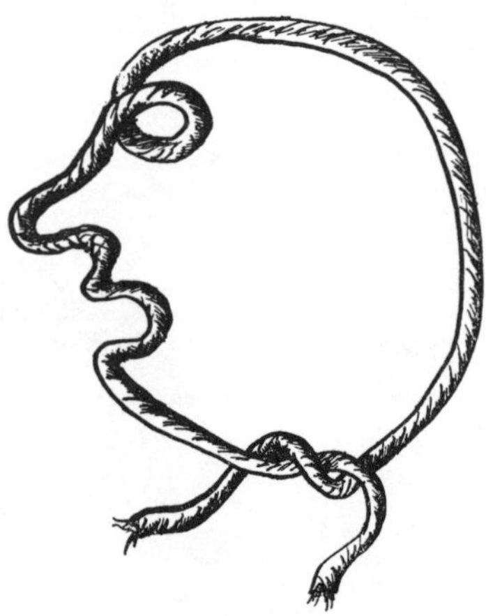

DER MITTLERE HAU

Alle Zäsuren, die nachträglich das Leben eines Menschen gliedern und übersichtlicher machen sollen, sind zwangsläufig umstritten. Doch so, wie man erkannt hat, daß mit der Übersiedelung Goethes nach Weimar dessen Jugendzeit zu einem gewissen Abschluß gelangt ist, so kann man auch bei Arnold Hau die Feststellung machen, daß ein vordergründig biographisches Faktum eine neue Phase in seinem Leben und Schaffen einleitete:
Sein Onkel in Clausthal-Zellerfeld stirbt im August 1923 und hinterläßt ihm, dem Lieblingsneffen, eine recht beträchtliche Erbschaft in fest verzinslichen Liegenschaftsobligationen, Dauerwerten und Gold. Hau weiß sofort, was er zu tun hat: er bricht sein Studium ab, da er jetzt nicht mehr an das Erlernen eines praktischen Berufs denken muß, und er legt das Vermögen – darin dem Vorbild Schopenhauers und Kierkegaards folgend, so in festverzinslichen Liegenschaften, Dauerobligationen und Goldwerten an, daß er bis zum voraussichtlichen Ende seines Lebens ein Auskommen hat.
Er reist in die Heimatstadt, um den Vater von seinem Entschluß zu unterrichten. Doch er findet bei ihm kein Verständnis. Es kommt zu einem Bruch zwischen Vater und Sohn, der nie wieder heilen sollte.
Arnold Hau packt die Koffer – seine Wanderjahre beginnen. In der Bahnhofsgaststätte von Winsen a. d. Luhe treffe ich ihn das erste Mal. Ich hatte einen Kaffee bestellt und wartete auf den Zug nach Hamburg, als ein junger Mann mit einem gelben Koffer den Warteraum betrat und forschend um sich blickte. Er kam langsam näher und sein angespannter Gesichtsausdruck veranlaßte mich zu der Frage: „Suchen Sie etwas?“
„Ja, natürlich“, antwortete er, „ich bin auf der Suche – jeder von uns ist das doch wohl!“
Und er verließ den Raum wieder.

Der Zufall wollte es, daß wir uns im Zug nach Hamburg gegenübersaßen. Wir kamen ins Gespräch, und das erste Mal erlebte ich jene Faszination, die sich bei jedem meiner späteren Gespräche mit Arnold Hau wieder einstellen sollte. An das meiste, worüber wir sprachen, kann ich mich nicht mehr erinnern. Doch unvergeßlich bleibt mir der Ernst, mit dem er erklärte, daß er sein Studium aufgesteckt habe, um nun ordentlich was zu erleben. Damals verstand ich es noch nicht, diese Worte zu deuten. Heute weiß ich, daß Arnold Hau damit sagen wollte, daß er sich am Beginn seiner ruhelosen Wanderjahre befand.

In Hamburg trennten wir uns; ich lud ihn ein, mich doch bei Gelegenheit zu besuchen.

„Aber gern", erwiderte er.

Seitdem verfolge ich seinen Lebensweg.

Was ist nun das Neue, das seine Arbeiten der Jahre nach 1923 auszeichnet? Der junge Hau hatte, wie jeder junge Mensch, nach Sinn und Aufgabe eigenen und anderen Menschseins gefragt. Er hatte erlebt, was jedem jungen Menschen zustößt, der mit offenen Sinnen durch die Welt geht: Zweifel an der Religion, die Macht des Eros, die Erfahrung der Wandelbarkeit, die Falschheit und Verschlagenheit der Mongolen, das Lachen und die Enttäuschungen, die vierfache Wurzel des Satzes vom zureichenden Grunde, sowie die Vergeblichkeit politischen Wirkens. Doch was lernen die Jugendlichen im allgemeinen aus diesen Erfahrungen? So ist es nun einmal, sagen sie, man muß sich damit abfinden und versuchen, das beste daraus zu machen. Sie fragen nicht weiter, gründen eine Familie, kaufen Hof und Haus, wiegen bald ein Kind und schauen aus der Stube behaglich ins Feld hinaus.

Anders Hau. Er gibt sich nicht zufrieden, er will, trotz Lust und Schmerz, was Rechtes in der Welt vollbringen und setzt seine Suche fort. Das Neue ist, daß er sie systematisch fortsetzt. Er will sich immer strebend bemühen, jede Möglichkeit des Menschseins zu erproben, zu erleben, zu gestalten. Proteushaft schlüpft er von Rolle zu Rolle, von Form zu Form. In allen Künsten und Lebensformen ist er zu Hause. Ist Bürger und Bohemien, Zeichner und Matrose, Dichter und Bauer, Zar und Zimmermann, Reisender und Seßhafter. Doch hinter den vielen Wandlungen steht der Wunsch, Antwort zu erhalten.

DER MENSCH KARL MANGOLD

Ab 1924 lebt Arnold Hau eine Zeitlang als stiller Teilhaber in Düsseldorf, bereist dann die Provence und läßt sich schließlich für eine Woche in St. Moritz nieder.
Dort schreibt er den dreiteiligen Zyklus der Mangold-Lieder. Gibt es ein Vorbild für diesen Karl Mangold, eine der plastischsten Figuren, die Hau je schuf? Ja. Es ist der Privatier Karl Mangold, den Hau in Zürs kennenlernt. Der hat viel erlebt, braucht jedoch Geld. Hau erkennt sofort seine Chance. Oft hat er seinen Mangel an Welterfahrung beklagt, der seine Suche nach dem verbindlichen Menschenbild so schwierig macht. Jetzt steht er jemandem gegenüber, der das Leben kennt. Hau bietet ihm ein Geschäft an: für 200 sfr kauft er Mangolds Erfahrungen und verarbeitet einige in den folgenden Gedichten. Andere finden ihren Niederschlag in einem Roman, „Aktien“, an dem Hau damals arbeitet. Das Manuskript geht jedoch verloren. Erhalten sind nur Auszüge, die ich bei einer Lesung Arnold Hau's mitstenographieren konnte.

Der Einbruch

Morgens früh um sieben brach
ein Dieb in Mangolds Schlafgemach,
der wacht' auf und gab gut acht
auf alles was der Räuber macht.
Als erstes nahm der Eindringling
vom Nachttisch Mangolds Siegelring.
Eindringlich warnte Mangold ihn,
da legt' den Ring er wieder hin,
griff gleich darauf zur Schmuckkassette
und stahl daraus die Perlenkette.
Auch die, wenngleich mit Widerstreben,
mußte er jenem wiedergeben.

Dann raubte er die Weckeruhr,
doch Mangold war ihm auf der Spur,
schlug sie sofort ihm aus der Hand,
Sehr bald hat Mangold ihn ertappt,
wie er ein Schränkchen aufgeklappt.
Er sagt' ihm, das sei streng tabu
und schlug das Schränkchen wieder zu.
Der Dieb jedoch ließ noch nicht locker,
stieg in der Küche auf den Hocker,
griff vom Regal den Eisschrankschlüssel,
schloß auf und klaut' die Zwiebelschüssel.
Erst auf Karl Mangolds hartes ‚Nein'
stellt er die Schüssel wieder rein
und schlich sich in die Speisekammer.
Dort von den leckern Gabelbissen
hat Mangold ihn gleich weggerissen
und folgte drauf ihm ohne Schonung
durch alle Zimmer seiner Wohnung.
Der Dieb schaut' flink sich um und wählte
im Wohnzimmer ein Ölgemälde
und legt' es sofort wieder weg –
es hatte für ihn keinen Zweck.
Statt dessen wollte er verstohlen
sich Mangolds Rauchverzehrer holen,
doch dieser schüttelte den Kopf,
verwehrt' ihm auch den Schnabeltopf,
verhinderte mit leisem Lachen
den Diebstahl jenes schönen flachen
Goldhähnchens, das der Papst ihm schenkte.
Der Räuber fand jetzt das verhängte
rot-weiß polierte Kleinklavier,
doch Mangold sprach: das lassen wir!
Um doch noch irgend was zu haben,
griff er nun nach dem Bronce-Raben,
holt' sich zwei Leuchter und ein Buch,
legt' Hand an Mangolds Fingertuch,

rafft' atemlos den Samowar,
zwei Säbel und ein Formular . . .
Da winkte Mangold mit dem Finger
und forderte zurück die Dinger:
es sei doch schließlich sein Besitz,
denn: wie soll ich denn noch besitzen,
wenn Sie mir all das Zeug stibitzen?
Und er solle endlich gehen
und sich anderswo umsehen.
Da stieg der Dieb zum Fenster raus.
Herr Mangold zeigt zum Nachbarhaus:
dort sei auch eine Kiste Gold,
ob er sich die nicht holen wollt?!
Damit die Seinen nichts erfuhren,
verwischte Mangold rasch die Spuren
des Einbruchs, rief dann seinem Knecht,
daß er nun sein Frühstück möcht.

Behobene Störung

Häufig hörte Mangold Laute,
denen er mit Recht mißtraute.
So ein Schaben und ein Klirren,
Knallen, Rattern, Sausen, Girren,
meistens kurz nach Mitternacht,
manchmal abends auch um acht.

Er beschloß, dem nachzugehen,
ging, und kam auch ungesehen
in den Hof an eine Stelle,
wo in einer Bodendelle
jener läst'ge Lärm entstand.
Mangold murmelt: allerhand!

Acht handgroße, runde Wesen
grün und frech, mit langen Besen,
saßen da und schabten, klirrten,
sausten, ratterten und girrten.
Mangold hat nicht viel gesagt,
sondern alle fortgejagt.

Aus Haus Skizzenbuch: Diese Zeichnung zeigt Hau als begabten Portraitisten. Der Dargestellte ist Franz Mangold, der Enkel Karls, auf dem tönenden Stuhl, einer Erfindung des Privatiers.

Ein Zwischenfall

Mangolds peinlichstes Erlebnis
war ein großes Staatsbegräbnis.
Ein Professor war gestorben,
der Verdienste sich erworben.
Nach der ersten Leichenrede
trat ein Trauergast, dem jede
Würde abging, dreist nach vorn,
schneuzte sich und roch nach Korn –
sagt: „Moment mal“, kriegt den Schluckauf –
und begann dann: „Welcher Zulauf!
So viel Leben bei 'ner Leiche –
es ist, wenn ichs mal vergleiche,
wie die Raben bei dem Aas –
nichts für ungut – war nur Spaß!“
Darauf holt' er aus der Tasche
eine flache Weinbrandflasche
öffnet sie, sagt laut „Hau-ruck“
und nimmt einen tiefen Schluck.
Fährt dann in der Rede fort:
„Leichenbrüder, auf ein Wort!
Diesen Schluck dem werten Toten,
dem Freund Hein den Suff verboten.
Prost! und nehmt es mir nicht übel,
wenn ich gleich noch einen kübel.
Sterben ist schon eine Straf!
Daß es grade diesen traf,
ist für alle hier ein Glück.
Schaun wir deshalb nicht zurück!
Prost! 's ist schön, daß wir noch leben,
darauf laßt uns einen heben!
Seht, da drin liegt kalt und starr,
was einmal Professor war.
Ich bin nur ein schlichter Mann,
aber sehr viel besser dran.

Und doch, wenn ich's überlege ..."
Hier wurd' die Versammlung rege,
und zwei Männer holten stumm
den Störenfried vom Podium.
Und noch an den Ausgangsstufen
hat der Kerl zurückgerufen:
„Braucht die Witwe einen Trost –
soll sie zu mir kommen. Prost!"
Es erhob sich ein Tumult,
daran war der Redner schuld.
Vergiftet war die Atmosphäre,
Wer weiß, was noch geschehen wäre,
wenn nicht gleich ein Streichquartett
die Beisetzung gerettet hätt'.

Eine Lesung Arnold Haus, die am 2. 5. 1924 im Hause des Musikhändlers Welsch stattfand und vom Herausgeber mitstenographiert wurde.

Ich lese aus einem Manuskript, das ich bisher noch nicht veröffentlicht habe. Es trägt den Arbeitstitel „Aktien". Die Situation ist folgende: Gustav ist aus den 60iger Wirren mit einem verletzten Bein in seine Heimatstadt zurückgekehrt. Dort hat er nach seinem Vaterhaus gesucht und es schließlich gefunden. Es liegt in Trümmern. Während er schweigend durch die Überreste wandert, trifft er eine Frau, die er anfangs für seine Mutter hält. Sie ist es auch, aber auf eine sehr verwickelte Weise – ich kann das hier alles nur andeuten – ist sie zugleich seine vor Jahren verstorbene Geliebte und sein Gewissen. Sie veranlaßt Gustav, auf reichlich krummen Wegen die Aktienmehrheit der Brauerei der Heimatstadt zu erwerben.
Gustav erreicht dieses Ziel, indem er den Bürgermeister vielfacher Umtriebe anklagt, seine Versetzung bewirkt und sich selbst zum neuen Bürgermeister ausrufen läßt. Dadurch gelangt er automatisch in den Vorstand der Brauerei und befiehlt, daß ihm ein Aktienpaket

überreicht wird. Unterdessen ist sein Vater ebenfalls aus den Wirren zurückgekehrt. Als Türke verkleidet – es würde im Moment zu weit führen, zu erklären, wieso er gerade diese Verkleidung gewählt hat – deckt er den Schwindel seines Sohnes auf, doch er schweigt.

Eines Abends jedoch sucht ihn der Pastor auf, der gesehen hat, wie Gustav die Aktien beiseite schaffte, und stellt ihn zur Rede.

Die folgende Passage nun beschreibt ihre Begegnung:

„Der Pastor kam schnell herbei und der Türke" – Gustavs Vater also – „brauchte seine ganze Selbstbeherrschung, um nicht laut herauszuschreien: Bleib, wo du bist!"

Darauf folgt eine längere Beschreibung, die das Näherkommen des Pastors zum Inhalt hat, und dann sagt der Türke: „So eilig?"

Darauf sagt der Pastor, daß er etwas über den Bürgermeister wisse.

Mittlerweile ist Gustav immer mehr unter den Einfluß der Frau geraten, die ihm nun erzählt, daß der Pastor zum Türken gegangen sei, um ihm Schwierigkeiten zu machen.

In seiner Verwirrung läßt Gustav, der Bürgermeister also, den Staatsstreich ausrufen, er setzt den Pastor ab und erklärt den Türken zum offiziellen Gegenpapst. Er befindet sich nun auf dem Höhepunkt seiner Macht und heiratet seine Mutter.

Die folgenden Sätze geben die Gedanken seines Vater wieder:

„So etwas dürfte es eigentlich nicht geben ... Doch vielleicht trage auch ich Schuld an dieser Entwicklung ... Ich war Gustav gegenüber oft zu weich, dann wieder zu hart, und nun ist es passiert."

Doch Gustav und seine Mutter erkennen bald, daß sie nicht zueinander passen. Sie trennen sich nach einer längeren Aussprache, die das geplante Werk vorerst beendet:

„‚Wenn ich neben dir saß, war mir immer so, als säße ich neben einer anderen', sagte Gustav und vermied es, seine Mutter anzuschauen.

‚Wir hätten uns halten sollen', entgegnete sie, ‚Wir hatten nicht die Kraft dazu.'

‚Leb wohl.'

‚Leb wohl.'"

Ein folgender Band soll den Aufstieg Gustavs zu einem der bedeutendsten Männer seiner Zeit schildern, ein dritter seine Kanonisierung. Ich danke Ihnen für Ihre Aufmerksamkeit.

Die folgende Bildreihe entsteht ebenfalls in Hau's St. Moritzer Zeit. Sie steht auf den ersten Blick ein wenig fremd neben den Dichtungen. Doch ebenso, wie Hau das Problem der Zeit in seinen Texten thematisiert und ein besonderes Augenmerk auf den anmutigen Wechsel von Erzählzeit und erzählter Zeit richtet, so transponiert er diese immens moderne Problematik ohne Zögern auf den bildnerischen Bereich. Damit ist er seiner Zeit wieder einmal um dreißig Jahre voraus. Erst im „action painting" der 50er Jahre beginnt der Zeitfaktor in der Malerei der anderen eine Rolle zu spielen.

Versuch der Darstellung
zweier sich gleichzeitig
vollziehender Bewegungsabläufe
in einem Strip

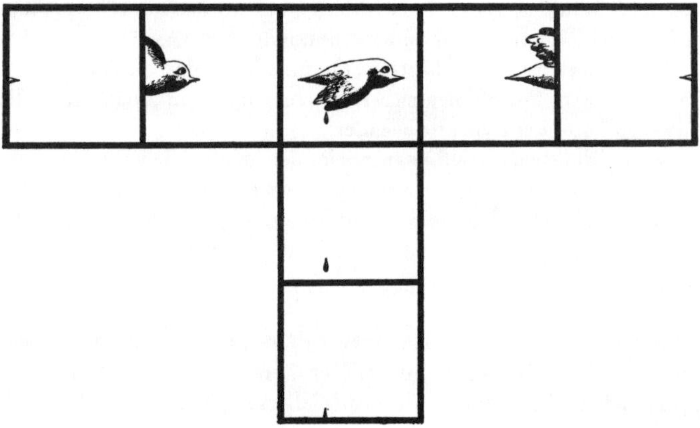

„Wie bitte? Gerhard Hauptmann ist tot?" scheint der Gesichtsausdruck des telefonierenden Arnold Hau zu sagen.
Doch dieser Eindruck trügt. Das Photo entstand 1956, ganze elf Jahre nach dem Tod des großen Schlesiers.

Zwei Photodokumente von großer Seltenheit: Arnold Hau in seiner schwersten Stunde (Andorra, 21. 4. 1945) und – kaum wiederzuerkennen – Arnold Hau, der gerade den glücklichsten Moment seines Lebens genießt (Stuttgart 1955). Zehn Jahre trennen diese Photos. Zehn Welten ebenfalls, könnte man hinzufügen.

Selten hat man Arnold Hau fröhlicher gesehn als auf diesem Photo. Das ist kein Wunder, denn schließlich sind seine beiden steinreichen Neffen aus Amerika zu Besuch.

„War das wieder ein Festchen gestern Abend!" denkt Arnold Hau beim Anblick seiner beiden steinreichen Neffen aus Amerika, die noch immer vor der Haustüre liegen.

DER EINFACHE MENSCH

Im März 1926 besucht mich Arnold Hau zu ungewohnter später Stunde. Er scheint übernächtigt und erklärt, er sei des Treibens müde. Ob ich einen Ort wisse, möglichst weit weg von allen Städten und Menschen? Ich überlege und sage: „Pellworm."
Am nächsten Tag fährt Arnold Hau auf diese Hallig. Er bleibt fast ein Jahr dort und verlebt die wohl glücklichste Zeit seines Lebens. Er hat die Fähigkeit, unter einfachen Menschen ganz einfach zu werden, er sitzt gerne in den Kneipen der Fischer, trinkt mit den Männern, scherzt mit den Mädchen und prügelt sich mit den Frauen.
„Ich habe das Spekulieren aufgegeben", schreibt er mir, „ich habe etwas gefunden, das wichtiger ist als das Denken: leben." Diese neue Erkenntnis gestaltete er sinnbildhaft in der folgenden Geschichte. Daneben zeichnet er viel, und er schreibt das Dramenfragment „Plümmeln un Slökten", das ihm so am Herzen lag, und über das ich noch später einige Worte sagen muß.

Das Erlebnis eines Reisenden

Der Reisende war lange gewandert, bis er an den Fluß kam. Der lag nun breit vor ihm und war von einem Schwarz, in das sich nur ein wenig Rot mischte. Die Sonne stand schon tief, die Pappeln vergitterten sie bereits, gleich würde sie ganz verschwunden sein, und dann war es zu spät, um sich noch übersetzen zu lassen. Das wußte der Reisende, und so zögerte er nicht.
Er suchte ein wenig in der Reisetasche, bis er die Zeitung vom gestrigen Tage fand. Flüchtig glitt sein Auge über die Schlagzeilen: „Friedenskonferenz verschoben", „Ölkommission legt Sparvorschlag aus", „Künstliche Niere verspielt", „Fährmann ...", dann rollte er die Zeitung zu einem Trichter. „Fährmann hol über!" rief er hinein.
Vom anderen Ufer schien sich ein Schatten zu lösen, doch es blieb still.
„Fährmann hol über!" rief der Reisende noch einmal, und da hörte

er das leise Plätschern, das das Nahen der Fähre ankündigt. Sie trieb langsam heran und legte vor dem Reisenden an. Der Fährmann, ein älterer Mann, betrachtete ihn mißmutig: „Was wollen Sie denn jetzt um diese Zeit?“
„Ich will über den Fluß“, sagte der Reisende.
„Hm“, sagte der Fährmann, „das wird kaum mehr gehen ...“
„Aber warum denn nicht?“
„Is schon zu spät.“
„Wieso?“
„Is schon dunkel, da kann man nicht mehr rüber.“
„Wo wohnen Sie denn?“
„Drüben.“
„Und wie kommen Sie dahin?“
„Mit ’m Boot.“
„Ich denk, das geht nicht?“
„Muß gehen, ich kann doch hier nicht übernachten.“
„Aber dann können Sie mich doch mitnehmen.“
Der Fährmann kratzte sich am Kopf und spuckte dann aus.
„Sie sind schon ein teuflischer Dialektiker“, sagte er. „Aber Sie haben recht. Steigen Sie ein.“
Der Reisende bestieg das Boot, und der Fährmann begann zu rudern. „Sie sind wohl ’n studierter Mann, was?“ fragte er.
Der Reisende nickte. Ja, er sei ein Gelehrter, ein frischgebackener Doktor der Philosophie, grad auf dem Wege zu seiner neuen Assistentenstelle in der Universitätsstadt N.
Der Fährmann sah ihn an und ruderte schweigend weiter.
„Ich wäre auch einmal um ein Haar Doktor der Philosophie geworden“, sagte er dann leise. „Aber es klappte nicht.“
Trotz der Dunkelheit, die immer stärker wurde, glaubte der Reisende eine unaussprechliche Trauer auf dem Gesicht des Fährmanns zu sehen. Sie waren nun auf der Mitte des Flusses, und der Nachtwind bauschte den Mantel des Reisenden.
„Wieso klappte es nicht?“ fragte er.
„Das ist eine lange Geschichte“, antwortete der Fährmann mißmutig. „Ich war damals Sombachschüler. Kennen Sie Professor Sombach? Wahrscheinlich nicht. Kaum einer der Jüngeren kennt ihn ...

War ein Neu-Kantianer reinsten Wassers, aber eine ehrliche Haut, das können Sie mir glauben. Und ein guter Kamerad dazu, ein unheimlicher Trinker, wenn er einen intus hatte, kriegte er sich mit den Hegelianern in die Wolle. Dachte eben völlig unhistorisch, wollte vom Weltgeist und seinen schrittweisen Manifestationen nichts wissen, das einzige, was ihn interessierte, war die Erkenntnistheorie, na, und da kannte er sich auch aus, können Sie mir glauben . . ."

Es war noch dunkler geworden. Kaum hoben sich die Pappeln vom Himmel ab, sie schienen noch sehr weit entfernt. Den Reisenden fröstelte. „Und?" fragte er.

„Haben Sie zufällig eine Zigarette für mich?"

„Ja", antwortete der Reisende und griff in die Reisetasche. Er nahm die Zeitung heraus, die zuoberst lag, und breitet sie über seine Beine. Er fand die Zigaretten, griff auch die Streichhölzer, gab dem Fährmann eine Zigarette. Für einen Moment verstummte der Ruderschlag.

„Hier haben Sie auch Feuer", sagte er, reichte das brennende Streichholz hinüber und wartete, bis die Zigarette des Fährmanns Feuer gefangen hatte. Als er die eigene anzünden wollte, fiel sein Blick noch einmal auf die Zeitung: „Fährmann wegen Mordes . . ." Das Streichholz erlosch.

„Und?" fragte der Reisende. Er vermied es, ein neues Streichholz anzuzünden.

„Na ja, die Geschichte nahm ihren Lauf. Ich wollte bei Sombach promovieren, arbeitete zwei Jahre an meiner Doktorarbeit *Der Zeitbegriff bei Kant*, eine schwere Materie, darauf können Sie Gift nehmen, war vom Raumbegriff praktisch nicht zu trennen, und so untersuchte ich eben beide Begriffe . . . Mittendrin starb mein Vater, war 'n schwerer Schlag für mich, hatte nur diesen, und er war ein feiner Kerl gewesen . . . Ja, und dann war die Doktorarbeit fertig, und ich brachte sie zu Sombach. Ich hatte nur dieses Exemplar, war ja damals anders, gab noch keine Schreibmaschinen, nee, alles mit der Hand geschrieben, in Schönschrift, zweihundertundzehn Seiten, meinem verehrten Doktorvater gewidmet . . ."

Der Reisende starrte geradeaus, doch er konnte sein Gegenüber nicht mehr sehen. Auch das Ufer, das sie bald erreicht haben mußten, blieb unsichtbar. Der Reisende blickte zurück, alles war dunkel. Die Stimme des Fährmanns klang, als ob sie von weit her käme.

„Ich seh das noch vor mir, als ob es gestern gewesen wäre. Es war 'n wunderschöner Tag, und das Gefühl, die Arbeit hinter mir zu haben . . . na, Sie werden das auch kennen. Ich also rein zu Sombach, er hatte eine bildhübsche Tochter müssen Sie wissen, ein herrliches Mädchen, aber eine heimliche Nietzscheanerin, hatte für mich und mein Systemdenken nur Spott übrig, und ich machte ihren Vitalismus runter, sie heiratete später einen Psychologen, war wohl das beste, aus uns beiden wäre doch nie was geworden . . . Ja, ich gab Sombach die Arbeit, und der sagte, er wolle sie gleich durchlesen. Wäre schön, wenn er es getan hätte . . . Stattdessen zog er damit in die nächste Kneipe und trank einen . . . Na, bei dem einen blieb es natürlich nicht, können Sie sich vorstellen, also Sombach kübelte, und als es ans Zahlen ging, stellte er fest, daß er nicht genug Pinunzen bei sich hatte. Wissen Sie, was er da tat?"

„Was?" fragte der Reisende ins Dunkel.

„Er ließ meine Arbeit als Pfand zurück, verstehen Sie, meine Doktorarbeit, das einzige Exemplar, das ich besaß, ein anderes hatte ich ja nicht . . . Was dann kam, können Sie sich wohl vorstellen . . ."

„Nein", sagte der Reisende. „Aber eine andere Frage: dauert es noch lange, bis wir drüben sind?"

„Na, 'n bißchen wird es noch dauern, ich ruder ja gegen den Strom, da geht es nicht so schnell."

„Gegen den Strom? Ich denke Sie rudern quer zur Strömung. Das ist doch der kürzeste Weg, wenn man über einen Fluß will."

Der Fährmann schwieg eine Weile.

„Sie haben recht", sagte er dann. „Sie haben verdammt recht. Sie sind ein fixer Denker, doch wo war'n wir stehen geblieben?"

Der Reisende lauschte, und eine plötzliche Furcht überkam ihn. Die Ruderschläge hatten aufgehört, dem Dunkel gesellte sich die Stille bei.

„Wenn Sie jetzt nicht rudern, werden wir abgetrieben", sagte der Reisende und versuchte, seine Stimme fest und normal klingen zu lassen. Doch er spürte selbst, wie wenig überzeugend es ihm gelang.

„So?" fragte der Fährmann. „Werden wir das? Wo haben Sie denn

diese Weisheit schon wieder her? Sie kommen sich wohl verflucht gescheit vor mit ihren Kenntnissen, was? Ich war auch einmal so ein Früchtchen. Den ganzen Kopf voller Begriffe, Freiheit, Apperzeption, Transzendenz, Substanzialität, Intelligiblität und Reflexion, was? Und dann einem alten Fährmann Ratschläge haben, he?"
Das Boot geriet ins Schwanken, der Reisende griff erschrocken nach dem Bootsrand, um sich festzuhalten.
„Was ist los? Um Gottes Willen reden Sie!"
Er glaubte, den Fährmann lachen zu hören.
„Lachen Sie nicht, reden Sie!"
„Ich red, wann ich will", sagte der Fährmann. „Das werd ich ja wohl noch dürfen, was, auch wenn ich kein Doktor der Philosophie bin . . .?"
„Natürlich dürfen Sie das."
„Na, dann ist gut. Ich dacht schon, Sie wollten mir was befehlen . . . Das hab ich nicht gern. Und jetzt werde ich wieder etwas rudern, wenn es erlaubt ist. Sonst treiben wir nämlich ab. Das is ne alte Fährmannsregel: Wer nicht rudert, treibt ab . . . Aber das gilt nicht nur für Fährleute, können Sie mir glauben . . ."
Nun hörte der Reisende wieder die Ruderschläge, stark und gleichmäßig.
„Ja, der alte Sombach", sagte der Fährmann. „Der hatte also meine Arbeit als Pfand zurückgelassen, am nächsten Morgen erfuhr ich davon. Es war schrecklich, das können Sie mir glauben. Damals ging etwas in mir kaputt, was nie wieder geheilt ist."
„Haben Sie Ihre Arbeit denn nicht zurückbekommen?"
„Ja, natürlich. Sombach kreuzte mit einem ungeheuren Kater bei mir auf . . . Nach und nach begriff ich . . . Dann zogen wir los, um die Doktorarbeit zurückzuholen, aber Sombach wußte nicht mehr, wo es gewesen war. Schließlich fanden wir sie im Löwenstübchen . . . Als er etwas klarer war, las Sombach sie durch. Er fand sie miserabel, die anderen Professoren, denen er sie zu lesen gab, übrigens auch. Wahrscheinlich hatten sie recht. 'nen klaren Gedanken zu fassen, war nie meine Stärke, und als Philosoph muß man ein verdammt heller Kopf sein, aber das werden Sie am besten wissen. Da kommt es auf logisches Denken an, na und Logik . . ."

Ein Ruck ging durch das Boot. Der Reisende taumelte ein wenig, dann fing er sich.
„Tscha, wir sind wohl drüben", sagte der Fährmann. Sie stiegen aus dem Boot, der Fährmann vertäute es mit schnellen Griffen. Es war ein wenig heller geworden.
„Als ich erfuhr, daß meine Arbeit nicht angekommen war, hängte ich die Philosophie an den Nagel. Sombach beglückwünschte mich zu diesem Entschluß. Ich hätte 'n Haufen Unsinn geschrieben, sagte er, dauernd Raum und Zeit verwechselt, na, und das war wirklich ein dicker Hund, das mußte ich zugeben ... Dann war ich 'ne Zeitlang Vertreter, und schließlich landete ich hier. Is 'n bißchen fad, aber mir gefällts ..."
„Das ist die Hauptsache", sagte der Reisende. „Wenn Sie mir noch sagen könnten, wie ich zum nächsten Dorf komme?"
„Immer gradaus."
„Danke, das macht?"
„Drei Mark."
„Bitte."
„Danke."
„Nichts zu danken."
Die Schritte des Fährmanns entfernten sich. Der Reisende wartete, bis er sie nicht mehr hörte. Dann zündete er ein Streichholz an und suchte in seiner Tasche nach der Zeitung vom gestrigen Tage. Sie war fort. Er ging noch einmal zum Ufer, doch auch im Boot war sie nicht zu finden. Der Fährmann hatte sie wohl mitgenommen, oder sie war während der Fahrt ins Wasser gefallen.
Eine große Müdigkeit überkam den Reisenden, und er ging rascher. In der Ferne sah er die Lichter von Buxdorf leuchten.

Der Fischer und sin Hund

VERSTEH EINER DIESE TÖLE.
BEKOMMT EINEN HAPPEN
UND WILL IHN NICHT SCHNAPPEN
WENN ICH WAS
NICHT LEIDEN KANN,
SIND ES SCHLECHTE
GEDICHTE. DOCH
DIESEN HAPPEN
TU ICH MIR
GREIFEN.

Plümmeln un Slökten

Ein Fragment

In der guten Stube eines friesischen Fischers.

OPA: Ick wet nich, wat dat alens bedüden schall. Ick fin mi gonnich mehr trech.
OMA: Schä, dor mach ick di liges taustimmen.
OPA: Wat mi am meisten vefähren deit, is dat in disse Tied ok nich de Spur von Seel und Deep mehr to finnen is.
OMA: Wie menst du dat?
OPA: Schä, dat is schwer to seggen . . .
Ein paar Burschen ziehen vorüber und singen: „Do sleit de Val."
OPA: Dat Led, dat ha mi fröer ganz tüterich mogt, und deit dat ok hüt noch. Öbber dat is nur noch de Erinnerung an de olen Tiden und nix anners. Sowat hät in de hütige kolde Tid överhaupt gor ken Daseinsberechtigung.
OMA: Wat snakst du dor förn Tünkram. Son Led hät scha wol gerade in disse Tid ne banich grode Daseinsberechtigung, weil nämlich dat gerade disse leere Tid wedder n Inhalt geben deit.

OMA, *beginnt zu singen*:

Do sleit de Val
up Hiddensal
ken Feister mach dor tröben
doch wann de Slöter treckt den Snaag
dann will ick mi den leven Dag
mit Bickelbeern schlöben

OPA, *fällt in die 2. Strophe mit ein:*

Hest du en Maag
hest du en Veer
so machst du mi vestan
doch wann de ganze Hagenbör
und up und dal de Haber slehr
dann möt wi liges gan

Pastor Slöverkrüpp erscheint.

PASTOR SLÖVERKRÜPP: Na, na, na ji möt liges gan? Dat bör mi n anner. Dat könnt ji in disse hütige Tid doch nich mehr mit gauden Gewissen seggen.

OPA: Man, Paster, dat hew ick doch grad in disse Minut ok mine Fru vetellen wulln, öbber se ment, dat ...

OMA: Nu mog mi hier nich schlecht, weil ick nich so gebildet bün as ji Mannslüd. Ick men schä nur, dat de ...

PASTOR S. und OPA: O wat, wi wöt di doch nich schlecht maken.

OPA: Nun sech du mol, Paster Slöverkrüpp, gift dat hüttodach n Led, wat disse Tid mehr entsprechen wör?

PASTOR SLÖVERKRÜPP: Dat wull ick wol menen! Ick kenn sogar persönlich schung Lüd, de durchaus en Ton höbt, de to unse hütige Tid passen deit. Dor höb wi Klas Hamann mit sin „Pasch ick mi in Dörpen".

OPA: Dat wull wi wol hören.

PASTOR SLÖVERKRÜPP:

Pasch ick mi in Dörpen
ward mi dat to vel
sei mi dat taun slörpen
baben ünnern Scheel
Kümmt de grode Paster
het he n Schap förn Disch
gev ick em den Zaster
as en Grabbelfisch
Schall he mi wat klöben
de vedammte Sack
höben so as dröben
schall he as he mag
Baben ünnern Dörpen
leit de Grabbelfisch
deit de Paster slörpen
slörpen will ok isch.

OPA: Man, dat müßt du mi upschriwen. Dor möt ick mi erst an gewöhnen, klingt öbber interessant.

OMA: Ick mach dat nich liden.

Hier endet das Dramenfragment. Hau hat mir einmal erzählt, wie es weitergehen sollte: „Pastor Slöverkrüpp lockt Opa unter dem Vorwand, er wolle ihm das Lied aufschreiben, in das Pastorat. Dort gibt er ihm einen Grog zu trinken, in den er vorher Schlaftabletten vermischt hat. Als Opa aufwacht, befindet er sich schon auf hoher See, der Pastor hat ihn gegen ein Handgeld auf einen englischen Walfänger gebracht. So endet der erste Akt.

Der zweite behandelt das Werben Pastor Slöverkrüpps um Oma. Doch die kann ihren verschwundenen Mann nicht vergessen und bittet sich eine Bedenkzeit von sieben Jahren aus. Sie streichen dahin.

Dritter Akt: Opa ist auf dem Walfänger wieder aufgeblüht. Als er ganz allein einen Pottwal harpuniert, erhält er einen auf zehn Tage befristeten Landurlaub. Er verspricht dem Kapitän, pünktlich wieder zur Stelle zu sein und klopft braungebrannt an Omas Tür. Sie erkennt ihn nicht, erst als er „Do sleit de Val“ summt, fällt es ihr wie Schuppen von den Augen. Doch das Glück des Wiedersehens wird bald getrübt. Opa gerät in den Konflikt, ob er sein dem Kapitän gegebenes Wort halten, oder bei Oma bleiben soll. Die Pflicht ist stärker. Nach zehn Tagen nimmt er Abschied, um an Bord zurückzukehren. Vorher gibt er jedoch Oma frei, deren Heirat mit Pastor Slüverkrüpp nun nichts mehr im Wege steht.“

„Und warum hast du das Drama nicht beendet?“ frage ich Hau.

Er schaut mich lange an.

„Weil ich erkennen mußte, daß das einfach kein Dramenstoff war“, sagt er dann.

MENSCH UND TIER

Auf dem Wege nach Warschau, wo er etwas zu erledigen hat, macht Arnold Hau 1929 in Frankfurt Station.

Während einer Wanderung, die wir durch den Stadtwald unternehmen, läuft uns ein fuchsgroßes, grün-golden gesprenkeltes Tier über den Weg.

„Hast du das gesehen?" fragt Hau.

„Ja", erwidere ich, „doch was war das für ein seltsames grün-golden gesprenkeltes Wesen?"

„Es ist kein Wunder, daß du es nicht kennst", sagt Hau darauf. „Das war eine Grottenmaus, eines der ungezählten Tiere, die von der modernen Zoologie totgeschwiegen werden. Totgeschwiegen, weil sie entweder nicht in die Systeme passen, angeblich zu klein und unbedeutend sind, oder aber wegen ihrer Lebensführung von den Zoologen ignoriert werden. Es sollte sich jemand finden, der den Mut aufbringt, sie zu beschreiben . . ."

Der Mann findet sich. Es ist Hau selber, der nach umfangreichen Forschungen darangeht, diese vergessenen Tiere in seinem Werk „Tierwelt – Wunderwelt" vorzustellen. Zwei Jahre arbeitet er daran, zwei Jahre unterbricht er sein Fragen nach dem Menschen und vernachlässigt auch sein Pfandrecht an beweglichen Sachen. Er tut es der Kreatur zuliebe. Dennoch bleibt das Werk Fragment. Die Aufgabe übersteigt Haus Kräfte und noch zwanzig Jahre später erklärt er mir gegenüber: „Ich hätte nie soviel Zeit auf das Tier verschwenden dürfen! Mein Thema ist der Mensch . . ."

Doch wer die Verse, die Zeichnungen und die Bildfolgen sieht, die wir alle Haus Beschäftigung mit dem Tier verdanken, wird die Zeitverschwendung nicht beklagen, sondern gutheißen.

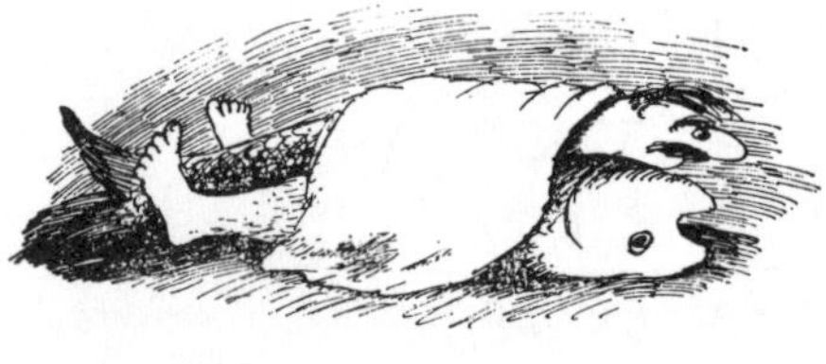

Tierwelt – Wunderwelt

Die BETTENEULE im Plumeau
wird ihres Lebens nicht mehr froh.
Wenn sie ein leises Quietschen hört,
dann ist sie durch und durch verstört.
Und flüsternd sagt sie ihrer Brut:
„Dat geit nit gut, dat geit nit gut!“

Das BIRKHUHN, das die Beine spreitet,
ein schönes Glücksgefühl begleitet.

Die schärfsten Kritiker der ELCHE
waren früher selber welche.

Die GAMS erwacht im fremden Forst
und lag in einem Adlerhorst.
Sie sah sich um und sprach betroffen:
„Mein lieber Schwan! War ich besoffen!“

Das erbsengroße GRABBELTIER
steigt unbemerkt aus dem Klavier.
Es hat genug von der Musik
und wirft sich auf Atomphysik.

Der HABICHT fraß die WANDERRATTE,
nachdem er sie geschändet hatte.

Der HAUBENBÄR spricht mit Bedacht:
„Die Bären werden nachts gemacht!“
Dann rennt er mit Gegröhle
in seine Bärenhöhle.

Der JAGDGEPARD, der wieselschnelle,
kommt manchmal gar nicht von der Stelle.

Der KRAGENBÄR in seinem Kragen
weiß nichts vom Singen und vom Sagen.
Nie sang er auch nur einen Ton.
Von Sängern dacht' er voller Hohn,
und angesichts des Sternenlichts
da blieb er stumm und sagte nichts.
Er sang nicht auf der Maienflur,
bei Diskussionen schwieg er nur.
Wie anders Goethe, Kant und Benn,
die weniger Verschwiegenen!
Sie ehret heute Flott und Heer,
Vom KRAGENBÄR spricht niemand mehr.

Ein LAMA spuckte dicke Töne,
daß es den GAMSBOCK stets verhöhne;
doch als der GAMSBOCK kam herein,
da kratzte es sich still am Bein.

Die NACHTIGALL, die sitzt im Strauch,
und reibt zufrieden ihren Bauch.

In Lörrach sprach das REGENTIER:
„Da es hier regnet, bleib ich hier.“
Es scheiterte am Magistrat,
der sich sein Bleiben streng verbat.

Der böse graue SCHINDELHUND
nimmt seine Zähne aus dem Mund.
Er hängt die Krallen in den Schrank
und wartet auf den Mondaufgang.

Das SCHNABELTIER, das SCHNABELTIER
vollzieht den Schritt vom Ich zum Wir.
Es spricht nicht mehr nur noch von sich,
es sagt nicht mehr: „Dies Bier will ich!“
Es sagt: „Dies Bier,
das wollen wir!
Wir wollen es, das SCHNABELTIER!“

Die SCHMUDDELENTE wäscht sich nicht
und scheut daher das Tageslicht.
Doch ist die Sonne erst mal weg,
kommt sie hervor aus ihrem Dreck.

Man zweifelt rasch an Treu und Glauben,
sieht man dem TIGER zu beim Rauben.

Die WÜSTENKRÖTE lebt im Meer,
weil sie sonst längst verdurstet wär.

Die ZIRBELENTE sprach gedämpft:
„Ich hab mein Leben lang gekämpft.
Jetzt sollen auch mal andre ran,
zum Beispiel dieser Karajan.“

Das ZWIEBELHUHN verriet der Presse,
daß es am liebsten Zwiebeln esse.

Aus Haus Tierskizzenbuch

Drei aufsässige Affen

Der „Spaß“ macher

Die Heimkehr Käfer Gregors

Sein oder Nichtsein – für Arnold Hau war das keine Frage. Was er war, war er ganz, auch als Schauspieler begeisterte er die leider nie sehr zahlreichen Zuschauer. Jedem, der ihn als Hamlet erleben durfte, wird seine radikale Neu-Interpretierung der Rolle unvergeßlich bleiben: Hau spielt den Dänenprinzen als alten, lebenslustigen Querkopf, der sich nicht so leicht aus der Ruhe bringen läßt. Auch dann nicht, wenn er einmal statt des Totenkopfs einen ausgedienten Wasserball erwischt, wie auf jener Benefizvorstellung, die am 2. 5. 1952 in Wuppertal über die Bretter ging.

Der späte Hau wandelte sich immer stärker vom Künstler zum Künder. Eindringlich warnt er am Mittag des 2. November vor der nahenden Dunkelheit. Ungläubiges Gelächter schlägt ihm entgegen, doch keine sechs Stunden später ist es soweit: Die bestürzten Lacher können ihre Hand nicht mehr vor Augen sehen.

Aus Haus Tierskizzenbuch

Das Fallschwein

Hände weg vom Osterlamm!

Haus Sympathie für alle Tiere hindert ihn nicht, auch deren Fehler zu durchschauen, die ihm im Verlauf seiner Tierforschungen immer deutlicher bewußt werden. Und ebenso unbestechlich, wie er die Laster der Menschen geißelte, prangert er jetzt in zahlreichen Bildfolgen die Torheiten der Tiere an: die Willensschwäche der Pferde, die Faulheit mancher Miegamseln und die Schreckhaftigkeit der Biber.

Wenn ich ein Vöglein wär

Vor Menschen wird gewarnt

ER HAT OFT EINEN DECKEL AUF DEM KOPF UND EIN KLEINES STABCHEN IM MAUL...
Gräßlich!

...ER BIETET SO EINEN GEFÄHRLICHEN ANBLICK — STOLZ UND SCHÄDLICH!
Furchtbar! nichts wie fort!

MENSCH, EMIL! LANGE NICHT GESEHEN! WIE GEHT'S DENN?...

Der Wille siegt

du siehst behämmert aus, behämmert, behämmert, behämmert behäm-mert!
Siehst du!

Dieses „Metamorphosen“ benannte Skizzenblatt steht am Ende von Haus Tierforschungen. Es zeigt eindrucksvoll, wie die für zwei Jahre unterbrochene alte Frage in Hau nun wieder übermächtig wird. Was beim Tier begann, endet doch, wie alle Studien Haus, beim Menschen.

MENSCH IM DIALOG

1930. Wieder einmal beschäftigt sich Arnold Hau mit der Philosophie Platos, und wieder liest er jene Zeilen, in denen Aristodemos Plato vom Ende des berühmten „Gastmahls" erzählt. Gegen Morgen hätten alle bereits geschlafen, berichtet er, „nur Agathon, Aristophanes und Sokrates hätten alleine noch gewacht und aus einem großen Becher rechts herum getrunken ..."
An die Reden, die sie dabei führten, könne er sich nicht erinnern, da er zwischendurch geschlafen habe, „die Hauptsache aber wäre gewesen, daß Sokrates sie nötigen wollte einzugestehen, es gehöre für einen und denselben, Komödien und Tragödien dichten zu können ... Dies wäre ihnen abgenötigt worden, sie wären aber nicht recht gefolgt und schläfrig geworden ..."
„Es ist doch jammerschade, daß wir nicht mehr wissen, wie Sokrates seine These bewiesen hat", überlegt Arnold Hau. „Ein einziges Mal hat sich dieser überragende Denker zu solchen Fragen geäußert und die Anwesenden verschlafen diesen Moment ..."
Und dann tut Hau etwas Ungewöhnliches. Er geht daran, die Lücke auszufüllen. Er tut es mit beispiellosem Einfühlungsvermögen und profunder Kenntnis sokratischen Philosophierens. So und nicht anders kann – der Hau so sehr verwandte – Sokrates argumentiert haben. Das „Gastmahl", bisher ein unproportionierter Torso, ist durch Hau erst zu einem ausgewogenen Organismus geworden. Seine Ergänzung dürfte in keiner Plato-Ausgabe mehr fehlen.

Versuch einer Ergänzung von Platons „Gastmahl"

Als nun die meisten eingeschlafen oder gegangen waren, setzten sich Sokrates, Agathon, Aristophanes und Klytos, der Sohn des Alabander, zusammen.
O weiser Klytos, begann Sokrates, sage mir, was schlimmer ist, Durst oder Heimweh?
Zweifellos Heimweh, versetzte Klytos.

Warum? fragte Sokrates. Meinst du nicht auch, daß das Heimweh ein des Menschen würdigeres Gefühl ist als der Durst, den der Philosoph gering achten sollte, da er ihm von der Natur aufgezwungen wird?
Das meine ich zweifellos auch, erwiderte Klytos.
Du erstaunst mich, entgegnete Sokrates. Wie kann dasselbe Gefühl zugleich würdiger und schlimmer sein? Denn ist es nicht so, daß das eine das andere ausschließt?
In der Tat ist es so, mein Sokrates.
Nun, o Klytos, wenn es sich so verhält, wäre es da nicht richtiger zu sagen, daß das Heimweh das würdigere, der Durst aber das schlimmere Gefühl ist?
Das wäre ohne Frage richtiger.
Da du dies eingesehen hast, o mein weiser Klytos, wäre es da zuviel verlangt, wenn du aufstehen würdest und danach schautest, ob sich irgendwo noch etwas zu trinken befindet? Wie ich sehe, ist die Rundschale leer, und wer, glaubst du, wird eher Gefahr laufen, Durst zu leiden: derjenige, der etwas zu trinken hat, oder derjenige, der nichts ...
Schon gut, mein Sokrates, versetzte Klytos, ich gehe ja schon.
Nach einer Weile kehrte er zurück und hörte den Schluß eines Gesprächs mit an, in dem Sokrates die beiden Dichter zuzugeben zwang, daß zwischen der Malerei und dem Kriegshandwerk ein Unterschied sei. Darauf füllte er Wein in eine große Schale, und sie begannen, rechts herum zu trinken.
O mein Aristophanes, begann Sokrates, ich sehe, daß du am Einschlafen bist. Kannst du mir vorher noch eine Frage beantworten?
Gern, mein Sokrates.
Du bist ein berühmter Mann, o Aristophanes, und die Menge liebt dich, weil du sie lachen machst, ich dagegen verstehe nichts vom Handwerk des Dichters. Wirst du mir verzeihen, wenn dir die Frage töricht scheint?
Nein, o mein Sokrates, erwiderte Aristophanes.
Wieso *nein*, o Aristophanes? Meintest du nicht *ja*, und die Müdigkeit drehte dir das Wort im Munde herum, wie das Volk sagt?
Zweifellos, versetzte Aristophanes.

Dann darf ich also die Frage stellen, o mein Aristophanes?
Nie und nimmer, o Sokrates, entgegnete dieser.
Wie soll ich diesen Widerspruch lösen? Einmal sagst du, ich dürfe sie stellen und dann wieder, ich dürfe sie nicht stellen.
Wer könnte das bestreiten, erwiderte Aristophanes.
Ab dieser Stelle wachte Agathon auf, der ein wenig eingenickt war und sagte: Das ist zweifellos richtig.
Mein Agathon, versetzte hierauf Sokrates, bist du dem Gespräch bis jetzt gefolgt, oder hast du nicht vielmehr geschlafen?
Ich habe geschlafen, entgegnete Agathon.
Findest du es, o Weiser, richtig, in einem Gespräch eine Meinung zu äußern, an dem man nicht teilgenommen hat, weil man währenddessen schlief?
Das ist ohne Frage richtig, antwortete Agathon.
Folgt daraus nicht, daß du besser daran tätest, weiter zu schlafen als deine Meinung kund zu tun?
Freilich täte ich daran besser, o Sokrates.
Nun, mein Agathon, so tue es auch.
Agathon folgte den Worten des Sokrates und legte sich wieder hin, nachdem er einen Schluck aus der Schale genommen hatte.
Nun zu dir, mein Aristophanes, sagte Sokrates und gab ihm einen Stoß. Bist du nicht auch der Meinung, daß ein Komödienschreiber zugleich ein Tragödienschreiber sein muß, und daß, wenn einer die eine Kunst beherrscht, er notwendig auch in der anderen Meister ist?
Darauf öffnete Aristophanes seine Augen und sagte: Wie könnte es anders sein.
Während der letzten Worte waren auch Agathon und Klytos aufgewacht, sie nickten jedoch gleich wieder ein.
Sokrates vertrieb sich noch ein wenig die Zeit damit, dem Rundgefäß einzureden, daß es schon einmal voller gewesen sei, doch als es keine Antwort gab, stand er auf und ging.

Die Beschäftigung mit Sokrates hatte Haus Interesse am Dialog geweckt, ein scheinbar belangloses Erlebnis steigert es noch. Am 24. September 1934 nimmt er als Gast bei der Gründungsversammlung der italienischen Sektion des Otto-Pfahl-Vereins teil.

Nach der stürmisch verlaufenen Sitzung geht er durch die dunklen Straßen von Florenz. Er bittet einen Unbekannten, der ihm entgegenkommt, um Feuer. „Kannitverstan", lautet die Antwort.
Hau ist tief betroffen. Wie dünn ist doch der Faden, der die Menschen verbindet, wie hilflos sind sie, wenn Sprachschwierigkeiten den Dialog unmöglich machen.
„Möglichkeit und Unmöglichkeit des Dialogs" heißt das Thema, das ihn nun beschäftigt. In kleinen Szenen, seinen AB-Dramen, schreitet er den Kreis dessen, was Dialog ist, aus. Liegt es an Arnold Hau oder am Geist der Zeit, daß fast alle Dramen scheiternde Gespräche darstellen? Meines Erachtens liegt es unbedingt am Geist der Zeit.

Das unmögliche Drama

A *düster*: Ich mach mir Sorgen
B *bedrückt*: Um die Welt von Morgen
A: Es geht bergab
B: In schnellem Trab
A: Können Sie nicht einmal etwas anderes sagen?
B: Wieso? Schließlich bin ich doch Ihrer Meinung.
A: Aber so kann doch nie ein Stück zustande kommen. Ein Drama lebt davon, daß zwei Wertsysteme aufeinanderstoßen, daß im Dialog um Wahrheit und Echtheit der Wertsysteme gestritten wird. Das ist ohne Negation oder In-Frage-Stellung der geäußerten Aussage nicht möglich. Darum ein letztes Mal die Frage: Wollen Sie endlich einmal anderer Meinung sein als ich?
B: Ich denke nicht daran!
A: Na Gottseidank, das Stück kann beginnen.
B: So ist es.
A schaut B lange an, hebt verzweifelnd die Hände und stürzt von der Bühne.
B *langsam und lachend*: Der Narr, er glaubte noch an den Dialog! *Zögernd ab.*

Der durchschaute Geist

Es klopft. B tritt ein, listig blickend. Er trägt ein Hütchen, das mit einer Hahnenfeder geschmückt ist.

A *auffahrend*: Bist du der Geist, der stets verneint?

B: Nein.

A: Bist du ein menschlich Wesen?

B: Nein.

A: Bist du ein Bewohner anderer Sphären?

B: Nein.

A: Bist du ein Tier?

B: Nein.

A: Ein Gott?

B: Nein.

A: Dann bist du doch der Geist, der stets verneint.

Schlägt das Kreuzeszeichen.

B: Weh mir, wie konnte er mich so durchschauen?

Die Erde öffnet sich, B verschwindet.

Rübezahls Rache

A und B stehen auf dem Gipfel des Riesengebirges.

A: Siehst du sie dahinten?

B: Wen?

A: Na, die ganze Bagage, Rübezahl und seine Zwerge.

B: Um ehrlich zu sein, ich sehe nur Rübezahl, von seinen Zwergen kann ich nichts erblicken.

A: Schau nur genauer hin! Das Gewusel um ihn, das sind die Zwerge.

B: Die klitzekleinen Wichtel sollen Zwerge sein?

A: So ist es.

B: Daß ich nicht lache! So sehen also Zwerge aus! *Laut:* Hallo, Rübezahl! Schönen Gruß an deine Zwerge. Sag' ihnen, daß sie reichlich ...

A: Still um Himmels willen!

B: Papperlapapp! Sag ihnen, daß sie reichlich klein geraten sind! Haha!

Ein Blick Rübezahls verwandelt ihn in einen Buntsandsteinfelsen.

A: Der lernt doch nie aus!

Schnell ab.

Das endlose Verhör

A: Es hilft nichts, du mußt daran glauben.

B *auf einen Stuhl gefesselt*: Aber bin ich doch unschuldig.

A: Das kannst du nicht beweisen.

B: Doch.

A: Also, wo warst du am 13. Juni des letzten Jahres?

B: Auf einem Maskenball.

A: Haha, auf einem Maskenball! Wer das glaubt! Etwas Besseres fiel dir wohl nicht ein. Seit wann gibt es im Juni Maskenbälle?

B: Jetzt erinnere ich mich! Es war gar kein richtiger Maskenball. Das heißt: es war ein Maskenball ohne Masken.

A: Und woher wußtest du dann, daß es ein Maskenball war?

B *schweigt*

A: Also, was ist? Wo warst du denn in Wirklichkeit?

B: Wann?

A: Am 13. Juni des letzten Jahres!

B: In der Volkshochschule.

A: So, in der Volkshochschule. Nicht zufällig in der Kramerstraße?

B: Nein, nein. Ich hörte einen Vortrag über Paul Klee. Einen Vortrag mit vielen Bildern.

A *lauernd*: Was für Bildern?

B: Ganz verschiedenen. An eines kann ich mich noch erinnern, es hieß DER ISENHEIMER ALTAR.

A: DER ISENHEIMER ALTAR ist also von Paul Klee?

B: Ja.

A: Nicht von Grünewald?

B *schweigt*

A *lauter*: Nicht von Grünewald?

B: Ich laß mich hier nicht ausfragen! Wer sind Sie überhaupt? Ich kenne Sie gar nicht. Ich sag jetzt überhaupt nichts mehr. Schluß. Aus.

A: Dann mußt du eben doch dran glauben.

Er nimmt ein Messer.

B: Aber ich bin doch unschuldig.

A Das kannst du nicht beweisen.

B: Doch.

A: Wo warst du dann am 14. Juni des vergangenen Jahres?

Es wird dunkel.

Unerwartetes Glück

A sitzt in der Stube. Es klopft.

A: Grüß Gott tritt ein, bring Glück herein!

B *von draußen*: Ich weiß nicht, ob ich da der Richtige bin. Vielleicht enttäusche ich Ihre Erwartungen.

A: Immer rein, wenn's kein Schneider ist!

B: O, nein, das nicht. Aber Sie könnten es bereuen, mich hereingebeten zu haben!

A: Immer herein, ist die Stube auch klein!

B *öffnet die Tür einen Spalt breit*: Waren Sie der Mann, der mich bat, Glück hereinzubringen?

A: So ist es! Und nun frisch herein!

B *tritt herein mit einem Füllhorn und schüttet aus: einen Geldschrank voller Münzen, ein Auto, eine Waschmaschine, einen Rasenmäher, viele Zahnbürsten:* Viel Glück!

A: Nicht doch! Aufhören! *Ein Doppelzentner feinster Unterwäsche begräbt ihn. Er arbeitet sich hervor.* Schluß jetzt! Hilfe!

B *schüttet weiter. Eine Betonmischmaschine, einen Kontoauszug, sieben wunderhübsche Mädchen, einen Achter mit Steuermann, dressierte Meerkatzen, die dauernde Gesundheit, die ewige Seligkeit, ein*

Eigenheim. A ist in den äußersten Winkel des Zimmers geflüchtet. Nur noch sein Kopf ist sichtbar.

A: Hilfe!

B *stülpt sein Füllhorn um. Ihm entfallen eine vollständige Campingausrüstung, ein Freiabonnement, Kurzwaren ohne Zahl und 10 000 Diener. Von A ist nichts mehr zu sehen. Seine Rufe sind verstummt.*

B: Der wird demnächst mit seinen Reden vorsichtiger sein!

Er verläßt den Raum. Man kann es kaum ein Verlassen nennen, da der Raum so voll ist. Und nicht nur er. Auch das Vorzimmer ist mit Gegenständen gefüllt. Sogar vor dem Hause liegen sie noch, so weit das Auge blicken kann.

Falsche Rücksichtnahme

Eine Waldlichtung. Im Hintergrund ein Abgrund.

A liegt in der Mitte der Szene, von links tritt B mit einem Fahrrad auf.

A: Weh mir, ein Speer in meiner Brust!

B: Weh dir, ein Speer in deinem Fuß!

A: Dank für deine Anteilnahme, Fremder. Jedoch traf mich der Speer in die Brust, nicht in den Fuß.

B *beiseite*: Weh ihm! Seine Sinne verwirren sich. Er kann Brust und Fuß nicht mehr unterscheiden. *Laut*: Ist es nicht der Fuß, der von dem Speer getroffen wurde?

A *beiseite*: Weh ihm! Der arme Schelm hat sein Augenlicht verloren. Ich muß ihn bei seiner Meinung lassen, um ihn nicht vor den Kopf zu stoßen. *Laut*: Nun merk ichs auch, es war der Fuß, nicht die Brust. Leb wohl.

Er verscheidet.

B *lauscht eine Weile, als er nichts hört*: Der Tropf scheint doch tatsächlich gestorben zu sein. Wer hätte gedacht, daß Fußverletzungen so wirken können.

Er steigt kopfschüttelnd auf sein Fahrrad und fährt auf den Abgrund zu. Er verschwindet. Ein Schrei. Ende.

Das Rätsel der schwarzen Nase

A: Was hast du für eine schwarze Nase!

B: Schau dich lieber an!

A: Was heißt das? Willst du sagen, daß ich eine schwarze Nase habe?

B: Das nicht.

A: Sondern?

B: Du bist ein ganz häßlicher Vogel. Deine Augen quellen hervor wie die eines Frosches, dein Mund ist breit wie der einer Flunder, deine Ohren – weißt du, wie deine Ohren aussehen?

A: Nein.

B: Wie Henkelohren, dein Kopf ist verschorft, deine Stirn ist so niedrig wie die eines Maultieres, deine Zähne . . .

A: Jetzt wirst du unsachlich! Ich habe doch nur gesagt: Was hast du für eine schwarze Nase.

B: Na und? Ich bin ein Neger!

A: Aber darum ging es doch. Das wollte ich wissen. Du bist ein Neger, das ist des Rätsels Lösung. Du bist nichts weiter als ein ganz schwarzer Neger. Daher auch deine schwarze Nase. Jetzt verstehe ich alles!

B: Aber du bist viel häßlicher als ich!

A: Aber du bist ein Neger.

Während der folgenden Schlägerei wird es langsam dunkel.

Aus Haus „Philosophischem Skizzenbuch"

Die Begegnung des Guten, Schönen und Wahren mit dem Bösen, Häßlichen und Verlogenen

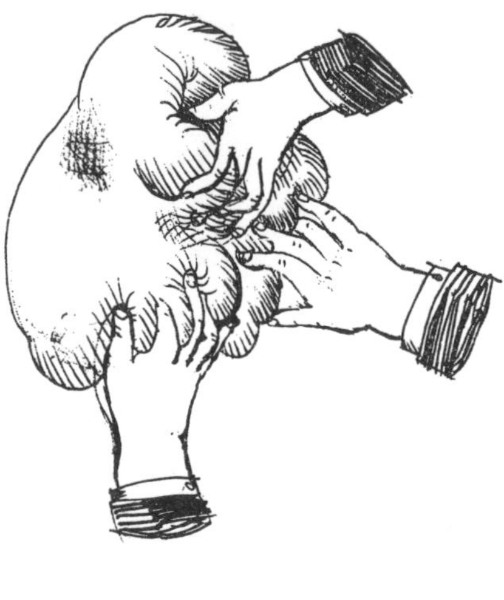

Neben Sokrates ist es in erster Linie Adolf Brettschneider, der Hau's Philosophieren beeinflußt hat. Ihm, dem 1935 verstorbenen großen Lehrer, setzt er in der Figur des Lao-tschi ein Denkmal, das wahrhaft dauernder als Erz genannt werden darf.

Die Weisheitslehren des Lao-tschi

Aus dem Buch der Wandlungen I

„Seht diesen Baum", sagte Lao-tschi einst seinen Schülern unter einer Yunga-Eiche, in deren Schatten sie nach anstrengender Wanderung um die Mittagszeit ausruhten. „Mannsdick der Stamm, sieben Kulis könnten ihn nicht umfassen, stark wie die Arme der Arbeiter von Sezuan die Äste, nicht zu zählen das Blattwerk. Und doch war er einst eine winzige Eichel, ein unscheinbarer Keim. Was lernen wir daraus?"
Die Jünger, die bereits die Augen geschlossen hatten, öffneten sie wieder für einen Moment.
„Geschenkt, Meister, geschenkt!" riefen sie und „Schon gut".
Seufzend blickte der Lehrer um sich, und als er alle schlafen sah, folgte er mißmutig ihrem Beispiel.

Aus dem Buch der Wandlungen II

Eines Abends kam ein Jünger zu Lao-tschi und sagte mit erregter Stimme: „Meister, du erzähltest doch einst die Parabel von der Kirsche und dem Spatzen."
Lao-tschi schaute auf und sagte: „So, tat ich das?"
„Ja", sagte der Schüler. „Du erzähltest, daß ein Spatz eine Kirsche sah und Appetit nach ihr verspürte und sie verschlang. Da sie aber zu groß für ihn war, erstickte er an ihr. So geht es jedem, der allzu habgierig ist, sagtest du."
„Sagte ich das?" fragte Lao-tschi. „Dann wird es wohl stimmen."

„Nein, es stimmt ganz und gar nicht!" schrie der Schüler. „Ich habe daraufhin die Spatzen beobachtet. Sie denken nicht daran, Kirschen zu verschlucken. Sie picken langsam an den Früchten herum, bis sie genug haben."
„So?" sagte der Meister glücklich. „Da sagt man immer, die Spatzen hätten nur ein kleines Hirn. Und trotzdem haben sie auf meine Worte gehört und sich gebessert. Was lernen wir daraus?"
„Daß deine Parabeln hinten und vorne nicht stimmen," brüllte der Schüler.
„Das auch", entgegnete der Meister. „Aber ich wollte eigentlich noch etwas anderes sagen. Wie war das gleich? Na, es tut nichts zur Sache."
Und er vertiefte sich wieder in das Buch der 88 Sprüche, während sein Schüler in eine Dunkelheit hinauswankte, die für ihn auch durch den milden Vollmond nicht heller wurde.

Aus dem Buch der Wandlungen III

Lao-tschi pries einst das Wasser.
„Ich wüßte wirklich nicht, was ihm gleichkäme", sagte er. „Der Wein? Nein, der ist von anderem Geschmack und berauscht. Das Gras? Nein, es ist grün und oben spitz. Der Stein etwa? Nein, der ist rund, und man kann ihn wegwerfen. Der wilde Büffel? Nein, er rennt ziellos hin und her und kann mit dem Schwanze wedeln."
Hierauf schwieg Lao-tschi eine Weile, worauf er erschöpft fortfuhr: „Ich könnte euch noch andere Beispiele nennen. Doch vielleicht glaubt ihr mir auch so, daß ich wirklich nicht weiß, was dem Wasser gleichkäme?"
„Aber ja!" riefen die Schüler, die nicht im mindesten daran gezweifelt hatten, „Aber ja! Und nun ruhe wieder ein wenig, Meister!"
Haus Bemühung um den Dialog endete nicht beim Verstummen des Lao-tschi. Ein Zufall gibt ihm die Möglichkeit, den Dialog in einer Form weiterzutreiben, die für die Stimme, das menschliche Sprechen, wie geschaffen scheint: im Hörspiel.

Am 14. April 1932 rettet Arnold Hau, damals an Ausgrabungen in Mailand beteiligt, Rudolph Martzius, den Nestor der deutschen Rundfunkpioniere, aus einer schweren Ehekrise. Zum Dank schenkt ihm Martzius eine halbe Stunde Sendezeit – und damals war eine halbe Stunde noch eine Zeit! Hau nutzt sie. Er schreibt das Hörspiel: „Blumen, was ist das?"
Eine weitere Frucht der intensiven Zusammenarbeit von Hau und Martzius war das von Hau schon 1926 entwickelte runde Radio, das dem deutschen Rundfunk mit Sicherheit ein neues Gepräge gegeben hätte. Leider zerschlägt sich das Projekt. Eine neuerliche Ehekrise, der Martzius schließlich erliegt, verhindert die geplante Serienproduktion.
Ebenfalls aus dem Jahr 1932 scheint mir die undatierte Bildfolge „Auf falscher Bahn" zu stammen. Für diese Einordnung spricht, daß – wie im Hörspiel – das Motiv der gestörten Gemeinsamkeit, ja der Unmöglichkeit des Zusammengehens die Szene beherrscht.

Blumen – was ist das?

Ein Hörspiel

Hallende Schritte, die langsam näher kommen.
DER ALTE MANN: Einmal, da gab es Blumen ...
DAS KIND: Blumen, was ist das?
DER ALTE MANN: Ich erinnere mich nicht genau, aber ich weiß, daß es einmal Blumen gab, damals am Teich, den ich mit Silke entlanglief an jenem heißen Sommerabend ...
Leises Plätschern, laufende Schritte, Gelächter von zwei Stimmen, einer mädchenhaften und der eines Jungen ...
DER JUNGE: Gib's her! Gib's her! Das gehört mir!
DAS MÄDCHEN: Hols dir doch!
Sie lacht.
DER JUNGE: So, jetzt hab ich dich! (Keuchend) Gib es her, sonst tu ich es!
DAS MÄDCHEN (lachend): Das glaub ich nicht!

DER JUNGE: Brauchst ja nicht zu glauben. Ich tu es trotzdem.
DAS MÄDCHEN: Gib doch nicht so an! Du tust es nicht, das weißt du doch! Du wirst es nie tun.
DER JUNGE: Warum?
DAS MÄDCHEN: Weil du genauso bist wie die anderen.
DER JUNGE (leise): Wie welche anderen?
DAS MÄDCHEN: Na, wie mein Onkel etwa, wie Harald, wie Tom ...
DER JUNGE: Ich bin anders als sie. Ich werde es tun.
DAS MÄDCHEN: Nein!
DER JUNGE (schreiend): Doch!
DAS MÄDCHEN: Nein!
DER JUNGE: Doch, doch, doch!
Das Mädchen lacht, eine laute Welle bricht sich, aus dem Hall die Stimme des alten Mannes.
DER ALTE MANN: Ja, damals! Wir waren so jung und sprangen durch die Blumen ...
DAS KIND: Was ist das – Blumen?
DER ALTE MANN: Ich wünschte, ich könnte es dir erklären. Blumen ... Sie sind wunderschön, sie wachsen auf langen, saftigen Stengeln. Jetzt erinnere ich mich ... Es gibt mehrere Sorten ... Veilchen ... Primeln ... Gladiolen ... Gladiolen ...
Leises Stimmengewirr.
EINE FRAUENSTIMME: Gladiolen! Wie lieb von dir!
DER JUNGE MANN: Sie gefallen dir?
DIE JUNGE FRAU: Sehr! Wie die Farben glühen ...
DER JUNGE MANN: Ja, heute ist ein Festtag, heute können wir uns mal was leisten ...
DIE JUNGE FRAU *ängstlich*: Wieso?
DER JUNGE MANN: Nun freu dich doch lieber, daß wir uns mal was leisten können und frag nicht wieso und weshalb! Ich habe es eben getan, und es hat geklappt ... Wie siehst du mich denn an?
DIE JUNGE FRAU: Ich ahnte es ... Ich ahnte es schon seit Wochen, daß du es einmal tun würdest ... Oh du (Schluchzend) Oh du!
Papier wird zerknüllt, dann zerrissen. Hastige Schritte, die sich durch das Stimmengewirr entfernen.

DER JUNGE MANN: Bleib doch, bleib doch ... Was soll denn das?
Sein Rufen wird schwächer, die Stimmen schlagen über ihm zusammen ...Im Hall: Bleib doch. *(Normal):* Bleib doch!
DER ALTE MANN: Bleib doch! sagte ich ihr, doch sie war fort und ich stand da mit den Blumen ...
DAS KIND: Was sind Blumen?
DER ALTE MANN: Sie können so vieles sein. Damals waren sie für mich Zeichen verlorenen Glücks, das ich zu bewahren trachtete, doch sie welkten, Blatt fiel um Blatt, während die Uhr in meinem Zimmer tickte und ich den Strauß betrachtete ...
Das Ticken einer Uhr, immer wieder von dumpfen Aufschlägen unterbrochen.
DER JUNGE MANN: Blatt fällt um Blatt.
Ein Aufschlag, der verhallt.
DER ALTE MANN: Blatt fiel um Blatt, schließlich war die Blume entblättert ...
DAS KIND *weinend*: Was ist das: eine Blume?
DER ALTE MANN: Nun wein doch nicht, schau, ich erkläre es dir doch ... Eine Blume, das ist eine Verheißung ... Und nie sind Blumen verheißungsvoller als im Krieg. Da sah ich einmal eine ... Wir rückten gerade vor ... nein, nicht ich sah sie, Erwin erblickte sie zuerst ...
Im Hintergrund MG-Geknatter.
ERWIN: Und dann hast du es getan, und die Frau türmte? Das glaube ich nicht, dazu bist du nicht fähig.
DER MANN: Doch. Ich habs getan. Zuerst von vorn und dann von hinten.
ERWIN: Komm, mich brauchst du nicht anzumeiern.
DER MANN: Ich meier dich nicht an!
ERWIN: Na laß mal! Du meierst mich ganz schön an!
DER MANN: Nein ehrlich, Du wärest der letzte, den ich anmeiern würde.
ERWIN: Kumpel, erzähl mir nix ... Mensch ich werd verrückt, da hinten da steht ja 'ne Aster!
DER MANN: Wo? Jetzt meierst du mich an!

ERWIN: Nee, Kumpel, schau mal gradaus, da hinten siehst du sie nicht, die blaue Aster?

DER MANN: Nein. Ich sehe keine Aster. Und wenn hier einer ein Anmeierer ist, dann bist du das!

ERWIN (leise): So, du hälst mich für einen Anmeierer, was? So was hört Erwin nicht gern ... So was hört er sehr ungern ... Du glaubst nicht, daß da eine Aster steht? Paß auf, ich hol sie!

DER MANN: Erwin, Mensch, bleib in Deckung, das ist ja Wahnsinn ...

Eine Detonation.

DER MANN *schreiend*: Erwin, Erwin!

Detonation verhallend.

DER ALTE MANN: Dann lag er da ... tot ... Die eine Hand krampfhaft geschlossen ... Ich öffnete sie ... In ihr lag eine kleine blaue Blume.

DAS KIND (schluchzend): Was ist eine Blume?

DER ALTE MANN: So sei doch still! Blumen, ja was sind Blumen ...

Das Kind weint, während der alte Mann weiterspricht.

Schau, die Sonne ... Sie ist rund und gelb ... Es gibt auch solche Blumen ... Sonnenblumen ... Sie umstanden das Haus, in dem ich Silke ein letztes Mal klarzumachen versuchte, warum ich es getan hatte, tun mußte. Es war Frühling ... ein Kuckuck rief ...

DIE ALTE FRAU: Der Kuckuck!

DER ALTE MANN: Lenk nicht ab! Hast du jetzt begriffen, warum ich es tat?

DIE ALTE FRAU: Nein. Wovon sprichst du denn?

DER ALTE MANN: Von jenem Vorfall, nach dem du wegliefst, und ich stand da mit den Gladiolen ...

DIE ALTE FRAU: Ich dachte, du sprachst von jenem Nachmittag, als wir am See entlang liefen und du es zurück haben wolltest.

DER ALTE MANN *seufzend*: Es hat keinen Sinn mehr! Wir reden aneinander vorbei. Ich hätte es wissen müssen! Ich hätte gar nicht erst kommen sollen ... Wir haben uns nichts mehr zu sagen ...

Ein Kuckucksruf, der in Hall übergeht.

DER ALTE MANN: Und dann verließ ich sie. Ich warf noch einen

Blick auf das Häuschen, auf die Sonnenblumen, die es umstanden und auf die Vögel, die zwischen ihnen hin und her flatterten, und dann ging ich. Weißt du jetzt, was Blumen sind?

DAS KIND *zögernd*: Jaa ... Ich glaube ... aber was sind Vögel?

DER ALTE MANN *leise*: Vögel ... Vögel ... ja, was sind Vögel? Ich will versuchen es dir zu erklären. Schau, ein Vogel, das ist ein ... Nein, das ist nicht deutlich genug, Vögel sind ... Ja, schau dorthin, was da in der Luft fliegt, das sind Vögel.

DAS KIND: Ach so, diese Piepmätze sind Vögel?

DER ALTE MANN: Was denn sonst? Und jetzt komm, wir müssen weiter ...

Schritte, erst normal, dann im Hall, sie werden immer leiser.

Ende.

Auf falscher Bahn

Du bist Weitspringer, Kamerad?
Dann mußt Du Ins Gottfried-Hammer-Stadion. Hier ist nur Hochsprung

Danke für den Hinweis

Diese Weitspringer! Wer es nicht im Kopf hat muß es in den Beinen haben.

ANDORRA
ODER MENSCH UND UNMENSCH

1939. Jahrelang ist Arnold Hau gereist. Florenz, Warschau, Luegi, Asien und Frankreich heißen einige der Stationen seiner Wanderschaft. Jetzt hat er das Bedürfnis nach Ruhe und Geborgenheit. Der Zufall hilft ihm, eine Bleibe zu finden. Er lernt 1939 in Wiesbaden Lou (Luise) Wahldorf kennen, mit der ihn bald eine enge, aber geistige Bindung vereint.
Diese weltgewandte Frau leitet eine Holdinggesellschaft in Andorra, und Hau folgt ihr in dieses ruhige Fleckchen Erde. Hau fragt und strebt weiter, aber sein Fragen wird gelassener, sein Streben ruhiger. Ein nie verletzender, versöhnlicher Humor klingt an, wie man ihn bisher in seinen Werken vergebens gesucht hätte. Heiter und weltbejahend sind schon die Titel seiner Gedichte und Bildfolgen: „Pünktlichkeit ist eine Zier“, „Bekenntnis“, und, unmißverständlich, „Ein Ja zum Leben“. Auch der Stil seiner Zeichnungen wird lockerer, ja oft scheint er fast das Karikaturistische zu streifen.

Pünktlichkeit ist eine Zier . . .

DIE ZWÖLF IST MIR VOR DER NASE WEGGEFAHREN. ES TUT MIR HERZLICH LEID
DASS MIR DAS NICHT NOCHMAL VORKOMMT
NICHT NOCHMAL! ICH VERSPRECHE ES IHNEN
WÄRE ER ZEITIG VON ZU HAUSE WEGGEGANGEN, HÄTTE ER DIE ZWÖLF NOCH GEKRIEGT

Ein „Ja" zum Leben

AUF-HÖREN!
AUCH WENN MANCHEN LEUTEN MEINE MEINUNG NICHT PASST, ICH WERDE ES IMMER UND IMMER SAGEN:
ICH LIEBE DAS LEBEN!

Bekenntnis

Ich liebe die Wiesen, die Straßen, den Wald,
die Länder und Städte, wo Menschheit sich ballt.
Doch Dörfer und Herren, den Topf und den Baum
die haß ich wie Messing, wie Pfirsich und Pflaum.
Die Mäuse und Mädchen, die hab ich recht gern
doch Klöster und Sperber, die stehen mir fern.
Mich ärgern Vulkane, doch völlig neutral
steh ich zu Klavieren, zu Gras, Rauch und Zahl.

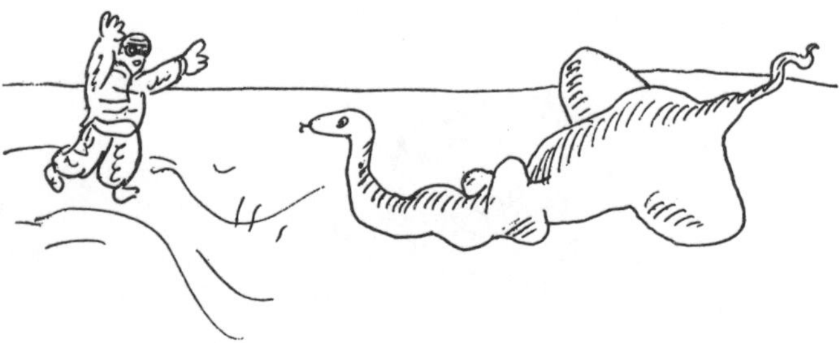

Bis 1942 aber ist fast alle diese Heiterkeit des Herzens verflogen. Hau wird stiller, ernster. Noch steht er hinter seinem „Ja zum Leben", aber er kann seinen Blick doch nicht vor dem vielen Unrecht, dem Sengen und Morden verschließen, von dem die Weltgeschichte so voll ist.

„Kunst muß engagiert sein, wie wäre sie sonst Kunst?" telefoniert er mir im Nachsommer 1942. Was er jetzt schreibt und zeichnet, ist flammender Protest gegen die sozialen Mißstände unserer Zeit. Obwohl das Drama „Lang lebe Gustav Adolf" formale Ähnlichkeit mit Haus historischen Dramen früherer Jahre aufweist, ist sein Gehalt doch ein ganz anderer. Ebenso wie in den Gedichten und Bildfolgen dieser Zeit brandmarkt er auf das entschiedenste das Morden und Brennen und prangert Bosheit und Faulheit, Habsucht und die Trägheit des Herzens an. In Andorra ist es ruhig, aber Hau zeigt in

diesen stillen Jahren, welche extreme Spannweite sein Denken durchmessen konnte. Neben dem „menschlichen Menschen“ ruht „l’homme engagée“, schon leise Erschütterung, ein trüber Tag mit Föhn, vermag ihn aufzuwecken.
Leider sind die meisten großen Werke dieser engagierten Periode nicht mehr erhalten. Sie fielen der großen Überschwemmung, die 1942 von einer radikalen Minderheit in Andorra inszeniert wurde, zum Opfer.

Lang lebe Gustav Adolf!

Szene aus der Belagerung Magdeburgs

Die Bühne ist in ein mäßiges Halbdunkel getaucht, das im Verlauf der ersten Worte immer heller wird. Die Helligkeit muß beim Vorbeizug Gustaf Adolfs den Höhepunkt erreichen und danach langsam wieder abnehmen. Im Vordergrund der Bühne sind zur Linken drei Feldgeschütze aufgefahren, zwei Landsknechte sind damit beschäftigt, sie zu reinigen. Ein dritter rupft ein Huhn, während er ein Soldatenlied singt. Zur rechten einige zerschossene Bäume, darunter sieben schlafende Landsknechte in malerischer Tracht. Im Hintergrund das brennende Magdeburg, deutlich sichtbar die Türme der Petrikirche, des Doms, des Zeughauses, des Rathauses.
Der erste Soldat beendet die Reinigung. Er lädt die Kanone und feuert sie ab. Der Turm der Petrikirche bricht zusammen.
DER ZWEITE SOLDAT *unterbricht die Reinigung, tritt einige Schritt auf Magdeburg zu, wendet sich zurück. Mit Begeisterung:* Getroffen! Das nenn’ ich einen Schuß!
DER ERSTE SOLDAT *lacht befriedigt:* Hahaha, das will ich meinen.
EINER DER SCHLAFENDEN *fährt auf, ruft verwirrt:* Der Sieg ist unser! *Legt sich wieder zur Seite.*
DER DRITTE SOLDAT *beiseit:* Sie werden schon sehen, was dabei herauskommt. *Lacht grimmig.*

Der erste Soldat feuert einen zweiten Schuß ab. Der Turm des Domes bricht zusammen.
DER ZWEITE SOLDAT: Der Schuß saß!
DER ERSTE: Das will ich meinen, haha.
Unruhe unter den Schlafenden.
DER DRITTE SOLDAT *zu sich*: Wenn die so weiter machen, ist der Krieg bald aus.
Der Erste will einen dritten Schuß abfeuern.
DER ZWEITE *wendet sich zu ihm hin*: Laß mich mal!
Er lädt die Kanone und schießt. Der Turm des Zeughauses geht in Flammen auf.
DER ERSTE *teuflisch lachend*: Da wächst kein Gras mehr!
DER ZWEITE: Das ist wohl klar!
EINER DER SCHLAFENDEN *steht auf. Vorwurfsvoll*: Was soll denn der Lärm? *Ab.*
DER DRITTE *beiseit*: Wenn die so weiter machen, ist Magdeburg bald zum Teufel.
DER ERSTE: Nun bin ich wieder an der Reihe.
Will schießen. Unruhe hinter der Bühne, Pferdegetrappel, Trompetensignale. Von rechts reitet Gustav Adolf mit seinem Gefolge auf die Bühne. Er trägt den Arm in einer Schlinge, Landsknechte und Zwerge folgen ihm.
Er wendet sich an seinen Nachbarn. Schwedisch: Var skall vi göra?
Der Zug hält inne.
DER BEGLEITER *lachend*: Ingenting!
DER ERSTE SOLDAT: Gott grüß euch, Gustav Adolf!
Der Zweite wirft seinen Hut in die Luft, er rollt nach links hinter die Bühne. Der Zweite ab.
GUSTAV ADOLF *sehr ernst*: Hip Hip, Hurrah!
Nach links mit Gefolge ab.
EINER DER SCHLAFENDEN *richtet sich verstört auf*: Was war denn das für ein Lärm?
DER ERSTE *begeistert*: Das war unser König Gustav Adolf!
DER DRITTE *beiseit*: Der macht es auch nicht mehr lange!
Lacht grimmig.
Ein Schuß, der Turm des Rathauses bricht zusammen.

Schimpf und Schande

KOMM SE MAL MIT
SIE SAFTSACK
JETZT WERDEN SE ABGEFÜHRT, SO!
MARSCH MARSCH, AUF DIE WACHE
DIESER SAFTSACK DIESER...

Gerichtsbericht

Der Staatsanwalt erhob die Klage
gegen August Hermann Schrage:
„Dieser Mann steht im Verdacht,
der zu sein, der gestern nacht
mit Chinesen sich verbündet
und den Stadtpark angezündet.
Sodann unter falschem Namen
siebenhundert fremden Damen
feierlich die Eh' versprochen
und sofort danach gebrochen,
ferner zwanzig Kilo Schriften,
um die Jugend zu vergiften,
an dieselbe ausgeteilt.
Damit nicht genug – er feilt'
d'rauf die Schlösser auf zum Hause
des Direktors Jürgen Krause,
stahl dort alle Dividenden,
zog dann mit impertinenten
Flüchen über unser Heer
und den Präsidenten her.

„Wenn“, – er zeigte da auf Schrage,
der still dasaß, – „wenn! ich sage:
wenn der Mann der Täter war,
kriegt er sicher dreißig Jahr.“

Dann bewies der Staatsanwalt
lückenlos den Sachverhalt,
so daß jeder, ob er wollte
oder nicht, dem Schrage grollte,
und seitdem sitzt der Berserker
verdientermaßen fest im Kerker.

Frühes Leid

Sei doch wieder froh! Kopf hoch, Mädel!

DER SPÄTE HAU

1947 beginnt eine neue Phase im Schaffen Arnold Hau's. Es wäre diesmal müßig, die Ursachen im Privaten zu suchen. Das Zerbrechen der fast zwanzig Jahre dauernden geistigen Gemeinschaft mit Lou (Louise) Wahldorf könnte seinen hastigen Aufbruch aus Andorra erklären.

Der fehlgeschlagene Versuch, eine Aussöhnung mit dem Vater herbeizuführen, mag ihn ebenfalls tief getroffen haben. Doch während Arnold Hau depressive Phasen sonst nach kurzer Zeit überwand, erleben wir seit 1947 einen Wandel der Persönlichkeitsstruktur, der ihn und sein Werk auf tiefgreifende Weise verändert. Bildhaften Ausdruck findet dieser Wechsel in einem Gedicht, dessen erster Teil 1932 entstand und noch ganz den frohen und selbstsicheren Hau zeigt. Er lautet:

In einem Haselstrauch
da blüht ein Knobellauch.
Er steht recht stramm im Schaft
und strotz vor Saft und Kraft.
1947 vollendet Arnold Hau dieses Gedicht mit den Zeilen:
Die Blüten sind so fahl,
die Stengelein so schmal.
Und von dem dicken Stiel
da sieht man auch nicht viel.

Er wohnt nun in Stuttgart, Filderstraße 118. Hier entsteht ein Text, der ein Programm für die Werke der späteren Zeit sein könnte. Noch immer stellt Hau die Frage: „Was ist der Mensch?" Doch er glaubt nicht mehr an eine bündige Antwort, an ein System, das die Phänomene gliedert und in einen sinnerfüllten Bezug setzt. Seine Suche – das zeigt der Text in eindringlicher Weise – wird zu einem großen Dennoch. Er lautet:

Der Fund

Es hat eine Kiste auf den Strand geschwemmt. Was ist in der Kiste drin?
Folgendes ist in der Kiste drin:
1 Metronom, 1 Flasche Rum, 1 Habicht (ausgestopft), 2 Bücher (Thomas Mann „Lotte in Weimar" und das „Handbuch für Vogelfänger"), 1 Kanone, 1 Idee dafür, eine Menge kleiner grauer Kugeln, 1 Senfdose, 1 Peitsche, 1 Torso: Stilart antik, aus Marmor, mehrere Briefmarken, Tabak, 1 kleine Kiste mit Sand, Unterwäsche, 1 Brikett, 2 Tuben Ultramarin, 1 Pferd, 1 Wagenrad, 1 Räderwerk, 1 Werkstatt, 1 Statthalter, 1 Füllhalter, 1 Büstenhalter, 1 Knopf, 1 Kieselstein, 1 Steinbruch, 1 Umbruch, 1 Layout, und das Menschenbild, das neue.
Das alles ist in der Kiste drin.
Die Kiste ist vom lieben Gott, an alle Menschen adressiert. An Dich, an mich, und besonders an Karlchen Bantz.

DER MACHT-MENSCH

Mai 1955. Arnold Hau verbringt seinen Urlaub in Golchstadt. Außer ihm ist nur noch ein Gast in der Pension: der Volksdemagoge Kornemann. Er ist der erste Machtmensch, den Hau kennenlernt.
„Was treibt den Menschen dazu, Macht über andere Menschen anzustreben?" schreibt Arnold Hau in sein Tagebuch, und beobachtet fasziniert, wie Kornemann, der eigentlich Ferien machen will, schon vom ersten Tag an beginnt, zu intrigieren, den Stadtrat der Urlaubsstadt zu spalten, die Pensionsleitung zu entzweien, und die Stadtwerke aufzuwiegeln. Er, Hau, registriert als Unbeteiligter die Aufläufe, die Kornemann anzettelt, die Machtergreifung des Demagogen am 25. 5. und seinen Sturz, als die Landesregierung am 1. 6. gegen Kornemann einschreitet.
„Was trieb ihn dazu, ihn, der eigentlich nichts als Ruhe und Entspannung in Golchstadt suchte?" überlegt Hau und erkennt, daß es

Menschen gibt, die einfach nicht von der Macht lassen können. Als Warnung und Menetekel schreibt Hau sein Singspiel „Machiavelliana“. Eine geplante Aufführung mit dem Laienspielkreis von Golchstadt-Süd wurde im Juli desselben Jahres vom Bürgermeisteramt mit allen Mitteln unterdrückt. Trotz solcher Wirkungen nannte Hau sein Singspiel später oft „ein verteufelt humanes Stück“.

Machiavelliana

Singspiel in drei Aufzügen

Personen:
Fürst (Bariton)
Tyrann (Baß)
Despot (Baß)
Machthaber (Tenor)
Zar (Baßbariton)
Bettler (Mezzosopran)
Soldat (Alt)
Zeit: in unserem Jahrhundert
Ort: auf Schloß Irgendwo

1. Aufzug
Schloßhof; vor dem großen Tor.

BETTLER: Sie kommen! Gleich geht's wieder los! Helft! Gebt! Milde ...
SOLDAT: Was faselst du da, Alter?
BETTLER: Du, wackrer Krieger? Ach, auch du kennst Härte nur ...
SOLDAT: Was soll das heißen, Galgenvogel?
BETTLER: Ich will nichts gesagt haben ...
SOLDAT: So hoff ich!

SOLDAT und BETTLER:
Vorsicht, Vorsicht,
still gehalten!
Ohren auf und Schnauze zu!
Unter harten, unter kalten
Herren lebst auch du.

2. Aufzug
Kahler Saal im Schloß. Despot, Fürst, Tyrann, Zar und Machthaber treten aus verschiedenen Türen ein; sie treffen sich in der Mitte.

ALLE:
Schwäche, Weichheit und Geduld,
sind an vielen Übeln schuld.
Aber stets haben's geschafft
Stärke, Härte, Kälte, Kraft.
DESPOT *tritt vor*:
Seh ich irgendwo Empörung,
hebt der Aufruhr frech sein Haupt –
was sagt man zu solcher Störung?
Wer hat sowas je erlaubt?
ALLE:
Schwäche, Weichheit und Geduld,
sind an vielen Übeln schuld.
Aber stets haben's geschafft
Stärke, Härte, Kälte, Kraft.
TYRANN *tritt vor*:
Soll ich meine Feinde schonen?
Soll ich Mangel an Respekt
noch womöglich hoch belohnen?
Damit wär nicht viel bezweckt!
ALLE:
Schwäche, Weichheit . . . etc.
MACHTHABER *tritt vor*:
Soll ich, wenn wo wer was will,

und der hält nicht gleich den Schnabel;
sag ich: „Schnauze!" – ist er still!
Denn was soll mir sein Gebrabbel!
ALLE:
Schwäche, Weichheit . . . etc.
FÜRST *tritt vor*:
Will ich mal was unternehmen,
frag ich nicht: wodurch, womit!
Wozu soll ich mich denn grämen?
Ich schlag einfach zu – das zieht!
ALLE:
Schwäche, Weisheit . . . etc.
MACHTHABER: Der Zar steht stumm und schweiget?
ZAR:
O wißt: ich mach nicht viele Worte.
In meinem Reich herrscht man – durch Morde!
MACHTHABER *stellt sich zum Zaren*: Recht so!
ZAR:
Kommt mir einer krumm . . .
MACHTHABER:
Den bringst du um!
ZAR: Recht so!
BEIDE:
Kommt uns einer krumm,
bringen wir ihn um!
DESPOT *stellt sich zum Tyrannen*: Wenn ich was nicht leiden kann, dann ist's, wenn einer dem anderen nach dem Munde redet.
TYRANN: Dann droht Gefahr! Ich seh es genau so.
FÜRST *hat gelauscht, tritt zu den beiden*:
Bei Gott –
ein Komplott!
ZAR *eilt herbei*:
Welche Störung –
eine Verschwörung!
DESPOT: Nichts da! Ich leids nicht, wenn mir einer nach dem Munde redet! Dieser tat's! *Zeigt auf den Tyrannen.*

ZAR, FÜRST:
Wenn das alle täten!
Nach dem Munde reden!
Pfui Deibel!
Uns're Pflicht:
wir tun's nicht!
MACHTHABER *hält sich abseits, winkt dem Tyrannen*: Ich allein halt' mich hier raus! Sagt, was war das eben?
TYRANN: Ich sagte: wenn einer wie der and're redet, ist's ein Komplott.
MACHTHABER *nickt*: Wie wahr!
ZAR, DESPOT:
Dort –
ein Komplott!
FÜRST: Schon wieder?
ALLE *streben auseinander*:
Wir reden zuviel,
wir reden zuviel!
Bald wird sich manches wandeln.
Bald sind wir still,
bald sind wir still,
und werden nur noch handeln!
ZAR *geht zur Mitte*:
Mein Plan ist gefaßt,
und wem das nicht paßt . . .
ALLE: Und wem das nicht paßt?
ZAR: Ich bring euch heute alle noch um!
DIE ÜBRIGEN:
Er bringt uns heute alle noch um,
er bringt uns alle heute noch um!
DESPOT *geht zur Mitte, der* ZAR *geht zur Seite*:
Wer mir nicht sofort Treue schwört,
wer fortan nicht auf mich nur hört,
der . . .
DIE ÜBRIGEN: Der? . . . Der? . . . Der?
DESPOT: Ihr seid bis heute abend tot!

DIE ÜBRIGEN:
Wir sind bis heute abend tot,
wir sind bis heute abend tot!
MACHTHABER:
Wer da meint und ist recht frech,
redet rum und steht im Weg,
der ist in meinen Augen ...
DIE ÜBRIGEN: Der ist in deinen Augen?
MACHTHABER: Ich mach euch heut für immer stumm!
DIE ÜBRIGEN:
Er macht uns heut für immer stumm,
er macht uns heut für immer stumm!
TYRANN:
Die reden hier und tun so dick,
das brach schon manchem das Genick!
DIE ÜBRIGEN: So? ... So? ... So?
TYRANN: In einer Stunde häng ich euch auf!
DIE ÜBRIGEN:
In einer Stunde,
in einer Stunde,
in einer Stunde hängt er uns auf!
FÜRST: Wenn ich auch noch etwas sagen darf?
DIE ÜBRIGEN: Bitte!
FÜRST: Heute noch werdet ihr alle die Radieschen von unten sehn!
ALLE:
Wir bringen uns noch heute um,
heute abend sind wir tot.
Und sind auch bald für immer stumm,
O Freude, o Leid, o Not!
Wir leben nicht mehr lang,
drum woll'n wir fröhlich sein,
und unsern letzten Sang,
und unsern letzten Wein
den widmen wir ...
den widmen wir ...
TYRANN: Der Macht!

ALLE: Prost! Die Macht soll leben! *Alle trinken aus großen Pokalen.*
DESPOT: Der Kraft!
ALLE: Prost! Vivat Kraft!
MACHTHABER: Der ... der ... der ...
ALLE: Wem?
MACHTHABER: Der Härte!
ALLE: Bravo! Hoch die Härte!
ZAR: Der Macht!
ALLE: War schon!
ZAR: Dann eben der Gewalt!
ALLE: Prost Gewalt!
FÜRST: Dem Zweck, der alle Mittel heiligt!
ALLE: Hurra! Der Zweck soll leben!
Währenddessen wird fleißig getrunken. Jetzt steigt ein lauter Kanon, von allen gesungen.
ALLE:
Nicht der Dreck, nicht der Fleck,
nicht der Zwiebelschneck –
nein, der Zwi, nein, der Zwa,
ja der Zwi-Zwa-Zweck,
der soll leeeeeeben!

3. Aufzug
Szene wie 1. Aufzug

BETTLER: Solcher Lärm! Und das jede Nacht! Von unserm Geld ...
SOLDAT: Sei bloß still, Alter!
BETTLER: Ich will ja nichts gesagt haben!
SOLDAT: So hoff ich!
BETTLER und SOLDAT:
Vorsicht, Vorsicht,
still gehalten!
Ohren auf und Schnauze zu!
Unter harten, unter kalten
Herren lebst auch du ...

Die Begegnung mit dem Volksdemagogen Kornemann ließ Arnold Hau den Glanz, aber auch das Elend der Starken und Mächtigen sehen. Die Kehrseite ihrer Pracht schildert er mit unbestechlicher Feder, doch auch seine Bildfolgen, die er mehreren, angeblich fortschrittlichen Zeitschriften anbietet, werden nicht gedruckt. Einflußreiche Interessengruppen verhindern, daß das Volk die Wahrheit erfährt.

Schuld und Reue

Ich widerlicher fetter, alter, überflüssiger und jähzorniger Kerl!

Ein schwerer Moment im Leben des Alten Fritz

DER KREATIVE MENSCH

Jahrelang hat Hau keine Gedichte mehr geschrieben. Sein lyrisches Ich scheint ausgebrannt. Da, 1955, während einer Zugfahrt nach Hamburg, regt es sich wieder.

Fahre weiter, kleiner Zug,
Fahre in die Fremde.
Hab ich auch kein Höschen an,
So reis' ich doch im Hemde . . .

dichtet Hau, und auch auf dem Seebäderschiff „Roland", mit dem er nach Helgoland weiterreist, hält der schöpferische Sturm weiter an. „Erst auf dem Seebäderschiff Roland wurde ich wirklich zum Dichter", *notiert Hau.* „Im Anfang war das Wort? Es ist auch am Ende! Der Mensch, der sich der Sprache begibt, begibt sich seines schöpferischen Menschseins."
Im Gedicht, im Wortkunstwerk, beantwortet Hau nun uralte Fragen. Die nach der Fragwürdigkeit des Gedichts überhaupt, die nach den Ursprüngen der Menschheit, die Frage nach Swift, die, wie das Schaf zu seinem gestreiften Fell kam und viel andere Fragen, so verschieden wie Tag und Nacht. Und trotzdem durch eine heimliche Klammer verschwistert: durch das Wort.

Frage

Kann man nach zwei verlorenen Kriegen,
Nach blutigen Schlachten, schrecklichen Siegen,

Nach all dem Morden, all dem Vernichten,
Kann man nach diesen Zeiten noch dichten?

Die Antwort kann nur folgende sein:
Dreimal NEIN!

Ballade vom Fisch

Der Fisch streicht durch die Wellen
Im nassen Element
Kein Dichter kann erhellen
Was ihm im Herzen brennt

Er hastet durch die Wogen
Es ist schon tiefe Nacht
Sein Weib hat ihn betrogen
Sein Kind hat ihn verlacht

Von Schmerz wird er getrieben
Der Gram wirft ihn an Land
Man fand ihn früh um sieben
Im heißen Sand am Strand.

Auch eine Kosmogonie

Einst, so sprach der Vatsayana,
War die Erde, war das Weltall,
Waren selbst die tausend Sterne
Gar nicht da. Statt dessen gab es
Eine ungeheure Leere,
Endlos weit, unglaublich dunkel,
Da geschah es.
Dunkel ballte sich zusammen,
Leere stürzte in ein Zentrum,
Und aus riesengroßen Wehen
Schleuderte die Unmaterie ein gestreiftes Pfauenei.
Ei ward und das Ei zerplatzte,
Aus ihm schoß ein gelbes Leuchten,
Schoß das erste Weltenhuhn.
Dieses Huhn begann zu kratzen,

Scharrt' zusammen Nichts und Leere,
Schob sie unter seinen Sterz und
Setzt' sich drauf und brütet', brütet',
Brütet' Tage, Wochen, Monde
Brütet' jahrmillionenlang,
Bis es seine Pflicht beendet
Und ein schwarzes, kleines Männlein
Naß noch aus den Schalen schlüpfte.
Dieses Männlein, dessen Name
Georg Phillip Seume war,
(Gregor Wertheim sagen and're, doch sie können's
Nicht begründen, gleichviel, dieses Männlein nun)
Schuf dann alles, was wir sehen:
Schuf das Wasser, schuf die Erde,
Bäume, Plätze, Pflanzen, Gabeln,
Schuf den Punkt und schuf den Würfel,
Schuf die Berge, schuf die Vögel,
Schuf die Menschen, schuf das Wetter,
Schuf die Häuser, schuf den Strich,
Schuf das Reh, schuf dich und mich,
EHRE SEINEM NAMEN.

Ein Erlebnis Swifts

Swift, schon älter,
Ging am Strand entlang, was er gern tat.
Da trat ein Mädchen vor ihn hin.
„Ich bin eine Zigeunerin",
sprach sie mit schriller Stimme.
Der Wind, der rauschte durch das Gras,
Doch Swift hörte nicht auf ihn.
„Du bist ein Maler", sprach das Kind,
„dein Name, der ist Harald,
Und du wirst 90 Jahr alt."
Sie sprang davon und lachte hell,

Swift sah ihr sinnend nach.
„Von dem, was du mir da erzählt,
War alles töricht und verfehlt,
Da hat aber auch kein Wort gestimmt",
sagte er mehr zu sich, als zur Entschwundenen.
Und er ging weiter.

Der unerzogene Zwerg

Einst tuschelte am Römerberg,
es war im Monat März,
ein feister untersetzter Zwerg
ins Ohr mir einen Scherz.
Der war so säuisch, war so fies,
daß ich den Zwerg am Römerberg
entrüstet stehen ließ.

Das Knebellied

Der zweite Teil ist wie mit geknebeltem Munde zu sprechen.

„Gib mir den Säbel, liebes Kind,
Und sag mir, wo die Knebel sind.
Denn heute, heute gehts drauf und dran,
Die Türken, die Türken greifen an!"

So sprach der Bursch und zog aus mit Hurrah.
Erst nach siebzehn Stunden war er wieder da:

„Ziiehch mirlm dlm Säbelml aushem Bauhch
Delm Knebelhlm auhsshm Munhde auhhch
Delnnh cheutehcheuteh ginhgs drhrauf uhmd drahn
Die Trhürkhen, die Trhürken griffen an!"

Maßnahmen gegen das Geschrei

In einem alten Amt
da sitzt ein Prokurist,
der schreit: Ich bin verdammt!
weil er alleine ist.

Doch da treten in sein Zimmer
zweimal hunderttausend Mann,
und von da an schrie er nimmer,
wie er vorher gern getan.

Vierzeiler

Im Burgenland, im Burgenland
sind viele Laster unbekannt
Nur Wollust, Völlerei und Neid
die kennt man dort seit ein'ger Zeit

Wie das Schaf zu seinem gestreiften Fell kam

Der Schäfer sprach:
Du lieber Gott,
all meine Schaf sind purpurrot!
Das geht mir auf die Nerven.

Da kam die junge Schäferin
mit leichtem Schritt und muntrem Sinn
und war auch der Meinung, daß es so nicht weitergehen konnte.

Nun hörten sie ein Pfeifen –
herantrat Josef Kainz.
Schaf sehn und danach greifen,
das war bei ihm gleich eins.

Kaum hat er eins gegriffen,
ein feistes, rotes Schaf,
hat er nochmals gepfiffen;
dann sprach er: Schäfchen schlaf!

Der Kainz, der rief,
das Schaf, das schlief,
Hans Strobl kam heran.
„Heil König Heinrich unserm Herrn!
Ihr seid des Sachsenlandes Stern!“
fing er zu schreien an.

Und alle sagten:
Gar nicht schlecht!
Da kommen wir ja grade recht,
hier gibt es was zu trinken!
Der Staub wallt auf, der Hufschlag dröhnt,
nach alter Weis' die Sonne tönt,
es stand zu ihrer Linken
Herr Walter von der Vogelweid,
wer des vergess', der tät mir leid,
der wußte sich zu helfen:
er leert sein Gläslein wuppheidi
bis morgens früh um elfen.

Wer dieses Liedchen recht begreift,
weiß auch, warum das Schaf gestreift.

Der bestrafte Schäfer

WER ?

NA ALSO !
DIE HAT DER GUTE MOND

Aus demselben Jahr 1955, dem ausgesprochen lyrischen Jahr, stammen nachgewiesenermaßen auch die Bildfolge „Der bestrafte Schäfer" und mehrere Skizzen. Ich muß gestehen, daß ein thematischer Zusammenhang zu den übrigen Arbeiten dieser Zeit nicht festzustellen ist. Doch wir müssen Arnold Hau, der Zeit seines Lebens jeglicher systematischen Einordnung in vorgeprägte Kategorien spottete, diese köstlichen Abweichungen zugestehen.

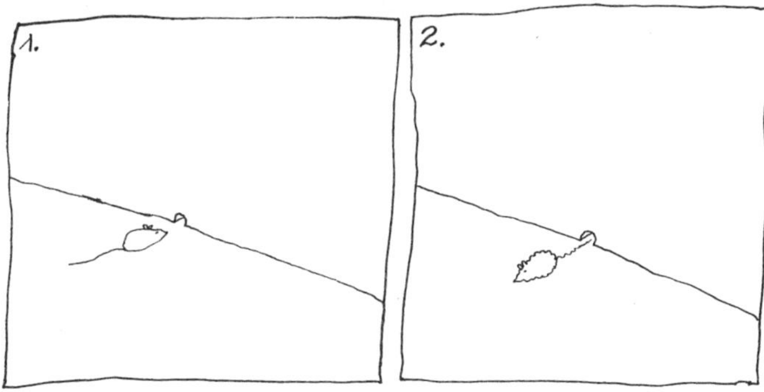
1.
2.

1.
2.

Bitte erhöre mich!
Das geht nicht! Ich gehöre einem Anderen!

Narzissen und der Tulipan die fühlen sich viel schöner an, denn Salomonis Seide

Einer ist hier am Tisch überflüssig
Ich geh ja schon
Gott sei Dank, daß der Kerl geht
Jetzt ist es hier gemütlich

DER MANIPULIERBARE MENSCH

12. August 1956
Wiederholt hat Hau versucht, die Grenzen der Bilderzählung (er hat sich Zeit seines Lebens gegen das Wort ‚Strip' gewehrt, weil es ihm zu kurz erschien) zu erweitern. Jetzt glückt ihm ein Schritt auf Neuland: er konzipiert Bildfolgen, die nicht mehr zweidimensional angelegt sind in dem Sinne, daß die handelnden Figuren alle auf der Fläche der Zeichnung erscheinen; vielmehr ist eine nicht auf der Zeichnung anwesende Figur der Motor der Handlung, seine Anweisungen, die jeweils unter dem Bild erscheinen, bestimmen das Verhalten der Gezeichneten.
Erstaunt und erschreckt betrachtete ich die erste Bilderzählung dieser Art.
„Wie willenlos diese Menschen alles tun, was ihnen befohlen wird, sie sind . . ."
„. . . manipulierbar", ergänzte Arnold Hau. „Ja, manipulierbar."

Vor dem Gesetz

„Ham se was zu verzollen?"

„Hem se mal ihren Hut hoch!"

„Aha!“

„Is ja alles zollfrei!“

Von fremden Ländern und Menschen träumte Arnold Hau, wenn immer er sich sein geliebtes dunkles Reiseplaid über die Knie breitete. „Ostturkestan" dachte er da etwa, oder „Feuerland . . ."

Berlin, 1962. Im Glauben, es sei schon so weit, hat Arnold Hau sich fein gemacht.

Ein großer Mann von allen Seiten

„Danke – und jetzt von vorn.“

„Danke – und jetzt von der andern Seite.“

„Danke – und jetzt von oben.“

„Danke – und jetzt von unten.“

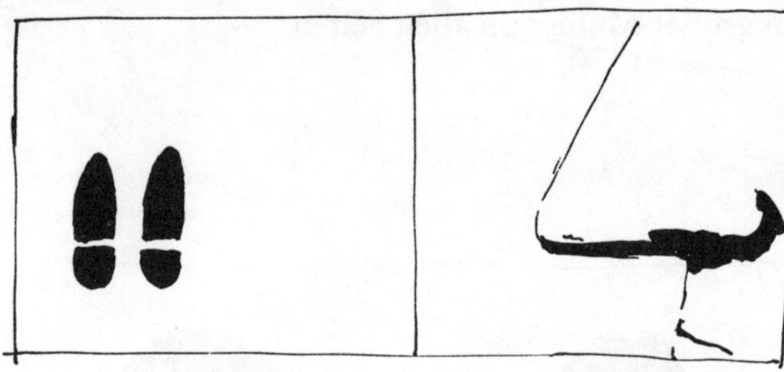

„Danke – und jetzt nur die Nase.“ „Danke – sie können gehen.“

„Hallo. Hallo – nochmal von vorn!“ „Sehr schön, das war’s.“

„Herzlichen Dank, Herr Napoleon!“

Der Ruf

„Still, ruft da nicht jemand?“

„Ich hör nichts!“

„Doch, ganz deutlich!“

„Du spinnst wohl!“

„Sei mal ganz still!
Da ruft jemand um Hilfe.“

„Ja, jetzt hör ichs auch.“

Der Zaubermeister

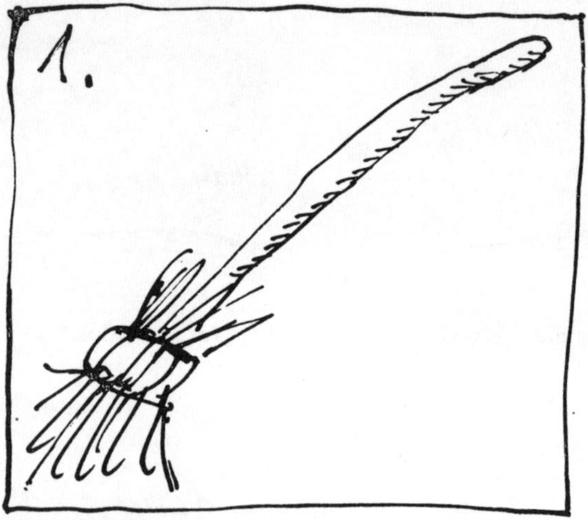

„Besen, Besen, sei's gewesen!"

MENSCH UND NATUR

1960. Arnold Hau verläßt überraschend sein Landhaus in Zell am See und kehrt in die Stadt zurück, nach Berlin. „Ich mußte 60 Jahre alt werden, um zu erkennen, was die Natur im Grunde ist", sagt er mir bei unserem ersten Treffen im Postamt 13, „eine Gefahr! Sie hat unsere größten Geister auf dem Gewissen: van Gogh starb an Sonnenflecken, Cezanne verstieg sich im Mont St. Ventoux und stürzte mit seiner Staffelei ab, Wieland erfror auf einer Schnitzeljagd, Heym ertrank beim Schlittschuhlaufen im Grunewald und auch Goethe kam noch im hohen Alter beim Ausbruch des Hohen Meißners ums Leben. Das ist die Gefahr der Natur. Sie nimmt dem Menschen Kraft und gibt ihm nichts als Leere und Schwermut. Denk nur ans Wattenmeer, lieber Jeman ..."
In Essay, Bildfolge und melancholischem Gedicht warnt Hau vor der Natur. Wird man auf ihn hören?

Schöne Aussichten

Eine Warnung

Die Anfälligkeit der Menschen für schwindelerregende Größenverhältnisse scheint unveränderbar zu sein. Das Gefühl der Unendlichkeit – und ‚Unendlichkeit' ist die schwindelhafte Qualität, in welche der süchtige Betrachter alle durchaus meßbaren Quantitäten umschlagen läßt – sucht und findet man am häufigsten angesichts des puren Dreidimensionalen, angesichts möglichst vieler, möglichst leerer Kubikmeter. Am bequemsten also auf Aussichtspunkten, Türmen, Felsgipfeln und ähnlichen unwürdigen Schandflecken, wo Natur als Rauschgift konsumiert wird.
Schon der Mond stiftet als Nachttischlampe für undeutliche Seelengymnastik Schaden genug, und am Meer wird die normale, reinigende und erfrischende Wirkung des Wassers ins Gegenteil gedreht. Damit könnte es wahrlich genug sein. Aber der Mensch, der noch aus jedem Kräutlein und jeder Wurzel Schnaps gebrannt hat, braut,

korrumpiert von seinem Sinn und Geschmack fürs Unendliche, sich aus schlechterdings allen Naturerscheinungen seine trüben Sensationen.

Auf Aussichtspunkten nun wird ein wichtiges, lebensnotwendiges Grunderlebnis, die Erfahrung des Raumes, aufgelöst und pervertiert. Der maßvolle, gestaltete Raum, dessen Dimensionen nach menschlichen Normen gemessen wurden, wird preisgegeben für den trügerischen Schein einer Unendlichkeit. Das Raumerlebnis in der Landschaft wird aufgebläht, hypertrophiert und unter dem harmlosen Schein eines sonnigen Ausblicks von hoher Warte bietet sich dem leichtfertig Genießenden der schaurig saugende Reiz der Leere. Die sinnvolle Kontrolle der Sinnesorgane wird durch die fatale Konvention, die „Schauinslande" und „Fernblicke" geschaffen hat, restlos ausgeschaltet. Grenzen und Distanzen können kaum mehr wahrgenommen werden, fehlen doch fast alle Anhaltspunkte dafür. So wird jeglicher Vordergrund – maßgebende Barriere für die lockende Ferne – beseitigt. Vorn an der äußersten Kante soll man stehen, soll sich möglichst noch Flügel wünschen – bedingungslose Kapitulation vor dem leeren Raum. So gehört sich's. Jede andere Haltung – etwa die Herrscherpose „dies alles ist mir untertänig" – wird belächelt. Obwohl oder weil sich hier – und sei es nur parodierenderweise, der Mensch seine Würde behaupten will. Abwehrreaktionen des Körpers sollen, zu kitzelnden „Schwindelgefühlen" bagatellisiert, genossen werden.

Welch törichte Touristenideologie zwingt hier den Menschen zu der Sehnsucht, sich wie ein Stück Zucker aufzulösen, in einem falschen All als bewußtloser Geist über den Wassern zu schweben! Die Erkenntnis der Kunst, daß Raum ohne Vordergrund, ohne erkennbare Distanzen nicht darzustellen und auch nicht mit den Sinnen zu bewältigen ist, wird hier buchstäblich in den Wind geschlagen ... Die Leere wird zum Genuß freigegeben. Die Übersicht, die sich der Betrachter mit dem letzten Restchen von Bewußtheit einreden will, übersieht kein begrenztes Gebiet mehr, sie wird sinnlos in dem Moment, wo alles übersehen werden kann. Der Doppelsinn des Wortes bestätigt die schädliche Albernheit unserer Aussichtsgepflogenheiten. Schöne Aussichten? Davor sollte gewarnt werden! Die Unfähigkeit

aber, oder die Unwilligkeit, in menschlichen Dimensionen zu sehen und zu denken, führt buchstäblich ins Leere. Der Mensch begibt sich so leichtsinnig seiner Würde und verabsäumt die Kontrolle über seine Seele.
Und das ist schade.

Das Lied der Meere

Die Nordsee rauscht das alte Lied:
„Ich bin so matt, ich bin so müd.“

Die Ostsee murmelt ihren Sang:
„Mir ist so weh, mir ist so bang!“

Und leise singt der Kattegat:
„Ich bin so müd, ich bin so matt.“

Ihm antwortet die Zuidersee:
„Mir ist so bang, mir ist so weh.“

Ursache eines Lärms

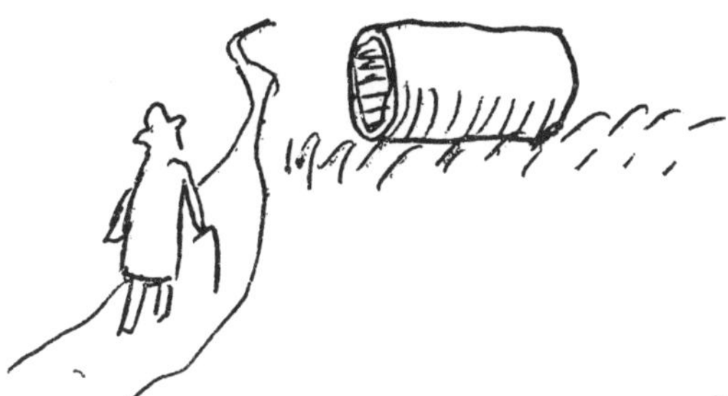

→

Der grassierenden Naturvergötzung setzt Hau seine polemischen Bildfolgen entgegen. Sie zeigen das so oft besungene Schauspiel von Sonnenaufgang und -untergang so wie es wirklich ist – erbärmlich und alles andere als großartig –, und sie schildern einige unserer „gefiederten und bepelzten Freunde“ – ohne jede Beschönigung als Unruhestifter und Körperverletzer. Es sind bestürzende, jedoch notwendige Blätter.

Morgen und Abend

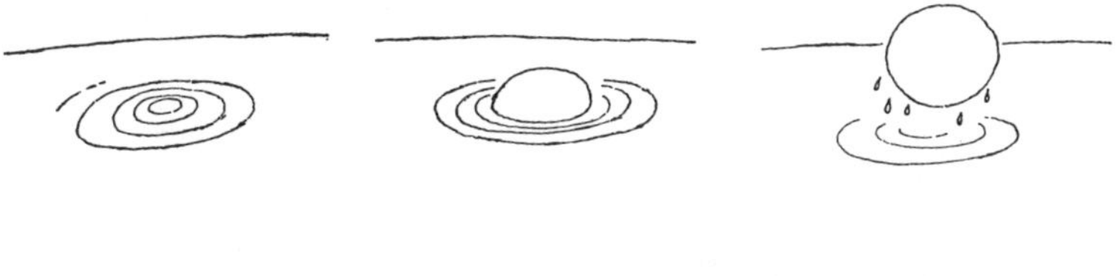

Des Knaben Wunderhorn

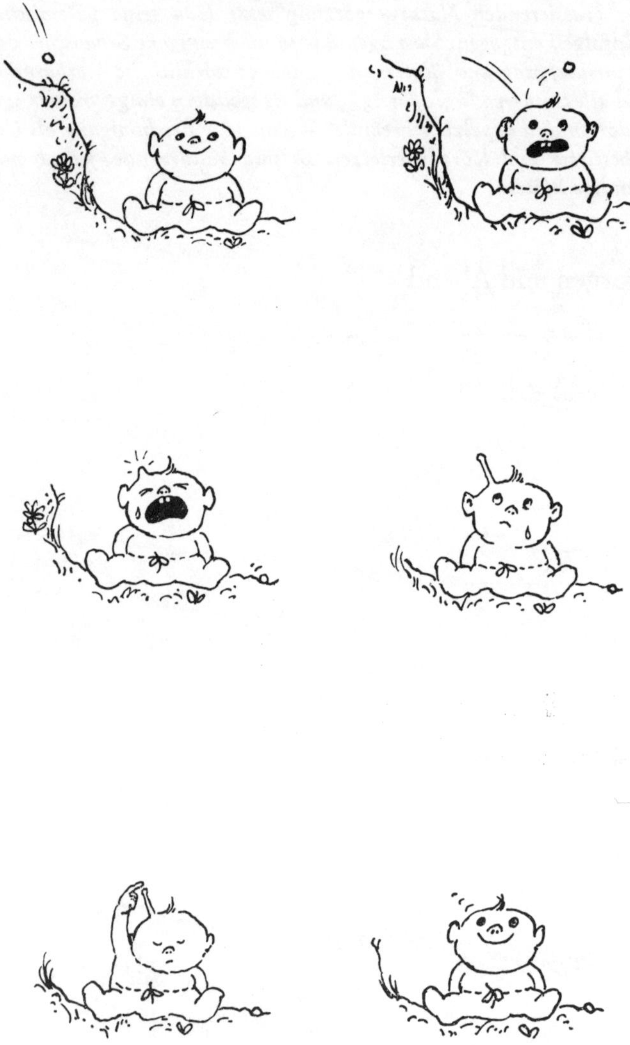

DER MENSCH – EIN ABGRUND

Berlin 1961

Arnold Hau schließt sich immer stärker von der Welt ab. Er kauft sich ein Fahrrad, das er nie benützt. Eines Tages läßt er mich zu sich kommen und bittet mich, ihm einen Doppelzentner Artischocken zu besorgen. Als ich Bedenken äußere, entgegnet er: „Na gut, ein Pfund tut es auch."

Doch er zeichnet und schreibt weiter. Er liest Swedenborg und äußert sich anerkennend über Ludwig Ganghofer. Wer ihn sieht, weiß, daß er jemandem gegenübersteht, der eine Botschaft hat.

Doch welche Botschaft? Das fast schroffe lyrische Portrait Nietzsches, das in dieser Zeit entsteht, scheint Hau's Distanz zu diesem großen Verkünder zu zeigen, der einst auch seine Jugend beeinflußte. Hat er, Hau, noch tiefere und höhere Dinge zu sagen?

Seine Bildfolgen und Texte werden immer vieldeutiger. Spuk, Tod, Klage und das „Aus" werden zu beherrschenden Themen.

Hommage à Nietzsche

Ein kantiger Kopf
Augen
Die ewig flatterten
Sein Mund öffnete sich nicht leicht.
„Wer viel einst zu verkünden hat ..."
Kein Plauderer
Nur selten tanzte er.
So saß er in Kehlmanns Ballhaus.
„Die Bergziegen bei Basel haben eine Art
von Stein zu Stein zu springen,
daß einem schlecht werden kann"
Sagte er gern
Und: „Die Lagerfähigkeit dieses Biers
ist unbegrenzt"

Oder: „Macht es wie die Eieruhr
zählt die heitren Stunden nur."
Kein Drama
Kein Roman
Nur diese Sprüche.
Kaum etwas schriftlich hinterlassen.
Und doch:
Wer einmal
Sei es im Urlaub
Sei es zu Hause einen solchen Spruch gehört hat, wird ihn
so schnell nicht vergessen.

Ein Abzählreim Arnold Haus

Eins
Zwei
Drei
Vier
Fünf
Sechs
Sieben
Acht
Neun
Zehn
Elf
Zwölf
Dreizehn
Vierzehn
Fünfzehn
Sechzehn
Siebzehn
Achtzehn
Neunzehn
Du bist raus.

Die Fliege

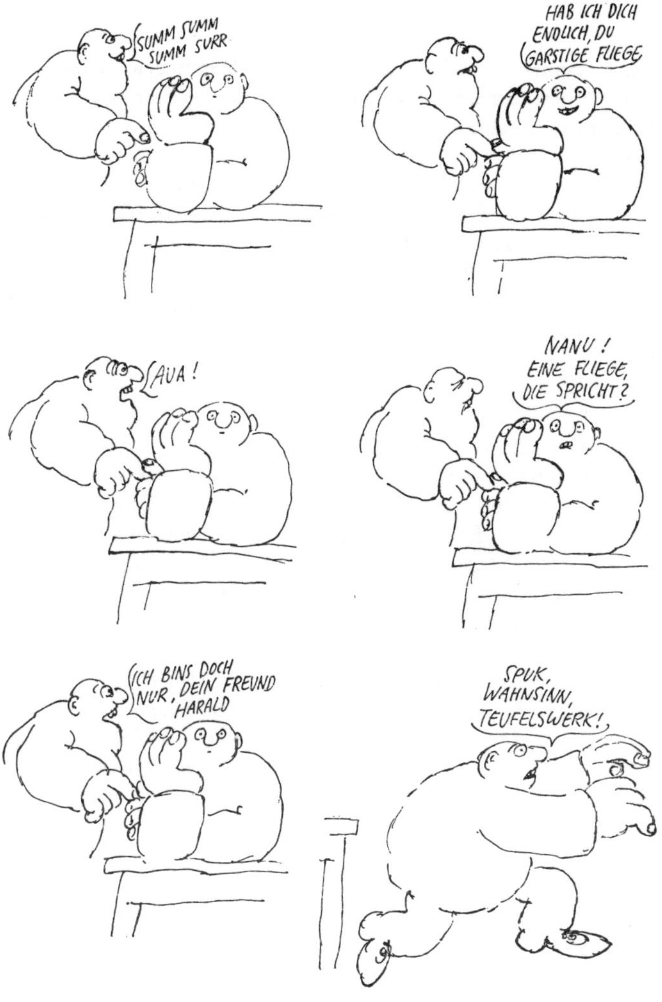
SUMM SUMM
SUMM SURR
HAB ICH DICH
ENDLICH, DU
GARSTIGE FLIEGE
AUA!
NANU!
EINE FLIEGE,
DIE SPRICHT?
ICH BINS DOCH
NUR, DEIN FREUND
HARALD
SPUK,
WAHNSINN,
TEUFELSWERK!

Aus dem Notizbuch Arnold Haus

Augenblicke der Besinnung

1

Die bekannte Tatsache, daß vorgefaßte Meinungen Menschen zu dem werden lassen, was ihnen nachgesagt wird, erhärtet ein Beispiel aus der Frühgeschichte der Menschheit.

Den Einwohnern Sodoms nämlich ging es mit der Zeit so sehr auf die Nerven, dauernd Sodomiter genannt zu werden, daß sie schließlich begannen, unzüchtigen Verkehr mit allen Tieren zu treiben, derer sie habhaft werden konnten.

Die Folge war, daß ihre Stadt in einer Lohe von Feuer unterging, doch jedem Denkenden stellt sich die Frage, ob nicht die anderen sehr viel schuldiger waren als diejenigen, die der Brand in den Tod riß.

2

Beim Männerkarneval in Linz soll es zur Mitte des vorigen Jahrhunderts Sitte gewesen sein, daß zwei Männer, als Frühling und Winter verkleidet, den Raum betraten, in dem sich die Feiernden befanden, um – nachdem das Geplauder verstummt war – laut und fast überdeutlich „Linz Alaaf“ zu sagen, welche Worte mit einem donnernden Alaaf der Feiernden erwidert wurden, worauf das Fest seinen Fortgang nahm, so, als sei nichts geschehen und in der Tat – was war geschehen?

Nicht viel. Nicht so viel jedenfalls, als daß es den weiteren Verlauf des Festes hätte verändern können, und es ist mehr als fraglich, ob die beiden Männer dies überhaupt bezweckten, ja, es scheint fast sicher, daß sie mit ihrem Auftritt nichts weiter beabsichtigten als dies: ein wenig Heiterkeit in ein ohnehin heiteres Fest zu bringen. Nicht mehr, aber auch nicht weniger.

3

Die Kälte, die die Laken mir mitteilen, läßt mich schaudern. Mir ist, als stiege ich ins Grab, und ist dieses Gefühl so falsch? Schlaf ist ein anderer Tod. Was geboren wird, stirbt mit jedem Tag. Wer zwischen

Laken fröstelt, weiß oder ahnt, daß er eines Tages die Laken frösteln machen wird. Sie werden sich schaudernd um ihn legen und mit ihm in die noch kühlere Erde wandern. Und dann werden sie beide erkennen, wie sehr sie einander gleichen. Sie sind Frierende in einer feuchten Welt, die sie zersetzt, bis sie einander so ähnlich sind, wie ein Moder dem anderen Moder.

Klage und Antwort

u
uhu

Die letzte Aufnahme Arnold Haus vor seinem rätselhaften Verschwinden im Jahr 1962. Bei einem Besuch seiner Neffen in der Habsburgerstraße bestand er auf dieser Gruppenaufnahme. „So jung kommen wir nicht mehr zusammen" – Hat er geahnt, wie recht er hatte? . . .

„Wenn das der Onkel noch erlebt hätte!" Hau's Neffen beobachten, keine zwei Wochen nach dem Verschwinden ihres Onkels, wie ein Eichhörnchen eincm Steinmarder gerade noch entkommt.

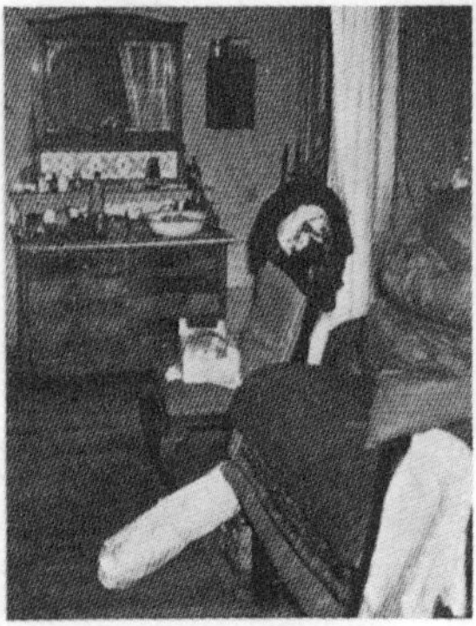

So sah das Zimmer aus nach dem Verschwinden des Dichters. Noch atmet alles den Geist des Verschollenen; als ob nichts geschehen sei, steht links vom Spiegel das Majoran-Büchslein, auf dem Stuhl befindet sich wie immer Haus Lieblingskorb, und auch das unvermeidliche Federbett (rechts) fehlt nicht. Warum macht das Zimmer dann doch jenen merkwürdigen Eindruck der Leere? Rührt er daher, daß sein Bewohner es für immer verlassen hat?

An diesem Scheidewege wurde Arnold Hau das letzte Mal gesehen. „Ja, da ist er gestanden, lang, bis es dunkel wurde, und ich heim ging", berichtet ein Bauer, der in der Nähe Raps gejätet hatte. „Und am nächsten Morgen war er nimmer da . . ." Welche Richtung mag Hau eingeschlagen haben, die breite Prachtstraße oder den steinigen, schmalen Weg? Wir werden wohl nie eine Antwort erhalten.

EIN GESETZ FÜR DIE MENSCHHEIT

Berlin 1962
Trotz seiner Zurückgezogenheit weiß Arnold Hau, was in der Welt vorgeht.
„Seit Jahren schon beobachte ich das Zerbrechen aller Ordnungen", sagt er mir. „Woher die Richtungslosigkeit der heutigen Welt? Woher die regellose Vielfalt? Woher die Risse, die quer durch die Völker, quer durch die Familien gehen? Warum sagt der eine ‚Hü!' und der andere aber ‚Hott!' Weil – ich weiß, daß meine Gedanken nicht zeitgemäß sind – weil das Gesetz fehlt. Besser: es ist da, aber man hat es vergessen und verdrängt. Ich habe es jetzt neu formuliert. Ich gebe der Welt ein Gesetz, es liegt an ihr, es anzunehmen. Es liegt an ihr!"
Hau läßt seine Gesetze im Selbstverlag drucken und schickt sie an die Redaktionen aller Zeitungen und Zeitschriften. Doch man schweigt ihn tot.
Hier sollen Hau's Gesetze deshalb abgedruckt werden, damit, wenn es zu spät ist, niemand mehr sagen kann, er habe von nichts gewußt.

Die Gesetze

Hört: was ich euch verkünde:
Was ihr da tut ist Sünde.

Ihr dürft nicht euren Mitmenschen eins ins Kreuz schlagen und dann sagen: „Nicht so gemeint, bitteschön, alles halb so schlimm."

Ihr sollt nicht nachts auf die Frauen eurer besten Freunde steigen und ausrufen: „Juvivallera! Die Sache macht ja Spaß!"

Geht nicht ans Henkelkörbchen der Witwe, um die besten Sachen herauszuklauen, den Rest aber zu lassen, vielleicht noch mit einem Briefchen: „Wohl bekomms!"

So einer den Waisen Unrecht zufügt, so soll ihm auch Unrecht zugefügt werden.

Wer die Erstgeburt ausrottet, dem soll sie bis in das vierte Glied auch ausgerottet werden.

Ihr sollt nicht den alten Menschen verlachen und sagen: „Seht diesen alten Menschen! So alt und schon so hinfällig! Du machst es auch nicht mehr lange, Opa!“

Wer die Eitelkeit frönt und sich fortwährend im Spiegel betrachtet, der soll vierzig Hiebe bekommen.

Wer seine Notdurft nicht verscharrt, der soll verstoßen sein tausendfach.

So einer dem Weibe beiwohnt, das zur selben Zeit einem anderen Manne beiwohnt, so soll er weder Seiler noch Einzelhändler werden können.

Ihr sollt euren Bruder nicht erschlagen wollen und, wenn es nicht gelingt, sagen: „Pech gehabt! Vielleicht klappts ein andermal.“

Wer der Witwe beiwohnt in dem ersten Monat der Trauer, der soll zwei Scheffel Weizen erhalten. Wer ihr aber in jedem weiteren Monat beiwohnt, der soll leer ausgehen.

Heuchelt nicht!

Ferner verbiete ich euch, in eures Nachbarn Wald Holz zu schlagen, ohne ihn vorher um Erlaubnis zu fragen.

So einer den Schnabel allzuweit aufreißt, so soll ihm der Älteste sagen: „Reiß den Schnabel nicht allzuweit auf!“ Fährt er jedoch fort, den Schnabel allzuweit aufzureißen, so soll man ihn gewähren lassen.

Ihr sollt nicht Schweinereien in den Wald rufen und, wenn es herausschallt, in höhnischem Tonfall sagen: „Hört euch an, wie der Wald schweinigelt!"

Auch untersage ich das Eckenstehen, die Unzucht an Feiertagen und alles, was damit zusammenhängt, das Fangen und Braten von Schnepfen, sowie die widerrechtliche Inbesitznahme festen oder beweglichen Guts zum Zwecke der Weiterverarbeitung, Vernichtung, Verwendung oder Aufwertung. Der Versuch ist strafbar.

So einer seinen Schwestervater mit einem Beil bedroht, so soll man ihm einmal ganz deutlich klarmachen, daß es so nicht geht.

Redet nicht alle durcheinander!

Ferner gebe ich euch ein Wort, das ihr stets im Munde führen sollt. Ihr sollt es ausrufen, wenn ihr euch des Morgens erhebt, wenn ihr euch des Mittags zu Tische setzt, wenn ihr euch des Nachmittags anschickt, ein Nickerchen zu machen, wenn ihr des Abends zum Weibe geht und zu jeder anderen Tageszeit. Und ihr sollt es in Ehren halten, denn ich habe es euch gegeben. Das Wort aber lautet: „Schnüss."

So ihr diese Gesetze beachtet, so soll es euch gut gehen. Ihr sollt in Seide gekleidet schreiten und die Tiere sollen euch untertan sein, sowie alle Völker westlich von Ratzeburg, die Völker aber, die östlich von Ratzeburg siedeln, sollen euch nicht untertan sein. Das gilt auch für die Völker, die gegen Abend wohnen, für die Völker unter der Mitternachtssonne und die Völker, die sich von Hunden nähren.

So ihr diese Gesetze aber mißachtet, will ich einen Bund zwischen mir und euch stiften. Und das habt zum Zeichen: Ich will einen gewaltigen Lärm machen und ihr sollt ihn nicht hören. Das soll gelten für Greise, Greisinnen, Männer, Frauen, Kinder und Kindeskinder, sowie für alles Volk. Dieser Lärm aber soll 1000 Jahre und einen Tag dauern. Danach aber soll er nicht mehr dauern. Und es soll ein ewiger Friede sein.

Arnold Hau

AUSKLANG

Berlin 1962
Der Mißerfolg seiner Gesetze läßt Arnold Hau vollends resignieren. „Ich habe Zeit meines Lebens nach dem Menschen gefragt, nun soll er erst einmal gefälligst nach mir fragen!" *notiert Hau in sein Tagebuch. Das ist seine letzte schriftliche Notiz.*
„Ich schreibe nichts mehr", erklärt er mir, als ich ihn zum Deutsch-Amerikanischen Volksfest abhole. »Es hat keinen Sinn. Glaub mir, daß mir der Entschluß nicht leichtgefallen ist. All die Romane, die ich noch im Kopf trage ... meine Attilatrilogie in drei Bänden ... der Reiseführer durch den Hennegau, der mich schon so viele Vorarbeiten gekostet hat ... meine ‚Kritik der Ontologie', die Anthologie ‚Die schönsten Romane der Weltliteratur', die Anti-Dramen, die Dokumentargedichte ... Aber weshalb die Schlammflut des Gedruckten noch vergrößern, die sich durch unser Land wälzt? Wenn doch niemand auf mich hört?"
Hau beginnt viel zu wandern. Oft fällt es mir, dem jüngeren Begleiter, schwer, Schritt zu halten. Zu stark ist die Unruhe in diesem so rüstigem Mann, der noch mit 62 Jahren nicht vor einer Besteigung des Kreuzbergs zurückschreckt. Dann wieder sitzt er tagelang in seinem Zimmer, blättert ein wenig in seinem geliebten Felix Dahn, schweigt, starrt, summt ...
Nur einmal noch erlebe ich ihn fröhlich, als seine Neffen ihn besuchen und ihm die ‚Encyclopedia Britannica' schenken. Interessiert beginnt er in ihr zu blättern, doch bald legt er sie ernüchtert aus der Hand. „Die wissen es auch nicht ...", sagt er mir.
Und doch ist der Rest seines Werkes nicht Schweigen, sondern Bild. Bild, das von Müdigkeit und Resignation zeugt.
Am Ende aber steht jene erstaunliche Bildfolge, die alle Entsagung wieder in Frage stellt. Sie endet mit einem Aufbegehren, das so frisch ist, wie nur irgendein Werk des frühen oder mittleren Hau.
Zwei Tage, nachdem er diese Bildfolge gezeichnet hatte, verschwand Arnold Hau. Auf seinem Schreibtisch fand man ein Blatt Papier. Es war mit den Worten beschrieben: „Ich aber sage euch: Rapsutin hat auch nur mit Wasser gekocht ... Arnold Hau."

Müdigkeit

Kinder, ich bin müde
Wißt ihr was?
Ich hau mich hin
und ratze ein wenig
chr chr chr

Tod

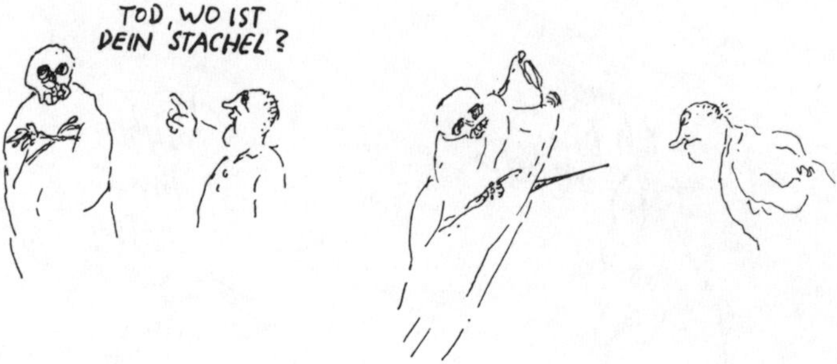

Der letzte Strip

2.

3.

Robert Gernhardt / F. W. Bernstein
Besternte Ernte

Robert Gernhardt
F. W. Bernstein

Besternte Ernte

Gedichte aus fünfzehn Jahren

Zu diesem Buch

Die folgenden Verse und Zeichnungen, Früchte gemeinsamen Dichtens und Zeichnens, entstanden während der letzten fünfzehn Jahre. Teils sind sie bisher unveröffentlicht, teils erschienen sie in der Beilage »Welt im Spiegel«, die wir, zusammen mit F. K. Waechter, 1964 ins Leben riefen und bis zum Januar 1976 allmonatlich gestalteten und betreuten.
Gemeinsames Dichten – das hat soweit geführt, daß sich der Irrglaube verbreiten konnte, F. W. Bernstein sei ein Pseudonym für Robert Gernhardt, oder umgekehrt, oder wir beide seien ein Dritter. Nichts davon stimmt. Um späteren Zeiten die Arbeit zu erleichtern, haben wir die Gedichte daher, so gut es ging, nach Verfassern geordnet.
So gut es ging – denn in einigen Fällen hat ein und dasselbe Gedicht uns beide zum Verfasser, und bei den Rotbart-Liedern gesellt sich ein leibhaftiger Dritter, eben F. K. Waechter, hinzu. Daß jedoch auch die anderen, einverfassrigen Gedichte den gleichen Geist atmen, unabhängig vom jeweiligen Autor, erklärt sich aus zwei Umständen; erstens dichten wir meistens zusammen, abends, wenn die Geräusche der Straße leiser und die Stimmen der Wirte lauter werden, und zweitens hat uns dasselbe Vorbild geprägt, ein Gedicht, das, in Schönschrift auf ein großes Schild gemalt, Anfang der sechziger Jahre Rummelplatzbesucher zum Schiffsschaukeln verleiten sollte:

Wie ein Pfeil fliegt
man daher,
als ob man selber
einer wär.

Göttingen, Ostern 1976
Robert Gernhardt / F. W. Bernstein

Deiner Frau gewidmet

Aussaat und Ernte

Gedichte und Zeichnungen
von Robert Gernhardt

»Viel schon ist getan,
mehr noch bleibt zu tun,«
sprach der Wasserhahn
zu dem Wasserhuhn.

Das Gleichnis

Wie wenn da einer, und er hielte
ein frühgereiftes Kind, das schielte,
hoch in den Himmel und er bäte:
»Du hörst jetzt auf den Namen Käthe!« –
Wär' dieser nicht dem Elch vergleichbar,
der tief im Sumpf und unerreichbar
nach Wurzeln, Halmen, Stauden sucht
und dabei stumm den Tag verflucht,
an dem er dieser Erde Licht . . .
Nein? Nicht vergleichbar? Na, dann nicht!

Kleines Lied

Bin ich auch arm
Bin ich doch dumm
Bin ich auch schief
Bin ich doch krumm
Bin ich auch blind
Bin ich doch taub
Bin ich auch Fleisch
Werd' ich doch Staub.

Bad Wuschl Blues

Häufig bin ich einsam ...

Oft bin ich allein ...

doch wenn ich verschwinde ...

werden Sie es sein ...

Ein Abschied

»Vater, lieber Vater mein,
willst du meine Mutter sein?«

Verlegen fährt sich
der Bub durch den Schopf
und schaut auf den Vater,
doch der schüttelt den Kopf,
blickt in das Licht,
das im Fenster sich bricht,
und spricht:

»Mein Kind, was du da von dir gibst
klingt im Detail zwar allerliebst,
jedoch im großen Ganzen –«

Musik erklingt,
der Knabe winkt:
»Komm Vater, laß uns tanzen!«

Vier Stunden später. Leer ist der Saal.
Der Vater hat müde zum hohen Portal
die Schritte gelenkt
und denkt,
den Blick auf den schlafenden Buben gesenkt:

»Ich hab's erwogen, hab geschwankt,
hätt' gern erfüllt, was er verlangt,

es war nicht drin.
Was er wahrscheinlich erst begreift,
wenn er vom Knaben zum Weibe gereift,
leb wohl, Katrin!«

Und behutsam setzt er
das Kind in den Schnee
und geht in die Nacht,
die hereinbrechende . . .

Worte zu Bildern

ZU PIETER BREUGHELS BILD »BAUERNHOCHZEIT«

Zum Schrein,
wie er die Fläche füllt,
die von Figuren überquillt,
von Leuten groß und klein –
zum Schrein!

ZU LEONARDO DA VINCIS »MONA LISA«

Zum Brüll'n,
wie manches lange Jahr
er vor der Leinwand tätig war,
anstatt sie zu zerknüll'n –
zum Brüll'n!

ZU DÜRERS HANDZEICHNUNGEN

Zum Heul'n,
wieviele tausend Blatt
er blindlings vollgezeichnet hat
mit Männern, Frauen, Eul'n –
zum Heul'n!

ZU ERWIN KRAUTNICKS GEMÄLDE »MEINE OMA«

Gekonnt,
wie er die Oma bringt,
die bäuchlings »La Paloma« singt,
von letzten Strahlen übersonnt –
gekonnt!

Der Forscher

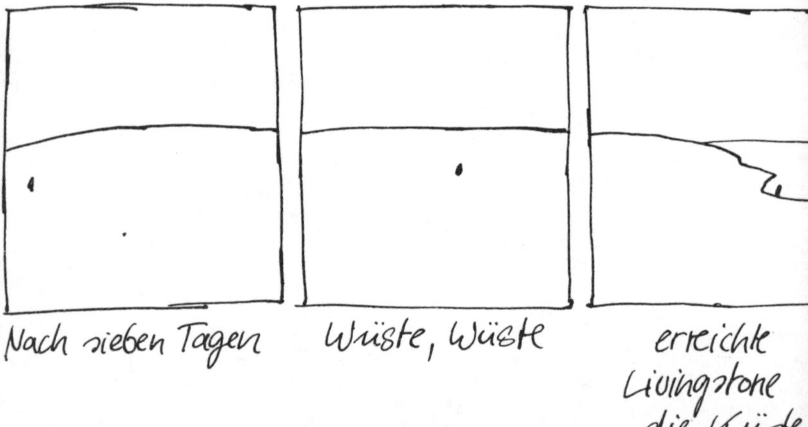

Der Abschiedsbrief des Weltumseglers Heinrich Heimaz an seine Nebenfrau

Liebe Erna, mach es gut,
im Kühlschrank liegt ein alter Hut,
den kannst du dir vielleicht kochen,
das reicht für ein paar Wochen.
Daneben steht noch etwas Eis,
das mach dir auf dem Ofen heiß,
würz es mit frischem Majoran,
tu zwei, drei Pfund Gemüse dran,
schmeck es mit Chili-Soße ab
und gieß es dann auf Puschls Grab.
Iß bitte auch vom Vollkornbrot
und mach den letzten Käse tot.
Zuguterletzt ein kleiner Trost,
in der Wanne hat's noch Most,
ich aber bin jetzt lieber still,
weil ich die Welt umsegeln will,
In Liebe, Dein Weltumsegler Heinrich
Heimaz.

Welt des Sports

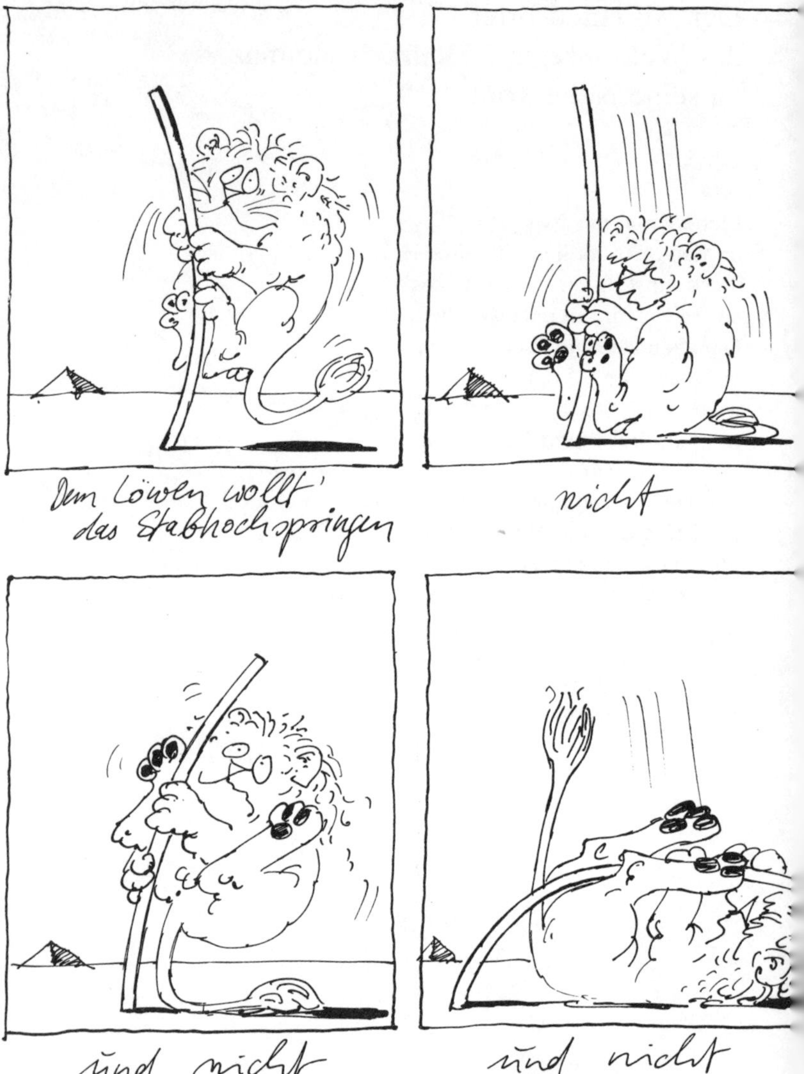

»Kinder, wie die Zeit vergeht!«

FRAGMENT EINER ZEITKRITISCHEN REVUE

Chor: Kinder, wie die Zeit vergeht!
Wie eilig sich die Erde dreht!
Wie rasch der Bach zum Flusse fließt!
Wie schnell sich der in's Meer ergießt!
Wir alle finden keine Ruh –
Schnabbeldibabbeldibabdiduu!
Vorsinger: Wie spricht der Papst die Heil'gen heilig?
Chor: Eilig, eilig!
Vorsinger: Und ist ein solches Tun verzeihlich?
Chor: Freilich, freilich!
Alle: Denn Tempo, Tempo,
ist das Gebot –
wer nicht hastet und hetzt,
der gilt schon als tot!
Bei den letzten Worten tritt ein als Direktor verkleideter Schauspieler auf die Bühne.
Direktor: Verflucht, daß ich nur diesen Chor fand!
Ich suche dringend meinen Vorstand!
Denn heute winkt mir ein Geschäft,
und wenn der Vorstand jetzt verschläft,
dann gehen Geld und Zinsen
in die Binsen
Chor: In die Binsen!
Von rechts kommt der Vorstand unausgeschlafen und unrasiert auf die Bühne. Einige Herren ziehen sich noch während des Auftritts an.

Direktor: Na, ein bißchen dalli, meine Herren! Oder glauben Sie etwa, daß ich meine Zeit gestohlen habe?
Vorstandsvorsitzender: Ja!
Direktor: Meine Herr'n, das wollt ich wissen.
Nun sind Sie alle rausgeschmissen!
Der Vorstand tritt unter allen Anzeichen des Entsetzens ab.
Vorstandsvorsitzender:
Mitleid, Herr Direktor bitte!
Mitleid lenke deine Schritte!
Meine Worte tun mir leid,
schuld dran war die Müdigkeit –
gestern blieb ich lange wach,
sah in den Karteien nach,
korrigierte die Bestände
und erwarb ein Schießgelände . . .
Direktor: Ein Schießgelände – wo?
Vorstandsvorsitzender: Direkt am Berner Zoo!
Direktor: Na Mensch, das ist ja prima,
ich muß sofort nach Lima,
denn grad um dies Gelände
bemühn sich viele Hände.
In ihm verbirgt sich, wie ich weiß,
eine Quelle, die ist heiß.
Jetzt fehlt es nur an Rohren,
die gibt es in Peru,
und dann gehn wir an's Bohren
Chor: Schnabbeldibabbeldibabdiduu!

Soweit das Fragment. Kurz sei noch der Fortgang der Handlung skizziert: Der Direktor fliegt mit seinem Vorstand nach Peru, wo seine unruhige Art den Peruanern jedoch derart auf die Nerven geht, daß sie die Verhandlungen um das Röhrengeschäft abbrechen und schreiend aus dem Zimmer laufen. Das Rennen macht denn auch der Konkurrent des Direktors, der sicher nicht zufällig Mr. A. Usgeglichen heißt.

Verbittert versucht der Direktor, es seinem Konkurrenten gleichzutun, ja, ihn an Ruhe und Ausgeglichenheit noch zu übertreffen. Diesen Vorsatz setzt er jedoch mit einem solchen Lärm in die Tat um, daß der Vorstand beschließt, den Direktor durch eine Gewaltkur zu heilen. Die Vorstandsmitglieder verkleiden sich als Hausiererweiblein und klingeln an der Tür des Direktors, um ihm einen Sack voll Ruhe zu verkaufen. Der Direktor fällt auf den Schwindel herein und tauscht sein Stammkapital an der Firma gegen den Sack ein. Als er ihn öffnet, ist er – leer. Darauf geben sich die Hausiererweiblein zu erkennen und entlassen den Direktor. Der jedoch fühlt sich das erste Mal in seinem Leben sorgenfrei und ausgeglichen und stimmt lachend in den Schlußchor mit ein: »Ruhe kann man sich nicht kaufen, darauf laßt uns einen schlucken!« In den Schlußwirbel mischt sich auch Mr. A. Usgeglichen, der sich als ein Herr Deus aus Machina entpuppt.

Drama in der Steppe

erst lag es

daß es bald wieder lag.

Wunsch und Wirklichkeit

Man müßte doch, man sollte mal,
zum Beispiel durch den Sitzungssaal
ganz pudelnackt, wie Gott uns schuf,
hindurchzieh'n und dann mit dem Ruf
»Jetzt ist's uns gleich! Jetzt ist's egal!« –
Man sollte doch, man müßte mal . . .

Man sollte mal, man müßte jetzt,
ist erst das Schamgefühl verletzt,
dann könnt' man doch, ich mein', es wär'
schön, wenn man schriee: »Weiber her!
Sonst sind wir unglaublich vergrätzt!« –
Man müßte mal, man sollte jetzt . . .

Man müßte doch, man sollte gleich,
und, wenn sie dann so pfirsichweich,
so ganz erwartend vor uns steh'n,
dann brüll'n: »Laßt ihr euch wieder geh'n?
Tut Buße! Dirnen! Auf die Knie!«
Man müßte mal – und tut's doch nie . . .

Greifen Sie zu!

Auf diesem Bild sieht man ein Bier

auf diesem sind es bereits vier

auf diesem sind es Stücker acht

und hier wird noch
ein Naps gebracht.

Zoo-Impressionen

Wie traurig dieser Wolf
in dem Gehege!
Wie schrecklich,
daß er steht!
Wie furchtbar,
wenn er läge!

Erdmännchen huschen
durch die Nacht,
mit schrillem Schrei
gen Osten.
Unstete Fahrt
gebt acht, gebt acht,
gleich rauscht ihr
an den Pfosten!

Verrat, Verrat,
ein Loch im Draht!
Und da schon wieder eines!
Zur Hilf! Herbei!
Gleich sind sie frei,
die Graugans und ihr Kleines!

Am Pferch steht »Zebu«.
In dem Pferch,
da steht ein Rind, ein weißes.
Das mag ich nicht.

Das nächste Mal
lock ich es an und beiß es.

Brüllt nur, Löwen,
fletscht die Zähne!
Faucht nur,
schüttelt eure Mähne!
Macht nur weiter so,
ihr schafft es
und bekommt was Raubtierhaftes.

Ach Kronenkranich, plärr nicht so!
Du bist doch nicht allein im Zoo!

Ein Strandduett

Anna: Wind umfächelt unsre Leiber,
doch wo ist mein Kugelschreiber?
Bella: Ist er weg? Kann ich dir helfen?
Anna: Möglich. Hör: Das Ding war elfen-
beinern teils, teils rot,
länglich wie ein Sechspfundbrot –
Bella: So ein Otto? Du – sag bloß . . .

Anna: Ja, das Ding war riesengroß,
maß gut einen halben Meter . . .
Bella: Sooo ein Johnny?
Anna: Stimmt. Der Peter
schenkte ihn mir in Davos,
damals war der Teufel los –
Bella: Aber heut steh'n wir am Meer –
Anna: Darum muß der Schreiber her,
sonst geh'n unsre Urlaubsgrüße
Bella: In die Hüse . . .
Anna: Hüse?
Beide: Hose!

Der Untergang von Halberstadt

Durch Halberstadt eilt ein Geschrei,
die Bürgerschaft rennt schnell herbei.
Was geht da vor?

Die Wasserwaage ist kaputt,
und in den Wannen steigt die Flut.
Wie soll das enden?

»Ihr lieben Bürger, hört mich an,
nur eines uns noch retten kann!«
Wer ist der Redner?

Des Bürgermeisters Töchterlein,
kein andrer kann so lauthals schrein.
Weiß sie die Rettung?

»Bringt mir ein ausgewachs'nes Kalb
und fragt mich nicht Wieso? Weshalb?«
Schon steht es vor ihr.

»Dies Kalb soll ausgewachsen sein?
Das ist entschieden viel zu klein!«
Schon bringt man das nächste.

»Mein Gott, bald trifft uns unser Los,
auch dies ist nicht genügend groß.«
Da kommt schon das dritte.

Ein Kalb, das in die Wolken reicht
und dessen Rist die Sterne streicht –
bringt es die Rettung?

»Maria, welch ein Riesentier!
Ich fürchte mich! Nur weg von hier!«
So schreit die Jungfrau.

Und schaudernd jagt sie querfeldein
und alle Bürger hinterdrein.
Leer ist das Städtchen.

Das Wasser steigt, das Wasser quillt,
bald ist die ganze Stadt erfüllt
von lautem Brausen.

Die Wasserwaage und den Dom
ergreift der Fluten wilder Strom,
um nur zwei Beispiele zu nennen.

Doch da! Horch auf! Ein Horn erklingt!
Ein Reiter durch die Wellen springt!
Was soll denn das schon wieder?

»Wo bist du, Ilse?« schreit er laut.
»Wo bist du bleiche, schöne Braut?«
Ja, wo ist sie?

Das ist des Reiters letztes Wort,
ein Wirbelsturm, der reißt ihn fort
nach Burgdorf an der Iller.

Von Halberstadt ist nichts zu sehn.
Das Wasser fließt, die Winde weh'n –
ist alles ausgestorben?

Nein. Aus den Wellen ragt ein Kalb,
das Aug so weh, das Fell so falb –
sprich nur, was hast du?

»Ich trage schuld an all dem Leid.
Ich trat die Wasserwaage breit.
Jetzt will ich sühnen.«

Und damit schläft es stehend ein,
trotz Sturmgebraus und Mövenschrei'n.
Wie friedlich es aussieht!

Wer dieses Lied gedichtet hat?
Ein Jäger war's aus Halberstadt.
Doch das nur am Rande.

Die Brückemaler

DREI DIALOGE

»Grüß Gott, mein lieber Heckel,[1]
was hab'n Sie da im Säckel?«
»Im Säckel, lieber Mueller,[2]
da steckt mein Lieblingsfüller!«

»Sag'n Sie mal, Herr Pechstein,[3]
dies Braun da soll ein Blech sein?«
»Jawohl, ein Blech, Herr Nolde,[4]
war, was ich malen wollte.«

»Hör'n Sie mal Herr Schmidt,[5]
als ich durch Rottluff ritt« –
»Was war da, lieber Kirchner?«[6]
»Da traf ich Georg Birchner.«[7]

[1] Erich Heckel, 1883–1970.

[2] Otto Mueller, 1884–1930, auch »Zigeuner-Müller« genannt.

[3] Max Pechstein, 1881–1955.

[4] Emil Nolde, eigentlich Hansen, 1867–1965.

[5] Karl Schmidt – Rottluff, eigentlich Schmidt, geboren in Rottluff bei Chemnitz, 1884–1976.

[6] Ernst Ludwig Kirchner, 1880–1938.

[7] Hier irrt Kirchner. Er meint wohl Georg Büchner, Dichter, 1813–1837, den er jedoch kaum in Rottluff gesehen haben kann. Möglicherweise liegt eine Verwechslung mit Georg Thomalla, Schauspieler, 1913, vor.

Gebet

Lieber Gott, nimm es hin,
daß ich was Besond're bin.
Und gib ruhig einmal zu,
daß ich klüger bin als du.
Preise künftig meinen Namen,
denn sonst setzt es etwas. Amen.

Kurzes Wiedersehn auf dem Flughafen

»Mensch Erwin! Lange nicht geseh'n!
Wie geht's?« »Mein Gott, wie soll's schon geh'n –
man schlägt sich durch als Aufsichtsrat,
der auch sein Teil zu tragen hat.«

»Du Aufsichtsrat? Mach' mal 'nen Punkt!
Ich denke, du bist Forstadjunkt!?«
»Das war ich, lieber Werner, war ich,
doch diese Zeiten waren haarig:

Frühmorgens, wenn die Hähne krähten,
mußt' ich schon mit den Hasen beten,
kaum daß die Zeit zum Frühstück reichte,
kam drauf der Dachs zur Ohrenbeichte,

war die vorbei, da war auch schon
bei Igels heil'ge Kommunion,
und damit war's noch nicht genug . . .«
»Du, Erwin . . .« »Ja?« »Ich glaub', mein Flug . . .«

»Klar, Werner. Tschüss. Ach ja, was macht . . .«
»Marie? Die hab' ich weggebracht.
Und zwar nach – Mensch, ich muß jetzt geh'n!«
»Tschau, Werner!« »Erwin! Wiederseh'n!«

Das Opfer

Der Biber übte sich halblahm

bis er ins Orchester kam.

Die Wetterwendische

»Du Heiner . . .« »Ja?« »Mir fällt grad ein,
ich wäre gern ein Warzenschwein!«
»Ein Warzenschwein? Mein liebes Kind . . .«
»Nein Heiner, diese Schweine sind

für mich der Inbegriff des Schweins:
Mit sich und mit dem Kosmos eins,
so streifen sie durch's Unterholz.
Ihr Herz ist gut, ihr Wesen stolz,

ihr Auge schaut so klar und rein –
ach wär ich nur –« »Ein Warzenschwein?«

»Ja, Heiner, ja und nochmals ja!
Jedoch . . .« »Jedoch?« »Seit ich mal sah,

wie diese Tiere wirklich sind,
voll Warzen und den Kopf voll Grind,
steht für mich fest, ich wäre lieber . . .«
»Kein Warzenschwein?« »O nein. Ein Biber!«

Römische Elegie

»Hochwürden . . .« »Ja, mein Kind, was ist?«
»Ich habe heut den Papst geküßt.«
»Den Papst?« »Jawohl, den Papst aus Rom.
Wir gingen durch den Petersdom,

da sprach er seltsam aufgeregt:
›Hat dich schon jemand flachgelegt?‹«
»Sprich weiter, Kind . . .« »Ich sagte ›Nein‹,
da schrie der Papst: ›Wer war das Schwein?‹

Ich sagte: ›Niemand!‹ Darauf er:
›Aha . . . Soso . . . Ist klar . . . Ach der!
Der hat mir grade noch gefehlt . . .‹«
»Und dann?« »Dann schwieg er erst gequält . . .«

»Und dann, mein Kind?« »Dann sah er starr
auf meinen Mund, der rötlich war,
und voller Zähne, wie Ihr wißt . . .«
»Und dann?« »Dann hab' ich ihn geküßt . . .«

»Du hast den Papst?« »Ich habe ihn.«
»Und er?« »Hat wie am Spieß geschrien . . .«
»Na immerhin. Ein schwacher Trost.«
»Zum Wohl, Hochwürden!« »Mädel, Prost!«

Warum war Herr Schlegel so kregel?

DREI VERSUCHE EINER ANTWORT

1. VERSUCH

Herrn Schlegel war, als ob wer riefe
und zwar die Worte »Briefe, Briefe!«
Worauf er aus der Haustür ging,
woselbst er einen Brief empfing,
den er in einem Zug erbrach,
womit er völlig richtig lag.
Denn in dem Brief schrieb ihm Herr Fichte:
»Ich schick Dir heut' noch meine Nichte,
die sollst Du, mag sie noch so maulen,
an drei verschied'nen Stellen kraulen.
Dafür erhältst Du 50 Mark,
mein guter Freund, ich hoffe stark« –
In diesem Tonfall ging es weiter,
das stimmte den Herrn Schlegel heiter.

2. VERSUCH

Herr Schlegel liebte es, sich Zahlen
und Ziffern auf das Bein zu malen,
das er dann en passant entblößte,
was stets ein Streitgespräch auslöste.
So lobte Goethe diese Sitte,
im Gegensatz zu Schiller, dritte

enthielten sich der Stellungnahmen,
und andre, vorzugsweise Damen,
betasteten mit flinken Händen
die Zahlen auf des Dichters Lenden,
so daß Herr Schlegel Jahr um Jahr
der Mittelpunkt der Feiern war.

3. VERSUCH

Herr Schlegel kam – aus welchem Grund
auch immer – einst nach Öresund,
fand dort sehr schnell ein Bierlokal
und sprach zu sich: »Na schau'n wir mal,
ob unser alter Freund Novalis
nicht ebenfalls in diesem Saal is'!«
Und richtig! Denn wer stand am Tresen?
Na das ist ein Hallo gewesen!
War das ein Jubeln, das ein Winken,
ein Schwatzen, Scherzen, Juchzen, Trinken –
sogar die kühlen Dänen staunten
beim Anblick dieser Gutgelaunten.

Volkslied

Froh zu sein

bedarf es wenig

und wer froh ist

ist ein König

Dreh es, o Seele

Die Stirn so feucht,
das Aug' so fahl,
so kenn ich ihn,
den Grönlandwal.

Im Nordmeer, da
ist er zuhaus,
er kommt nie aus
dem Wasser raus.

Und holt man ihn,
so sagt er knapp:
»Ihr schaufelt mir
das trock'ne Grab.«

Das Meer ist tief,
die Welt ist schlecht,
wie ihr's auch dreht –
der Wal hat recht.

Ein Schüttelreim[1]

»Ich will Gerlinde Stanken[2] frei'n!«
sprach wütend Graf von Frankenstein.
»Darum brauch ich den Krankenschein,
sonst reiß ich alle Schrankenk[3] ein!«

[1] Mit Fußnoten
[2] Gerlinde Stanken: die Tochter Ludwig Stankens
[3] Schrankenk: volkstümlich für Schranken

Der Irrtum

Die Haare so struppig, die Ohren so rot –

ist das nicht Herr Nietzsche?

Ach so . . . Tschuldigung . . .

Ballade vom Gemach

Am Hof von Jekaterinenburg,
da gab es ein Gemach,
drin ging der Fürst Trubetzkoy
seinen Gelüsten nach, juchhei,
seinen Gelüsten nach.

Im Zimmer stand ein Spiegel
und eine kleine Bank,
darunter saß ein Igel,
der war zwei Meter lang, bestimmt,
der war zwei Meter lang.

Die Wände war'n aus Marmor
mit kleinen Löchlein drin.
Und wer die Löchlein prüfte,
erriet gleich ihren Sinn, auf Ehr,
erriet gleich ihren Sinn.

Dann gab es noch ein Becken,
das weich gepolstert war,
zu ganz bestimmten Zwecken,
drin konnt man wunderbar, ihr wißt,
drin konnt man wunderbar!

Das allerschärfste aber
vom ganzen Mobiliar,
war jener Kandelaber,

der ganz aus Seife war, o Gott,
der ganz aus Seife war.

Das Zimmer war verhangen
bei Tag und auch bei Nacht,
damit kein Mensch erspähe,
was drin der Fürst grad macht, versteht,
was drin der Fürst grad macht.

Das reizte ein Freifräulein,
ein unerfahren Ding,
die wollte gerne wissen,
was da wohl vor sich ging, mon dieu,
was da wohl vor sich ging.

Beim Ball, da stahl sie listig
des Fürsten Schlüsselbund
und lief damit zum Zimmer
noch in derselben Stund, so war's,
noch in derselben Stund.

Der Fürst, nur wenig später,
entdeckte den Verlust,
und wer dahinter steckte,
hat er sogleich gewußt, sofort,
hat er sogleich gewußt.

So eilig wie er konnte
lief er zu dem Gemach,
wo grade jenes Fräulein
das gold'ne Schloß erbrach, begreift!
das gold'ne Schloß erbrach.

»Mein Fräulein, ihr wollt wissen,
was mag im Zimmer sein?«
sprach er mit falschem Lächeln,
»So tretet doch herein, mein Kind,
so tretet doch herein!«

Nichts half dem armen Mädchen,
sie mußte ins Gemach.
Und zitternd vor Erregung
schritt rasch der Fürst ihr nach, potzblitz,
schritt rasch der Fürst ihr nach.

Erst morgens in der Frühe
ließ er sie wieder geh'n,
sie tat es nur mit Mühe,
sie konnte kaum noch steh'n, wie das?
sie konnte kaum noch steh'n.

Die Schultern voller Seife,
den Hals so seltsam krumm,
den Rücken voller Stacheln,
so schleppte sie sich stumm ins Bett,
so schleppte sie sich stumm.

Doch wer sie einmal fragte
»Wie war's?« dann schwieg sie matt,
nur's Strahlen ihrer Augen
verriet wie's ihr gefallen, hört!
wie's ihr gefallen hat.

Seit dieser Nacht da lief sie
stets Fürst Trubetzkoy nach.
Doch wie sie's auch versuchte,
sie kam nicht ins Gemach, nie mehr,
kam nie mehr ins Gemach.

Saß nur noch vor der Türe
und lauschte weh und bang
dem seltsam schönen Schnaufen,
das aus dem Zimmer drang, so süß,
das aus dem Zimmer drang.

Wenn drinnen vor dem Spiegel
wohl an dem Beckenrand
der Fürst oder der Igel
eins von den Löchlein fand, wer weiß,
eins von den Löchlein fand.

Vielleicht war's auch ganz anders.
Drum schweig ich lieber still.
Weil niemand, der darin war,
etwas verraten will, kein Wort,
drum bin ich lieber stumm, was soll's?
drum bin ich endlich still.

Kleine Erlebnisse großer Männer

KANT

Eines Tags geschah es Kant,
daß er keine Worte fand.

Stundenlang hielt er den Mund,
und er schwieg – nicht ohne Grund.

Ihm fiel absolut nichts ein,
drum ließ er das Sprechen sein.

Erst als man zum Essen rief,
wurd' er wieder kreativ,

und er sprach die schönen Worte:
»Gibt es hinterher noch Torte?«

BISMARCK

Als Bismarck eines Nachts erwachte,
da stand ein Hund auf seinem Bett,
und als er den entgeistert fragte,
was er auf ihm zu suchen hätt',
da sprach der Hund, er hab sich in der Tür,
es tät ihm leid, er könne nichts dafür,
da hab' er sich – und nun schwieg er verwirrt –,
»Geirrt«, ergänzte Bismarck barsch, »geirrt!«

STEINER

Steiner sprach zu Thomas Mann:
»Zieh dir mal dies Leibchen an!«
Darauf sagte Mann zu Steiner:
»Hast du 's auch 'ne Nummer kleiner?«

Kafka sprach zu Rudolf Steiner:
»Von euch Jungs versteht mich keiner!«
Darauf sagte Steiner: »Franz,
ich versteh dich voll und ganz!«

Steiner sprach zu Hermann Hesse:
»Nenn' mir sieben Alpenpässe!«
Darauf fragte Hesse Steiner:
»Sag mal Rudolf, reicht nicht einer?«

Dämon Alkohol

Nach dem 12. Biere ...

... ähneln sich alle Tiere.

Pomm Fritz

EIN HUMORISTISCHER GEDICHTZYKLUS

1

Pomm Fritz gab seinen LebensLAUF
schon um die Mitte vierzig auf.
Begründend dies sprach er: »Ich steh
mehr auf 'nem geruhsamen LebensGEH.«

2

Pomm Fritz sammelt RINGELnattern
wo er sie nur kann ergattern.
Dann entfernt er gar nicht pingel-
ig die ganzen Ringel,
läßt die Nattern nackend hocken,
macht aus jenen Ringeln Socken,
nennt sie RINGELSOCKEN drum
und verdient sich dumm und krumm.

3

Pomm Fritz sieht an einem Brunnen
einen nachdenklichen HUNNEN.
Lockend tut das Wasser winken,
gerne würd' der Hunne trinken,
doch da ihm der Becher fehlt,
schweigt das Schlitzaug erst gequält,
bis er plötzlich lauthals lacht
und es wie ein Hündchen macht.

Dann, nach langem Schlappschlappschlapp,
reitet er gen Osten ab.
Pomm Fritz jedoch bemerkt als guter Christ:
»Ein ›HUNNENEINFALL‹, der zu loben ist.«

4
Pomm Fritz trat einst einer Fee
voll Rohr auf den großen ZEH.
Seitdem trägt sie den Fuß, den steifen
geschmückt mit einem ZEHBRAstreifen.

Reitergedicht

»Sag mal, Reiter!« »Ja, was ist?«
»Wie kommt's, daß du alleine bist?
Wo ist dein Pferd?«

»Ja, das ist so . . .« »Verrat es nur!«
»Der Gaul macht grad das Abitur –«
»Auch nicht verkehrt.«

Animalerotica

Der NASENBÄR sprach zu der Bärin:
»Ich will dich jetzt was Schönes lehren!«
Worauf er ihr ins Weiche griff
und dazu »La Paloma« pfiff.

Die DÄCHSIN sprach zum Dachsen:
»Mann, bist du gut gewachsen!«
Der Dachs, der lächelte verhalten,
denn er hielt nichts von seiner Alten.

Der Förster, der grad Möhren dörrte
und dabei ein Röhren hörte,
sprach: »Wer den HIRSCH beim Röhren stört,
der eben in den Föhren röhrt,
dem schlag ich meine Möhren
achtkantig um die Ohren.«

Der BÄR schaut seinen Ziesemann
nie ohne stille Demut an.

Der MOPS hat seinen Zeugungstrieb
ganz schrecklich gern und furchtbar lieb.

Das Vorspiel nahm den HENGST so mit,
daß er geschwächt zu Boden glitt.

Der WAL vollzieht den Liebesakt
zumeist im Wasser. Und stets nackt.

Zu Nachtzeit faßt der KORMORAN
zu gern die Kormoranin an,
die dieses, wenn auch ungern, duldet,
da sie ihm zwei Mark fünfzig schuldet.

Der HABICHT fraß die Wanderratte,
nachdem er sie geschändet hatte.

Der PELIKAN steht wie gelähmt,
nie hat ihn jemand so beschämt,
wie jener feiste Kolibri,
der ihn des Pubertierens zieh.

In Köln, da können sich die DOHLEN
selbst auf dem Dom ein Liebchen holen.

Zum Adler sprach die GABELWEIHE,
daß sie auf seinen Nabel speie,
nähm' er nicht sofort seinen Schnabel
aus ihrer frischgekämmten Gabel.

Im Kurbordell von Königstein
ist jeden Samstag Tanz.
Dort treten sieben MÄUSCHEN
ohn' Unterlaß und Päuschen
der Katze auf den Schwaha
der Katze auf den Schwanz.

Der Kragenbär
der holt sich
munter
einen nach
dem andern
runter

Ich über mich

ICH WEISS ...

Ich weiß ein Blümlein rosenrot
besetzt mit grünen Blättchen,
ich roll es gern in eitel Samt
und rauch's als Zigarettchen –
Das
gibt mir derartig den Rest,
daß es sich nicht beschreiben läßt.

ICH SPRACH ...

Ich sprach nachts: Es werde Licht!
Aber heller wurd' es nicht.

Ich sprach: Wasser werde Wein!
Doch das Wasser ließ dies sein.

Ich sprach: Lahmer, Du kannst geh'n!
Doch er blieb auf Krücken stehn.

Da ward auch dem Dümmsten klar,
daß ich nicht der Heiland war.

WAS ICH . . .

Was ich noch zu sagen habe,
steht auf einem andern Blatt.
Öffnet es an meinem Grabe,
wenn man mich beerdigt hat.

Bitte, öffnet es nicht früher.
Öffnet es erst, wenn ich sterbe.
Denn bis dahin soll geheim sein,
wem ich Helgoland vererbe.

Reiselust

Hier

verreist

Heinrich v. Kleist
Bin verreist!
Heinrich v. Kleist

Dialog zwischen dem Dichter und Stralsund

Dichter: Hafenstadt im Abendlicht!
Stralsund (liegt still da und rührt sich nicht)
Dichter: Perle an der Ostsee Strand!
Stralsund (denkt): Halt doch den Rand!
Dichter: Niemals will ich von dir lassen!
Stralsund (brummelt): Nicht zu fassen!
Dichter: Ich erkläre frei und frank . . .
Stralsund (schreit): Mach mich nicht krank!
Dichter: Gott, ist diese Stadt nervös!
Stralsund (schweigt und schaut nur bös)
Dichter (lacht beim Weggang schrill)
Stralsund (übergibt sich still)

Vergebliches Vorhaben

Ich schrieb' so gern ein Berggedicht
mit Pauken und Trompeten,
von Gletschern, Klamm und Firnenlicht
und der vom Wind verwehten
Bergbäurin, die ich einmal traf,
als sie die Jodler säugte,
die Erwin, der Lawinengraf,
nachts auf den Almen zeugte,
dann, wenn die Gräfin wie gewohnt
das Matterhorn bemalte,
indes ein weit entfernter Mond
sein fahles Licht verstrahlte –
das alles schrieb ich gerne hin,
doch muß ich's leider lassen.
In Worten gäb' das keinen Sinn;
wie sagt man doch im Engadin? –:
»'s ischt vérbal nicht zu fassen«.

Nachricht über den Mops

der Mops
das
Bellen.
BLAFF
BLAFF
BLAFF...
GERNHARDT

Anno 24

1924. Über Deutschland lastet der Reimzwang. Reimzwingherrn sorgen dafür, daß er unerbittlich eingehalten wird. Da treffen sich auf einer der belebten Straßen der Kölner Innenstadt Harry und Ulla . . .

Sie: Sag mal, Schatz, wie kommt die Rose
eigentlich an deine Hose?
Er: Hör mal, Liebling, sei so nett,
sag nicht Hose zum Jackett!
Sie: Also gut, wie kommt der Anker
eigentlich an deinen Janker?
Er: Dieser Anker ist 'ne Rose!
Sie: Und was sucht sie auf der Hose?
Er: Diese Hose ist ein Janker!
Sie: Und was soll dann dieser Anker?
Er: Eine Rose ist kein Anker!
Sie: Eine Hose ist kein Janker!
Er: Gottseidank, das klärt die Lage –
Sie: Bleibt nur eine letzte Frage –
Er: Eine Frage – bitte ja?
Sie: Du – was haben wir denn da?
Er: Schatz, du siehst doch, eine Rose!
Sie: Und wie kommt die an die –
Er: Halt! Das mach ich nicht länger mit!
Sie: Ich auch nicht!

Beide ziehen mit den Worten »Nieder mit dem Reimzwang« durch die belebten Straßen der Kölner Innenstadt. Begeistert schließen sich die Volksmassen ihnen an. Vereinzelte Rufe, wie »Der Reim muß bleim«, erstickt man im Keim. Die Reimzwingherrn flieh'n, man läßt sie zieh'n. Der Siegeszug der Prosa beginnt, und wer das nicht glaubt, der spinnt.

Nein, diese Katzen!

Die Katze hatte Gott versucht ...

... und wurde darum
von ihm verflucht.

Der Einsatz

»Ruhe! Schluß jetzt mit dem Beten!
Auf zum Einsatz! Weggetreten!«

»Vorwärts Leute, heut geht's ran!
Heute kriegen wir den Mann!«

»Neonlicht an Himbeergeist:
Unser Mann ist eingekreist!«

»Himbeergeist an Neonlicht:
Dieses Schwein entkommt uns nicht!«

»Hast du ihn schon im Visier?«
»Alles klar, jetzt stirbt das Tier!«

»Hallo Leute! Auf ein Wort:
Schießt nicht, es wär glatter Mord!«

»Warum drehst du dich denn um?«
»Was er sagte, klang nicht dumm!«

»Himbeergeist an Neonlicht:
Tut uns leid, wir morden nicht!«

»Neonlicht an alle andern:
Leute, laßt uns heimwärts wandern!«

»Also gut, wenn es sein muß:
Kehrt und marsch, Gewehr bei Fuß!«

»Männer, ach, ihr seid schon da?
Das ging rasch. Hip, hip –« »Hurrah!«

Lehrmeisterin Natur

Vom Efeu können wir viel lernen:
er ist sehr grün und läuft spitz aus.
Er rankt rasch, und er ist vom Haus,
an dem er wächst, schwer zu entfernen.

Was uns der Efeu lehrt? Ich will es so umschreiben:
Das Grünsein lehrt er uns. Das rasche Ranken.
Den spitzen Auslauf und, um den Gedanken
noch abzurunden: auch das Haftenbleiben.

Teufel, Teufel

Bekenntnis

Ich leide an Versagensangst,
besonders, wenn ich dichte.
Die Angst, die machte mir bereits
manch schönen Reim zuschanden.

Heimat und Welt

Gedichte und Zeichnungen
von F. W. Bernstein

Horch – ein Schrank geht durch die Nacht,
voll mit nassen Hemden . . .
den hab ich mir ausgedacht,
um Euch zu befremden.

Warnung an alle

In mir erwacht das Tier,
es ähnelt einem Stier.
Das ist ja gar nicht wahr,
in mir sind Tiere rar.

In mir ist's nicht geheuer,
da schläft ein Zuckerstreuer.
Und wenn d e r mal erwacht,
dann Gute Nacht!

Ode an einen Hammer

O du Werkzeug,
mit dem man klopft,
einschlägt,
zerteppert –,
Du Instrument
des Aufbaus
und des Abbaus,
je
nachdem –,
man kann Dich
zu Kriegszwecken
benutzen,
aber auch
zu Werken des Friedens.
Letzteres will ich loben.
Doch das mit
den
Kriegszwecken:
Hammer!
Das
will mir gar nicht gefallen!

Mutmaßungen

»Seit langer Zeit schon ahn' isch es:
er hat so was Japanisches!«

»Nein, guter Freund, hier les' isch es,
er hab' so was Chinesisches . . .«

Der Untergang des Steuermannes Karl Bunkel

Karl Bunkel geht – sein Kopf tut weh –
den Rucksack voller Sprit
zur letzten Fahrt auf hohe See,
und Freund Hein fährt mit.

Hinter ihm, am Horizont,
weit entfernt und blau
steht sein Haus und ist bewohnt
von der Steuerfrau,

vor ihm aber dehnt das Meer
sich in weite Ferne,
das mag unser Bunkel sehr,
und er hat's auch gerne,

wenn der Kapitän ihm sagt:
»Bunkel! Hoch die Tassen!
Prost auf das, was uns behagt!
Alle Mann zum Brassen!«

Sturm kommt auf, die Zeit vergeht,
es zieht, und alle trinken,
der Käpt'n grölt ein Stoßgebet:
»Du lieber Gott, wir sinken!

Bunkel wankt an's Steuerrad,
schaut auf's Barometer.

»Minus Hunderttausend Grad!«
schreit er, und dann geht er

wie ein Panzer über Bord
und ist gleich ertrunken.
Kaum war er zwei Stunden fort,
ist das Schiff gesunken.

Doch die Steuerfrau zuhaus
sieht zur selben Stunde
plötzlich die Klabautermaus
mit dem Mann im Munde.

Später las sie wie es war
in der Seemannszeitung,
denn dort stand ein Kommentar
der Marineleitung:

»Tiefbewegt und tränenblind
kam uns jetzt zu Ohren:
Bunkel sank bei starkem Wind
nördlich der Azoren.«

Ursache und Wirkung

Durchsage

Zu Mannheim stand ein Automat
um die Jahrhundertwende,
der jeden an das Schienbein trat,
der dafür zahlte. Ende.

Die Weissagung

Hans und Gretel, meine Söhne,
hört, was mir heut eine schöne
Fee geweissagt hat:

»Du zwei Söhne. Sie besiegen
Schweinehund und viel hoch fliegen
mit groß Apparat.«

Doch wie ich Euch hier so sehe,
mein' ich, daß – wie ichs auch drehe –
sich die Fee vertat.

Chefs Ende

Als einmal der Vorgesetzte
sich am Nasenbein verletzte,
rief er durch den Großbetrieb:
»Helft mir doch – ich hab euch lieb!«

Schmerzen von dem hohen Herrn
sahen die Arbeiter gern;
und nur Karlchen war's, der sachte
ihn zur Leichenhalle brachte.

»Aber ja, es ist ein Jammer!«
Karlchen seufzt' und griff zum Hammer,
schloß dann leis die Türe zu,
Vorgesetzte brauchen Ruh.

Keiner hat den Chef vermißt,
keiner fragte, wo er ist,
Karlchen meinte: »Sei'n wir ehrlich,
dieser Chef, der war entbehrlich.«

Erste Szene mit Herrn H.

Herr Heinrich sitzt am Vogelherd
und brät sich einen Specht.

Sein Hund, der ihm gefolgt, macht kehrt,
ihm wird von sowas schlecht.

Aus einer Pferdeoper

Was dort auf der Wiese läuft
und sich gleich am Bier besäuft,
das sind keine Pferde.

Was dort in den Hecken liegt
und sich in die Haare kriegt,
das sind auch keine Pferde.

Das dort, hinterm Goethehaus,
sieht's nicht wie Gewieher aus?
Nein. Wieder keine Pferde.

Aber dort am Krapfenteich
ja, was ham wir denn da gleich?
Alles mögliche. Nur keine Pferde.

Halt! Gleich kommen sie hervor!
Dort! Aus jenem dunklen Tor!
Da!! Wieder nichts!

Himmel! Das ist doch zu Heulen!
Schaun wir noch rasch nach den Gäulen!
Halt einmal! Sind das nicht Pferde?
Natürlich! Ich glaube, ich werde
wahnsinnig! Gleich eine Herde!
(Und jetzt alle):
Pferde . . . Pferde . . . Pferde . . . Pferde . . .
(Allmählich verklingen lassen. Ganz ruhig bleiben.)

Zweite Szene mit Herrn H.

Herr Heinrich kriegt hier einen Schreck:
sein Hund, der rührt sich nicht vom Fleck –

mit recht verworrenen Gebärden
will er nun Herr der Lage werden.

An die Mädchen dieser Welt

Das Haferkorn, das reift,
das Glied, das sich versteift,
die Leine, die sich löst,
die Frau, die sich entblößt –:

das sind vier Phänomene.
Warum ich sie erwähne?

Die ersten beiden Zeilen
sind, um euch aufzugeilen.
Die andern zwei? Der Rest?
Der macht *mich* scharf – verstehst?!

Dritte Szene mit Herrn H.

Herr Heinrich steht im Vordergrund
sein Blick wird etwas glasig und

er glaubt, daß er auf diese Art
die Kosten für den Tierarzt spart.

Weinaxgedicht

Am Zweiten Weinaxfeiertag,
als ich grad im Schterben lag,
war im Flur ein großer Krach,
und der drang ins Schlafgemach.

Als ich dieses Lärmen hörte,
das mich so beim Schterben schtörte –
ich wäre eine dumme Sau,
schtürbe ich bei dem Radau,
bei so einem Heidenlärm
kann kein Schwein mehr ruhig schterm –

schtand ich auf und ging nach draußen,
sah dort meine Kinder zausen,
schlug ein Hühnerei entzwei,
briet mir draus ein Spiegelei
in der Küche, wo der Krach
nur noch schwach zur Tür reinbrach.

Derart wurd ich abgelenkt
und dem Leben neu geschenkt.
Dankbar aß ich noch ein Ei,
und dann kam der Tod herbei.

Als der sah, wie es mir schmeckte,
wie ich aß und nicht verreckte:
da legt' er seinen Hobel hin
und sagte mir Adjöh.

Vierte Szene mit Herrn H.

Herr Heinrich kramt am Hosenstall,
sein Hund rennt heim – er muß dort mal.

Der Hund hält ein in seinem Lauf,
Herr Heinrich kriegt den Knopf nicht auf.

Die Auskunft

Hör ich recht?
Bertolt Brecht?
Hier bei uns? In diesem Zimmer?
Nie und nimmer!

Gerhart Hauptmann?
Und das glaubt man?
Hier im Raum?
Nicht im Traum!

Gleich halt ich das nicht mehr aus!
Also jetzt auch noch Karl Kraus?
Hier im Haus?
Raus!

Nun ist gut, verstanden? Denn –
Wen denn nun noch? Gottfried Benn?
Ja, der ist
hier Lagerist . . .

(laut): Behenn! Besuch für dich!

Letzte Szene mit Herrn H.

Herr Heinrich nießt zum Fenster raus

unten geht grad der Pabst.

Ein Anruf

Herr Doktor – was wollt ich gleich sagen?
Ich rufe vom Freibad aus an;
ich leide seit einigen Tagen.
Sie werdens kaum glauben, woran!

Mich hat ein Mädchen verlassen.
Ich glaube, sie hieß Ivonn',
Herr Doktor – ich kanns noch nicht fassen!
So einfach auf und davon.

Jetzt habe ich nur noch sieben –
Herr Doktor, kennen Sie den?
Drei Förster beim Kegeln, sie schieben ...
Was können Sie da nicht verstehn?

Ein Mädchen ist mir entlaufen.
Na hörn Sie! Das tut ganz schön weh!
Ich sollte ein Neues mir kaufen,
Herr Doktor – ob ich gleich mal geh?

Herr Doktor, ich wollte Sie fragen –
da draußen!, da will einer rein –
Sie müssen die Wahrheit mir sagen.
Es wird doch nichts Ernsthaftes sein?

Ich mach ja schon Schluß! Ja, was ist denn?
Der will was, Herr Doktor, Moment!

Da haben wir ja den Vermißten!
Schaust sehr gut aus, Rolf! Sakrament!

Herr Doktor – nein, nein! Nicht das Mädchen!
Mein Vater, mein Vater ist da!
Wir sehn uns! Bis bald! Gruß an Käthchen!
Es gibt gar kein Käthchen? Aha!

Das müssen Sie mir mal erzählen!
Bis dann dann! Ich hänge jetzt ein.
Ach Paps, was die Weiber uns quälen!
Du gehst mit ins Wasser? Au fein!

Berthold Buntspecht spricht

Wir dürfen den Ast, auf dem wir sitzen, erst absägen, wenn wir fliegen können.

Zwei unterschiedliche Kopfbedeckungen

Herr Bolz hat eine Art von Hut,
die steht ihm wirklich nicht so gut.

Dagegen hat Herr Schütze
eine prima Mütze.

Schnell-Theater

Vorhang auf: man sieht zwei Frauen,
die sich fürchterlich verhauen.
Vorhang zu! Dies, wie gesagt,
war auch schon der erste Akt.

Vorhang auf: Zwei Kellner treten
auf und fangen an zu beten:
»Herr im Himmel, hilf uns, wir
suchen nach zwei Frauen hier.«
Worauf weiter nichts geschieht,
als daß man den Vorhang zieht.

Vorhang auf: wir sind im dritten
Akt, da wird fast nur gestritten;
mitten drin im schönsten Streit
tritt ein Geist hervor und schreit:
»Alle Mann auf den Balkon!«
Alles zetert, rennt und schon
kommt ein Kaiser, schließt die Ehen
paarweis, doch man kanns kaum sehen,
weil der Vorhang drüber fällt –
Ende. Beifall. Prima, gelt?

Du, hör zu

PASS GUT AUF

Paß gut auf, wenn Du ins Bett gehst,
daß Dich, wenn Du Dich zur Wand drehst,
jenes Fräulein nicht erschreckt,
das ich Dir hineingelegt.

WER MEINEM BUBEN

Wer meinem Buben die Strumpfhosen klaut,
bestimme immer noch ich!
Der Karl darf es nicht! Mama ist zu laut . . .
Oh Leser, ich denke an Dich!

OHNE ROSE, OHNE

Ohne Rose, ohne Hemd
bist Du Dir oft selber fremd,
doch in Sumpf und Mieder
kennst Du Dich dann wieder.

Ein starker Moment

Junker, Euer Zahn ist weich?

Augenblick, das ham wir gleich . . .

Äh – das blieb euch noch erspart –
Junker, Euer Zahn war hart!

Personalkontrolle

Name, Alter und Adresse:
  Göte, fuffzich, Iserlohn.
Sie nicht! Halten Sie die Fresse!
Er da! Aufstehn! Sag er schon!

  Kapuzinerkresse heiß ich
  Alter: Siebenhundert Jahr.
  Husum, Windelstraße dreißig . . .
Mann, das ist doch gar nicht wahr!

Kann er uns nicht offen sagen,
wer er ist? Wie alt? Von wo?
  Jetzt, wo Sie mich danach fragen,
  bin ich Alfred Krupp und Co;

  wohnhaft in endlosen Weiten
  unsrer Steppe – ja, was ist?
  Aber nein – wer will denn streiten?
  ich sag *Dir* jetzt, wer *Du* bist:

  Du bist König Heinrichs Neffe,
  das, was von ihm übrigblieb.
  Ach wie schön, daß ich Dich treffe,
  Hände hoch, Du Hühnerdieb!

Weißt Du noch, wie die Husaren . . .
Halt! – Wo rennt der denn jetzt hin?
So wird er ja nie erfahren,
daß ich F. W. Bernstein bin.

Unwiderstehlich

Zwanzig Stückchen Käsebrot
einunddreißig Veilchen
biet' ich Dir, Gevatter Tod,
verschon mich noch ein Weilchen.

Der Vorgang

Ein Stuhl!

Noch einer!

Viele Stühle!

Donnerwetter!

Welch Gewühle!

Erforschter Lebenslauf

Da ist August Hermann Wolle,
und der spielte manche Rolle.
Nämlich erstens ist er Bauer,
und als solcher ist er sauer
auf das Ministerium;
andrerseits ist er Minister,
und als solcher einer ist er
bös auf Bauern wiederum.

Doch damit hats noch kein End,
das war ja nur ein Segment
aus Herrn Wolles Position,
(manchem Mann genügt das schon);
doch Herr Wolle, der will mehr,
bitte sehr:
Er spielt sonnabends Rechtsaußen
bei dem FC Brackelhausen.
Sonntags ist er Organist,
was er leider oft vergißt.
Letzteres führt zu Konflikten,
die den Wolle arg verstrickten,
denn der Pastor braucht Musik,
Wolle nicht – da kams zum Krieg.

Und sie fingen an zu kämpfen,
keiner konnt die beiden dämpfen,
und das alles, das kommt nur

von der Sozialstruktur.
Denn der Wolle hat viel Geld,
während es dem Pastor fehlt.

Wolle ist deshalb daneben
auch noch Pabst in Fallersleben,
und als solcher spricht er eilig
sämtliche Rechtsaußen heilig.
Doch als Chef vom Kinderchor
geht er selbst dagegen vor,
weil der Fußball kein Idol
für die Jugend werden soll.

Und er sitzt sich gegenüber:
da als Pabst, der immer trüber
auf sich selbst als Chorchef schaut,
der ihm die Sanktion versaut.

Wolle hat zu einem Teile
äußerst selten Langeweile
grade dieses aber stört,
denn man findet's unerhört,
daß so einer wie der Wolle
sich in einer jeden Rolle
mit sich in die Haare kriegt.
Dieses Fehlverhalten wiegt
schlimmer als wie Raub und Mord
Diebstahl, Totschlag und so fort.

Er konnt' machen was er wollte,
stets war's so, daß man ihm grollte;

wie man sieht, kam so hienieden
Meister Wolle nie zum Frieden.
Ja am Ende trieb im Sarg
er es arg.

Denn er starb beim Mittagessen,
und das war – man kann's ermessen –
allzumal
ein Skandal.

Die Verwandtschaft schrie und tobte,
keinen gab es, der ihn lobte,
nur ein Bürstenfabrikant
der den Borstenschrank erfand,
gab in Wolles Trauerhaus
einen Kasten Starkbier aus,
denn als Wolles rechte Hand
erbt' er tausend Morgen Land.

Szene einer Ehe

der Mann: Mutter, horch: mein Brei brennt an!
die Frau: Helmut, halt die Goschen!
der Mann: Mutter, schnell, gib Wasser dran!
die Frau: Gleich wirst Du verdroschen!
der Mann: Mutter, Mutter! Sieh doch! Au –
Mütterchen, nicht schießen!
die Frau: Helmut, ich bin Deine Frau.
Hör jetzt auf mit diesen
kindischen Alfanzerei'n,
reiß Dich doch zusammen!
laß den Unfug . . .
der Mann: Hilfe! Mein
Brei! Mein Brei in Flammen!

Auch eine Zweierbeziehung

Herr Schurgel und Herr Zech

die führen ein Gespräch,

Herr Schurgel, der hört zu,

Herr Zech gibt keine Ruh.

u. A. w. g.

Ich bin
ein ganz mißlungnes Tier.
So viel von mir.
Doch wer seid Ihr?

Gestern und Heute
Die Rotbart-Lieder

Nur der Himmel,
der besternte,
weiß, was ich bei der
Ernte lernte . . .

In Kaiser Rotbarts Handschuhfach,
da lag ein Plan vom Schlafgemach
der Königin von Zeesen.
Und auf dem Plan ein dicker Strich,
just da, wo ihm das Weib entwich,
als er bei ihr gewesen.

Von Kaiser Rotbarts Wannenbad,
da führt ein schmaler Trampelpfad
zu einer Liegewiese.
Der ist das Werk der Kaiserin,
sie trampelte vom Bad dorthin
und legte sich auf diese.

An Kaiser Rotbarts Mittagstisch,
da aß man sonntags ein Gemisch,
das meist die Kais'rin kochte.
Das schmeckte keinem von den Herrn,
und nur der Kaiser aß es gern,
weil er's nun einmal mochte.

An Kaiser Rotbarts Zinkelmann,
da ist ein spitzer Winkel dran,
gemessen via Rumpf.
Doch wenn er jenen zwiebelte,
was ihm kein Aas verübelte,
dann wurd' der Winkel stumpf.

Auf Kaiser Rotbarts Rasenbank,
da saß die Kaiserin und trank
mit fahriger Gebärde
ein Süpplein, das sie selbst gebraut,
aus Aniswurz und Bilsenkraut,
damit ihr übel werde.

In Kaiser Rotbarts ganzem Reich
kam niemand der Brünhilde gleich
und ihrem breiten Becken.
Für sie war jede Tür zu schmal,
sie ging selbst durch den Krönungssaal
nicht ohne anzuecken.

Bei Kaiser Rotbarts Waldandacht,
da hat ein Graf nicht mitgemacht
und zwar aus Altersgründen.
So blieb er stets im Forsthaus drin,
um dort auf einer Försterin
ein spätes Glück zu finden.

In Kaiser Rotbarts Schlafgemach,
da gab der Boden langsam nach,
als er die Gräfin liebte.
Das Paar fiel in den Krönungssaal
und tötete den Feldmarschall,
der dort den Hupfauf übte.

Mit Kaiser Rotbarts Kammerherrn
erörterte der Kaiser gern
die allerletzten Fragen.
Die Kammerfrau saß stumm dabei,
nur manchmal tat sie einen Schrei,
um auch etwas zu sagen.

An Kaiser Rotbarts Lendenschurz,
da waren beide Enden kurz,
doch ganz speziell das linke.
So daß, wenn er zum Dremmeln ging
und sich der Wind im Tüchlein fing,
es schien, als ob er hinke.

In Kaiser Rotbarts Gästehaus,
da gibt der Landgraf einen aus
und das schon seit zwei Jahren.
Den Kaiser tut das herzlich freu'n,
und manchmal schaut er selbst hinein
auf einen kurzen Klaren.

Als Kaiser Rotbarts Lieblingshand
in seinem Hosentürl verschwand,
da schauderte den Staufen,
und sie beschlossen kurzerhand
die schönste Frau im ganzen Land
als Kaiserin zu kaufen.

Bei Kaiser Rotbarts Gartenfest
da fiel vom Baum ein Kuckucksnest
mit lauter rohen Eiern
grad auf des Kaisers Almanach,
worauf der Kaiser fröhlich sprach:
»Das ist ein Grund zum Feiern!«

Bei Kaiser Rotbarts Liebesspiel
niemals auch nur ein Wörtlein fiel,
kein lautes und kein leises.
Dieweil der Kaiser ständig schrie,
was seinem Spiel erst Schwung verlieh,
die, die dabei war, weiß es.

An Kaiser Rotbarts Papagei
da schoß ein Polizist vorbei,
weil er nicht richtig zielte.
Der Kaiser tätschelte sein Tier
und sagte: »Das Geschoß galt dir,
jedoch der Schütze schielte.«

Von Kaiser Rotbarts Pferdeknecht
da wurde allen Pferden schlecht,
man mußte ihn entlassen.
Die Kaisrin fragt: »Wo ist er denn?
Ich hab' heut kein Pferd speien sehn
und kann's noch gar nicht fassen!«

Aus Kaiser Rotbarts Grammophon
da drang nur ein gedämpfter Ton,
den mochte keiner hören.
Der Kaiser hielt ihn stets parat,
um damit den Ministerrat
bei Sitzungen zu stören.

Vor Kaiser Rotbarts Pavillon
da schwebt ein bleicher Luftballon
und wiegt sich still im Winde.
Der Kaiser blies ihn gestern auf,
dabei ging seine Lunge drauf,
nun freut sich das Gesinde.

Vor Kaiser Rotbarts reinem Sinn
verzweifelte die Sennerin,
die ihn verführen wollte.
Sie hob den Rock wohl übers Knie,
worauf der Kaiser Rotbart schrie,
daß sie das lassen sollte.

Als Kaiser Rotbart Lobesam
so recht ins Greisenalter kam,
da war er nicht bei Groschen.
Er ließ den Papst nach Flensburg zieh'n,
dann, über Braunschweig, nach Berlin
und hat ihn dort verdroschen.

Die Rotbart-Weise

Worte und Weise:
Bernstein, Gernhardt, Waechter

Chemie und Wahnsinn
Gemeinsame Gedichte

Ein Eichbaum steht
am Zwiebelmeer,
er schaukelt hin,
er schaukelt her . . .

Fünf Vierzeiler

SAMT UND SEIDE

Sprach der Samt zum Seide:
»Tu mir nichts zuleide!«
Drauf hat Seide diesem Samt
hastig eine reingeschrammt.

BAUSCH UND BOGEN

Der Bausch, der hat den Bogen
an dessen Ding gezogen.
Da lispelte der: »Bausch,
hör schofort damig ausch!«

MANN UND MAUS

Der Mann, der gab dem Maus
zwei Mark zuviel heraus.
Drauf redet' Maus den Mann
mit »Euer Gnaden« an.

HERR UND KNECHT

Der Herr rief: »Lieber Knecht,
mir ist entsetzlich schlecht!«
Da sprach der Knecht zum Herrn:
»Das hört man aber gern!«

BASIS UND ÜBERBAU

Die Basis sprach zum Überbau:
»Du bist ja heut schon wieder blau!«
Da sprach der Überbau zur Basis:
»Was is?«

Humphrey Bogarts Lehr- und Wanderjahre

Als noch verkannt und sehr gering
Humphrey Bogart auf Erden ging,
da trat er einst in einer Kneipe
zu einem ziemlich bleichen Weibe,
sah sie erst nur durchtrieben an,
worauf sich ein Duett entspann:
(Musik bitte, Ton ab, auf geht's, Bogey!)

Er: Frau, das würd' ich lieber lassen!
Sie: Was?
Er: Kaffee in die Schnabeltassen!
Sie: Mann! Das mach ich schon seit Jahren,
das Rezept hab ich vom Zaren –
na, wie hieß der Knabe noch?
Er: Bloch?

Sie: Unfug! Nicht der Philosoph!
Na, nun schau'n Sie nicht so doof,
haben Sie kein Lexikon?
Da steht er drin, der Hurensohn,
bis bald! Ich warte! Geh'n Sie schon!

Worauf Bogey leise fluchte,
angestrengt in Büchern suchte,
bis er rief: »Jetzt hab' ich ihn!
Es war Thomas von Aquin!«
Und so lenkte er die Schritte
abermals zur Kneipe. (Bitte
nochmal die Musik von vorhin.)

Er: Frau, ich weiß jetzt, wer der Zar,
den Sie jüngst erwähnten, war!
Sie: Welcher Zar denn? Kenne keinen!
Er: Aber suchten Sie nicht einen?

Sie: Mann! Um Himmels willen! Leiser!
Nebenan, da sitzt der Kaiser
und der mag's nun einmal nicht,
wenn man von Kollegen spricht.
Mensch! Schieb ab! Mich ruft die Pflicht!

So ging er denn mit Ach und Krach –
sagt selbst: Die Szene war doch schwach.
Das macht: In der erwähnten Zeit
war Bogey halt noch nicht so weit.
Erst später riß er uns vom Stuhl,
Mann, da war er wirklich cool.

Ein weiterer starker Moment

Hört mich an, meine Matrosen!
Seht ihr nicht die riesengroßen . . .

Seid doch still, Herr Kapitän,
niemand kann die Dinger sehn.

Steuermann, dann droht Gefahr!
Dieses Zeug ist unsichtbar!
Hört mich an, meine Matrosen!
Ihr seht nicht die riesengroßen . . .

Scherge und Mörder

EIN KRIMINALGEDICHT

Das enge Tal, das schmale Tal
liegt länglich zwischen Bergen
und rettete so manches Mal
den Mörder vor dem Schergen.

Der Scherge ist so korpulent,
daß er viel Platz braucht, wenn er rennt.
Der Mörder, etwas schmäler,
flieht drum in enge Täler.

So stob er nach dem Goethe-Mord
gleich in die Hohen Tauern,
wo er vor'm Schergen sicher war
und allzu feisten Bauern.

Und auch nachdem er Marx erschoß
trug ihn sein braves, dürres Roß
in jenes Alpental, und zwar
dorthin, wo es am schmalsten war.

Nur als er sich an Storm vergriff,
da ging die Sache elend schief.
Denn das war in der Ebene,
für Schergen das Gegebene.

Der Mörder bekam »Lebenslang«,
der Scherge einen Orden.
Und wenn sie nicht gestorben sind,
sind sie steinalt geworden.

O du, der du

EINEM SCHREIHALS INS STAMMBUCH

O Schäfer, der du da im Wind
schreist, wo denn deine Schafe sind –:
Laß das Geschrei! Hör endlich auf!
Du Narr sitzt doch auf ihnen drauf!

AN EINEN ARZT

O du, der du da die Kranken
heilst und ständig in Gedanken
deren Schlaftabletten frißt –:
Ahnst du denn in deinem Schlummer
etwas vom Patientenkummer,
der bei Nacht am größten ist?

AN EINEN NÖRDLICHEN NACHBARN

O Däne, der du deinen Deich
bäuchlings, einer Möve gleich,
auf der Dänin runterrauschst –:
Mußt du dabei immer »Ach« schrein,
muß denn immer so ein Krach sein,
wenn du Zärtlichkeiten tauschst?

AN EINEN PYROMANISCHEN BUTLER

O Diener, der du dadurch dienst,
daß du dem Herrn das Bett verminst,
bedenke bei der Explosion –:
Wiegt denn die Freude kurzen Krachens
die Mühsal auf des Saubermachens?
Sie tut's? Ist gut. Ich schweig ja schon.

Und noch ein starker Moment

Was haben wir denn hier,
Herr Passagier?

Hier im Gesicht?
Ja, ist das nicht . . .

Mein Pint!
Mit dem ich Sie gezeugt.
Im Namen Eurer Mutter:
Schweigt!

Die Körpersprache

Seht genau hin, dann hört ihr es wieder,
die Sprache des Körpers, das Plappern der Glieder:

Das Spreizen von dem Fuß
bedeutet: Chef, ich muß.

Das Wackeln mit den Ohren:
Ich hab hier nix verloren.

Das Anheben des Knies:
Mein Herr, versuchen Sie's.

Das Sträuben von dem Haar:
Tach, Leute! Alles klar?

Das Flattern mit den Flügeln:
Du kannst dich auch mal zügeln!

Hebt der Chef die Augenbrauen,
faßt den Prokurist ein Grauen.
Senkt der Chef ein Augenlid,
nimmt der Stift die Kasse mit.

Zeigt ein Jäger auf die Milz,
heißt das: Aufgemerkt! Jetzt gilts!

Rechte Hand am linken Ohr:
Ruhe da! Was geht hier vor?

Rechte Hand in Leberhöhe:
Schön, Hörr Schmüt, döß üch Sü söhe!

Rechter Fuß am linken Arm:
Morgen wird es wieder warm.

Linke Hand am Schlüsselbein:
Tragt schon mal die Schüssel rein!

Lappt die Nase übers Hemd:
Heute fühl ich mich verklemmt.

Nase mitten im Gesicht:
Reisbrei? Nein, den mag ich nicht.

Nase bläßlich, Ohren rot:
Hallo Freunde, Gott ist tot.

Beide Beine unterm Tisch:
Ich heiß Max und mach mich frisch.

Beide Füße unterm Knie:
Nichts zu machen, ssälawieh.

Augen auf und Hose zu:
Ich bin fertig. Was bist du?

Den Wanderern ins Stammbuch

Ein Sträußchen am Hute,
den Stab in der Hand,
die Hose im Eimer,
die Schuh' voller Sand:

So geht ihr durchs Leben,
allein und zu zweit.
Doch das kann man ändern,
nehmt euch doch nur Zeit!

Fangt an bei euch selber –
wie seht ihr denn aus?
Ein Sträußchen am Hute!
Am Hute ein Strauß!

Und dann diese Stäbe!
Wenn ich die schon seh'!
Die Hosen! Die Eimer!
Was ich nicht versteh':

Müßt ihr denn so ausschaun?
Warum denn der Hut?
Die Schuhe? Die Sträußchen?
Das geht doch nicht gut!

Das führt doch nicht weiter,
das bringt doch nichts ein!
Oh laßt dieses Lied
eine Mahnung euch sein!

Inhalt

HEIMAT UND WELT

Gedichte und Zeichnungen von F. W. Bernstein

Hier beißt der Hase in den Mond-
sehr merkwürdig - höchst
ungewohnt...

Robert Gernhardt
Die Blusen des Böhmen

Robert Gernhardt

Die Blusen des Böhmen

Geschichten, Bilder, Geschichten in Bildern
und Bilder aus der Geschichte

. . . Du sorgst für Wohlgeruch und für den Wasserkrug
Und hältst dem Bette fern der giftigen Mücken Flug,
Und wenn im Morgenwinde singen die Platanen,
Gehst du zum Markt nach Ananassen und Bananen . . .

Charles Baudelaire, ›Auf ein Mädchen in Malabar‹,
übersetzt von Carlo Schmid

Ein Bild und seine Geschichte

Als der nachmalige Kaiser Napoleon noch nicht der drahtige kleine Korse, sondern ein schnauzbärtiger Lausbub war, drohte ihm seine Angewohnheit, in fremde Papierkörbe zu treten, zum Verhängnis zu werden. Denn wo er auch war, stets stiefelte er zuerst in den Papierkorb, und schließlich stand bei allen gebildeten Franzosen fest: »Soo bringt der es nie bis zum Kaiser!«
Da beschloß seine Mutter, Madame Napoleon, ihrem Sohn in Zusammenarbeit mit der Marineleitung einen Streich zu spielen, der ihn von seiner Unsitte heilen sollte. Jedoch der Streich mißlang, und als Napoleon, nun doch Kaiser geworden, der unvergessenen Königin Luise gegenübertrat, marschierte er als erstes in ihren Papierkorb, worauf die Königin aus ihrem

Wandschrank trat und ihrer Wache zurief: »Ich möchte nicht wissen, wohin wir kämen, wenn das jeder machen wollte!« Das nahmen sich die Wachen sehr zu Herzen, sie machten in Zukunft stets einen großen Bogen um alle Papierkörbe. Napoleon aber starb hochberühmt und steinalt auf St. Helena, einer wunderschönen Kokotte, die das St. eigens deshalb vor ihren Namen gesetzt hatte, weil der Kaiser so gerne in fremde Papierkörbe STiefelte.

Frage und Antwort

GOTT, GOTT!
WARUM HABE AUSGERECH-
NET ICH SO EINE DICKE
NASE?
GOTT!
ANTWORTE MIR!
WARUM HABE ICH
SO EINE DICKE
NASE?
WEIL DU MEIN
EBENBILD BIST!

Der Wetterbericht

... KLEINERE
SCHNEEFÄLLE...
UND ZUM WOCHEN-
ENDE, MEINE DA-
MEN UND HER-
REN...
... WIEDER
SONNE!

Im Bistro

ICH MUSS IHNEN
ETWAS SCHRECK-
LICHES MITTEILEN...
HÄ?

... MEIN LINKER FUSS IST EIN WEISSBROT!
EIN WEISSBROT? WIRKLICH?

TATSÄCHLICH!

HERR OBER!
EIN MESSER, BUTTER
UND ETWAS
SALZ BITTE!

Vater, o Vater!

Die Begegnung

Ehe im Sturm

Was bisher geschah: Herbert ist seit zwei Wochen mit Anne verheiratet, doch er wird das Gefühl nicht los, daß in seiner jungen Ehe etwas nicht stimmt. Er wendet sich an seine Freunde Bogi, Gregor und Erwin. Diese äußern einen Verdacht, den Herbert anfangs brüsk zurückweist. Daraufhin schaltet Bogi einen Privatdetektiv ein. Dieser hat ihm gerade das Ergebnis seiner Ermittlungen mitgeteilt, doch Bogi wagt es nicht, Herbert selbst zu unterrichten. Stattdessen ruft er Gregor an . . .

Doch auch Gregor bringt nicht den Mut auf, Herbert mit der Wahrheit zu konfrontieren. Stattdessen ruft er Erwin an . . .

Erwin schließlich wagt es . . .

Wie wird Herbert auf diesen Schock reagieren? Muß seine junge Ehe nun scheitern? Oder wie? Oder was? Wird fortgesetzt!

Die Prophezeiung

HEUTE? NA JA... HEUTE HABE ICH VERKÜNDET, DASS DIE WELT MORGEN UNTERGEHT... DAS GAB EINEN GANZ SCHÖNEN WIRBEL...
MORGEN?
JA, MORGEN... WOLL'N MAL SEH'N, OB ES STIMMT... ICH BIN SELBER GESPANNT...
WIR AUCH!
NA, WENN IHR MICH FRAGT: ICH GLAUB'S JA NICHT... ABER TROTZDEM...
TROTZDEM WAS?

TROTZDEM: SAUFT UND HURT, AUF DASS IHR ETWAS VOM LEBEN GEHABT HABT...
WIRD GEMACHT!

ICH WEISS NICHT, VATER, IRGENDWIE GEFÄLLT MIR DER MANN...
MIR AUCH!
EIN HEI-LIGER, DER IN UNSERE ZEIT PASST...

Neun Geschichten aus aller Welt

Frankreich

Die bekannte Streitfrage der Scholastiker, wieviele Engel auf einer Nadelspitze Platz haben, erregte die Gemüter der Pariser Theologen so sehr, daß sich der Dekan 1289 zu einem damals ungewöhnlichen Schritt entschloß. Des Streites der drei sich befehdenden Gruppen müde, lud er sie am ersten Sonntag nach Trinitatis in die Aula der Universität ein.
»Wieviele Engel haben nach Eurer Meinung Platz auf einer Nadelspitze?« fragte er Le Varlin, den Sprecher der ersten Gruppe. »Kein einziger«, antwortete dieser, »die ätherische Beschaffenheit dieser Wesen ...«
»Das wissen wir«, unterbrach ihn der Dekan und sah Grandgouche, den Sprecher der zweiten Gruppe an. »Was meinen Sie?«
»Natürlich 150«, entgegnete dieser, »wer sich nur etwas in den Schriften des Thomas von Aquin ...« »Danke«, sagte der Dekan und wandte sich an Batteux, den Verfechter des dritten Standpunkts. »Jeder«, sagte dieser zornig, »der nur etwas Verstand hat, wird wissen, daß es unzählige sind. Diese immateriellen Geschöpfe ...«
»Gut«, sagte der Dekan laut, »wir kennen nun ihre Meinungen. Jetzt passen Sie mal auf.« Er griff in seine Tasche, holte eine Nadel heraus und steckte sie mit dem stumpfen Ende in eine Tischritze. Darauf faltete er seine Hände, und nach kurzer Zeit kamen einige Engel in den Raum geschwebt. Sie kreisten eine Weile über der Nadel, dann setzte sich erst einer darauf, nach einigem Zögern ein zweiter, schließlich ein drit-

ter. Ein vierter Engel versuchte es, er rutschte aus und fiel auf den Tisch. Er versuchte es ein zweites Mal, wieder mißlang es, die Nadel bot keinen weiteren Platz mehr. Die Engel blieben eine Weile, dann verließen sie lautlos die Aula.
»Bitte schön«, sagte der Dekan nach einer Pause, »es sind drei Engel, keiner mehr, keiner weniger. Und jetzt beendet den Streit.« Die Sprecher der Parteien schwiegen einen Moment.
»Das waren aber merkwürdige Engel«, sagte Le Varlin schließlich.
»Sie waren viel zu groß«, sagte Grandgouche.
»Jeder, der nur etwas von Engeln versteht«, sagte Batteux, »wird wissen, daß das keine waren, da ihre immaterielle Substanz es ermöglicht, daß unzählige von ihnen auf einer Nadelspitze Platz haben.«
»150«, meinte Grandgouche.
»Keiner«, sagte Le Varlin fest.
»Aber meine Herren«, rief der Dekan, »nun ist doch bewiesen ...«
»Bewiesen ist nur eines«, sagten die Sprecher aus einem Munde, »daß das keine Engel waren.«
Und da sie sich das erste Mal in ihrem Leben einig waren, marschierten sie schnurstracks zum Großinquisitor, dem der Dekan schon lange ein Dorn im Auge war. Am zweiten Sonntag nach Trinitatis sah man denn auch den schönsten Scheiterhaufen, der je vor Notre Dame gebrannt hatte.

Arabien

Achmed, ein Kaufmann aus Bagdad, hatte sich kaum im Hafen von Dschidda eingeschifft, als sein mit kostbaren Tu-

chen beladenes Schiff in einen furchtbaren Sturm geriet und mit Mann und Maus unterging. Er allein konnte sich auf einem Delphin retten, doch auch das hätte ihm nicht viel genützt, wenn nicht ein Greif beide gepackt und in sein Nest getragen hätte. Von dort floh der Kaufmann, indem er aus den Flügeln der jungen Greifen einen Flugapparat baute, gelangte in ein unermeßlich reiches Land, in dem die Menschen auf dem Kopf gingen, und wurde dort Ratgeber des Königs.
Die Sehnsucht nach seiner Heimat ließ ihn erneut flüchten, Menschenfresser fingen ihn, er entkam mit Hilfe der Tochter des Häuptlings, erreichte das ferne China, fand dort den geheimen Zugang zum Goldland und kehrte nach vielen Jahren zehnmal so reich nach Bagdad zurück, wie er ausgezogen war.
Der erste, den er dort traf, war ein alter Freund. »Hallo, Achmed«, rief dieser, »dich hat man aber schon eine Ewigkeit nicht mehr gesehen. Wie ist es dir denn in der Zwischenzeit ergangen?«
»Ich kann nicht klagen«, antwortete Achmed. »Und was hat sich hier getan?«
»Allerhand, mein Lieber«, sagte der Freund, »Said zum Beispiel hat den Teppichhandel aufgegeben und ist jetzt bei Fajoud in Medina angestellt.«
»Unglaublich«, unterbrach ihn Achmed.
»Und der alte Ibn Mir hat seine zweite Frau verstoßen und die Tochter des Wasserträgers geheiratet!«
»Na ist denn das zu fassen. Die Tochter des Wasserträgers!«
»Ja«, sagte der Freund, »sie ist allerdings eine Schönheit. Und der kleine Ben Zwi ist zum zweiten Male Vater geworden.«
»Der kleine Ben Zwi«, rief Achmed aus, »ja ist denn das die Möglichkeit! Erzähle mir mehr!«
Und da sie an diesem Tage nicht fertig wurden, lud Achmed

seinen Freund in seinen Palast ein, wo ihm dieser 40 mal 40 Tage Bericht erstattete. Reich beschenkt machte er sich schließlich daran aufzubrechen, als er auf der Treppe noch einmal stehen blieb.
»Um das noch kurz zu erzählen, der alte Mouludji hat sich mit Harun verkracht.« »Das höre ich ja das erste Mal«, schrie Achmed, »das mußt du mir aber genauer erzählen.«
Und so blieben sie weitere 40 Tage und Nächte beisammen, denn, wie schon der Koran sagt, von drei Dingen kann der Mann nicht genug bekommen: von Frauen, von Kus-Kus und von guten und lehrreichen Geschichten.

Deutschland

Während eines juristischen Staatsexamens stand der Prüfling, der die Fragen bis dahin nur zögernd und etwas zerstreut beantwortet hatte, plötzlich auf und sagte ohne ersichtlichen Anlaß: »Meine Herren, merken Sie nicht, wie eitel all das ist, was wir hier treiben? Keiner von uns kennt die Stunde seines Todes, aber jeden von uns wird er einmal ereilen. Das allein ist sicher in diesem Leben, das doch nur ein Schatten ist, ein kurzer Wandel ...«
»Herr Lechte«, unterbrach ihn der prüfende Professor, »Sie haben sich hier zu einem Staatsexamen eingefunden. Das ist nicht der Ort für solche Reden. Ich bitte Sie ...«
»Nicht der Ort?« fragte der Prüfling mit weitaufgerissenen Augen, »Überall ist der Ort, die Botschaft unseres Herrn zu verkünden. Er hat uns aufgetragen, sein Wort zu verkünden, wo immer es sei. Gehet hin, sprach er ...«
»Sie haben ja vollkommen recht«, schaltete sich ein zweiter Professor ein, »wir teilen Ihre Ansicht, nur ...«

»So«, sagte der Prüfling, »Sie teilen sie? Dann lasset uns aufstehen und den Herrn mit fröhlichen Liedern preisen, der soviel Gutes an uns getan hat!« Und er begann mit lauter Stimme »Geh' aus mein Herz« zu singen.
Die Professoren schwiegen betreten. Der Prüfling unterbrach seinen Gesang. »Singt mit!« rief er. »Der Fröhliche ist dem Herrn wohlgefällig . . .«
»Wenn Sie sich nicht augenblicklich wieder hinsetzen, dann sind Sie durchgefallen«, schrie der prüfende Professor.
Der Prüfling sah ihn erstaunt an. »Sie wollen jemanden durchfallen lassen, weil er Sein Wort verkündet?«
»Aber nein!« brüllte der Professor.
»Sondern?« fragte der Prüfling.
»Die Prüfungsordnung schreibt vor . . .«, sagte der Professor.
»Menschenwerk«, unterbrach ihn der Prüfling.
Die Professoren steckten die Köpfe zusammen. »Sie haben bestanden«, sagte der Prüfungsvorsitzende schließlich. »Und jetzt gehen Sie bitte!«
»Wie wunderbar sind die Wege des Herrn«, rief der Prüfling, »lasset uns unsere Stimmen erheben . . .«
Doch die Professoren hatten im Nu den Raum verlassen.
Der Prüfling zog lächelnd seinen Mantel an. »Wer nur den lieben Gott läßt walten«, sang er laut und trat auf den sonnigen Flur, in dem sein Gesang noch einmal so schön widerhallte.

Griechenland

Da die Geschichte von Ikarus und Daedalus bisher immer verfälscht wiedergegeben worden ist, soll hier einmal die Wahrheit erzählt werden.

Denn es war keineswegs so, daß Ikarus entgegen den Warnungen seines Vaters so hurtig der Sonne entgegenstrebte, daß diese das Wachs seiner Flügel zum Schmelzen brachte und er darauf jämmerlich ertrank. Wie jedes Kind weiß, wird es in den höheren Luftschichten immer kälter, und tatsächlich ist jene Version nachträglich von Daedalus erfunden worden, um den Leuten zu erklären, wo sein Sohn geblieben sei.
Ikarus nämlich, der Jahre mit seinem Vater im Labyrinth gelebt hatte, war der ständigen Bevormundung müde und flog seinem schon ergrauten Vater einfach davon. Denn zu allen Zeiten schon wollte die Jugend ihr eigenes Leben leben.
Der väterlichen Obhut entronnen, hielt Ikarus Kurs auf Korinth, landete dort und begann unverzüglich das ausschweifendste Lasterleben, das man sich nur denken kann. Dabei kam es ihm anfangs zugute, daß er stets seine Flügel bei sich trug und sich so jeder Bezahlung pfeilschnell entziehen konnte. Doch bald verlor er, vom vielen Trinken und Huren geschwächt, die Kondition, und seitdem er einmal völlig betrunken gestartet und gegen eine Hauswand geprallt war, beschränkte er sich darauf, Reisende anzubetteln und kleinere Diebstähle zu versuchen. Dabei geschah es, daß er eines Tages einen Fremden bestahl, der sich jedoch blitzschnell umdrehte und ihn festhielt. Es war sein Vater Daedalus. »Ikarus«, sagte dieser betroffen, und sein Sohn schwur auf den Knien, sich von Stund an zu bessern. Sein Vater nahm ihn zu sich, doch nach zwei Tagen war der Sohn schon wieder ausgerissen. Nach langem Suchen fand ihn der Vater im verworfensten Haus des ganzen Hafens. »Ikarus«, sagte er, »ich werde dich einsperren müssen.« Doch sein Sohn floh wiederum, und sein Vater holte ihn endlich aus einer Kaschemme, wo er gerade seinen Rausch ausschlief. »Es muß sein«, sagte er hart, fesselte seinen Sohn und baute zwei Monate an dem sinnreichsten Labyrinth, das er

je erdacht hatte. Dann führte er Ikarus hinein. »Hier wirst du jetzt bleiben«, sagte er. »Trinkwasser ist in diesem Brunnen, Nahrung wird dir täglich hineingeworfen. Mach's gut.«
Und mit Hilfe eines Wollfadens fand er den Ausgang des Labyrinths, ohne auf die Hilferufe seines mißratenen Sohnes zu hören.
Seitdem aber saß Daedalus, und hierin hat die Überlieferung wieder recht, trauernd am Meer. Jedem, der nach dem Grund seiner Trauer fragte, erzählte er die bis auf unsere Tage überlieferte Darstellung vom Tod seines Sohns, der sich mit seinen Flügeln der Sonne genähert habe und dabei in das Meer gestürzt sei. Es ist verständlich, daß Daedalus dies tat. Denn zu allen Zeiten haben Väter versucht, die Schande ihrer Söhne zu verbergen. Die Leute aber glaubten ihm, er wurde von allen, die von seinem Unglück hörten, bedauert, und das Meer, an dem er trauerte, heißt bis auf den heutigen Tag das »ikarische«.

Portugal

Der erfolgreichste, wenngleich unbekannteste Feldherr der neueren Geschichte ist ohne Zweifel der Portugiese Pedro Ramoes, der 1901 aufbrach, um das damals von allen Weltmächten umkämpfte China für Portugal zu erobern. Mit seiner äußerst disziplinierten Truppe verließ er schon im Januar seine Heimat, vermied in Spanien und Frankreich jede Feindberührung, durchquerte Deutschland mit Hilfe der Reichsbahn, führte seine 170 Getreuen auf Schleichwegen durch Rußland und das endlose Sibirien und stand im März des Jahres 1905 an der Grenze Chinas. Dort ließ er seine Truppe ausschwär-

men und blies zum Angriff. Nach weiteren zwei Jahren hatte er, ohne irgendwelches Aufsehen zu erregen, Peking umzingelt, sich mit einer Kerntruppe in den Palast geschlichen und, nachdem Kundschafter versichert hatten, daß kein Chinese in der Nähe sei, blitzschnell die portugiesische Fahne auf der kaiserlichen Pagode gehißt. Einen Moment lang flatterte sie im frischen Winde, dann ließ Ramoes sie eilig wieder einholen. »Wir Militärs haben unsere Pflicht getan, und ich danke jedem einzelnen von euch«, sagte er seinen Soldaten, »den Rest mögen die Politiker besorgen.«
Und ebenso planmäßig, wie die Truppe das Land erobert hatte, setzte sie sich wieder ab, durchquerte Sibirien und Rußland, schlich sich durch Polen, löste an der deutschen Grenze Fahrkarten, kroch durch Frankreich, hastete durch Spanien und erreichte 1914 die portugiesische Grenze. Hier allerdings machte Ramoes den entscheidenden Fehler seiner Feldherrnlaufbahn, als er aus Freude über die geglückte Heimkehr seine Truppe mit wehenden Fahnen und klingendem Spiel in Portugal einmarschieren ließ. Denn mittlerweile war – was er nicht wissen konnte – der Erste Weltkrieg ausgebrochen, und als die verwirrten Grenzposten das Heer einrücken sahen, eröffneten sie in der Meinung, die Franzosen oder gar die Deutschen seien dabei, in ihr Land einzufallen, das Feuer. Mit der Nationalhymne auf den Lippen fiel das ruhmreiche Heer. Nur ein alter Oberst entkam, doch als er sich bei der Regierung in Lissabon meldete, hatte diese nichts Eiligeres zu tun, als ihn in eine Anstalt zu stecken, wo er noch viele Jahre verständnisvoll nickenden Wärtern und besorgt blickenden Ärzten von den Schönheiten Sibiriens und den Gefahren des Chinafeldzuges erzählte.

Hessen

Ein Reisender machte in einem kleinen Dorf Station und beschloß, im einzigen Gasthaus zu Mittag zu essen. Als er nach der Speisekarte verlangte, erklärte der Wirt bedauernd, daß er zur Zeit nur gedämpfte Mumeln anbieten könne. In Erwartung einer besondes ausgefallenen Spezialität bestellte der Reisende dieses Gericht, worauf der Wirt einen Teller brachte, auf dem vier kleine, grüne Früchte lagen. Mißtrauisch nahm der Gast eine von ihnen in den Mund und biß vorsichtig drauf. Sein Mißtrauen war berechtigt, die Früchte waren zäh und ohne Geschmack. Empört rief er nach dem Wirt.

»Ich habe eine Frage an Sie«, sagte er. »Wieso sind diese Mumeln so klein?« »Es war ein schlechtes Mumeljahr«, antwortete der Wirt. »Im letzten Jahr waren sie viel größer. Aber heuer kam ein unerwarteter Frost und schon war die ganze Mumelernte verdorben.« »Sie sind aber nicht nur klein, sondern auch geschmacklos«, sagte der Gast böse. »Das war der Regen«, entgegnete der Wirt. »Wenn es regnet, verlieren die Mumeln ihren Geschmack.«

»Außerdem sind sie zäh wie Leder«, ergänzte der Reisende. »Das kommt vom Dämpfen«, sagte der Wirt. »Die meisten Mumeln vertragen das Dämpfen nicht. Manchmal geht es gut, aber meistens werden sie zäh.« »Aber wieso dämpfen Sie sie dann, wenn Sie das wissen?« »Wenn man sie kocht, schmekken sie noch schlechter«, sagte der Wirt. Verblüfft schwieg der Gast.

»Na hören Sie mal«, begann er von neuem, »meinen Sie, daß ich von diesen vier Mumeln satt werden kann?« »Nie und nimmer«, entgegnete der Wirt. »Kein Mensch wird davon satt, das sieht doch ein Kind.« »Könnte ich dann nicht wenigstens Kartoffeln dazu bekommen?« Der Wirt hob entsetzt die

Hände. »Aber man kann doch nicht zu Mumeln Kartoffeln servieren!«

»Aber wie können Sie denn Ihren Gästen ein Gericht vorsetzen, das weder schmeckt, noch sättigt«, fragte der Reisende zornig. »Das habe ich mich auch schon gefragt«, sagte der Wirt. »Aber Sie sehen ja selbst, daß es geht.« »Und jetzt wollen Sie wohl noch Geld dafür?« fragte der Gast. »Wenn es Ihnen nichts ausmacht, wäre ich schon froh, wenn Sie zahlen würden«, entgegnete der Wirt. »Irgendwie muß ich ja leben. Ich habe Frau und Kinder.«

Wütend zahlte der Reisende und stand auf. »Sie erwarten hoffentlich nicht, daß ich Ihr Lokal nun auch noch weiterempfehle?«

»Wie käme ich dazu«, sagte der Wirt traurig. »Aber es wäre natürlich schön, wenn Sie es täten. Es kommen nicht viele Leute in mein Lokal.«

Da faßte den Gast ein merkwürdiges Grausen, und er stieg schnell in seinen Wagen. Im Rückspiegel sah er noch, wie ihm der Wirt freundlich nachwinkte.

Belgien

Im Brüsseler Patentamt erschien ein Mann und erklärte, er habe eine Erfindung anzumelden.

»Was für eine Erfindung?« fragte der Beamte. Es sei ein Wunderhorn, erklärte der Mann und fügte hinzu, daß er es mitgebracht habe. Er öffnete seine Aktentasche und holte ein Blasinstrument heraus.

»Das ist eine gewöhnliche Trompete«, sagte der Beamte, »die gibt es zu Tausenden.«

»Das ist keine gewöhnliche Trompete«, entgegnete der Mann,

»sie hat eine besondere Eigenschaft. Wenn man einen Ton darauf bläst, verschwindet sie. Das ist das Wunderbare an meinem Instrument.«

»Was heißt das: Dann verschwindet sie?«

»Das heißt, daß sie sich in Nichts auflöst.«

»Und das soll ich Ihnen glauben?« fragte der Beamte.

»Ich hoffe es«, sagte der Mann. »Ich will mein Horn doch patentieren lassen.«

»Dann blasen Sie mal«, entgegnete der Beamte.

»Das ist nicht möglich«, antwortete der Mann, »dann verschwindet mein Horn doch.«

»Ich soll Ihnen Ihre Behauptung also auf Treu und Glauben abnehmen?« fragte der Beamte.

»Ich bitte darum«, sagte der Mann. »Ich habe 14 Jahre an diesem Horn gearbeitet.«

Der Beamte überlegte eine Weile, dann schüttelte er den Kopf. »Sie müssen schon einen Ton auf Ihrem Instrument blasen«, sagte er. »Wenn Sie das nicht wollen, können Sie ja gehen. Für eine gewöhnliche Trompete stellen wir jedenfalls kein Patent aus.«

Der Mann sah unschlüssig auf sein Horn. »Wie Sie wollen«, sagte er schließlich, »Sie werden schon sehen, was dabei herauskommt!« Er hob das Horn an die Lippen und blies. Augenblicklich verschwand es. »Jetzt möchte ich das Patent dafür«, sagte er böse.

»Wofür?« fragte der Beamte.

»Für das Horn«, sagte der Mann.

»Für welches Horn?« fragte der Beamte. Der Mann sah beschämt auf seine Hand, die nun leer war.

»Weg ist weg«, sagte der Beamte. »Für etwas, das nicht da ist, gibt es auch kein Patent.«

»Ich habe es kommen sehen«, murmelte der Mann traurig.

»Vergessen Sie Ihre Tasche nicht und gehen Sie bitte«, sagte der Beamte. Er sah dem Mann nach, der zur Tür hinaus ging und schüttelte den Kopf. Dann lehnte er sich im Sessel zurück und rief mit mürrischer Stimme: »Der nächste bitte!«

England

Ein englischer Psychologe, der damit beschäftigt war, die Visionen berühmter Heiliger zu untersuchen, geriet eines späten Abends an die Schriften, in denen Dionysus von Milet, ein Eremit aus dem 4. nachchristlichen Jahrhundert, seine Gesichte niedergezeichnet hatte. Er las sie mit wenig Interesse, da sie für ihn nicht viel Neues boten. Stets erschien Satan als nacktes Weib, stets waren da die Unterteufel in Krötengestalt, stets verschwand der Höllenspuk, wenn der Bedrängte das Kreuzeszeichen schlug – der Mechanismus war ebenso primitiv wie leicht zu durchschauen.
Der Psychologe machte einige Notizen zum Stichwort »Sexuelle Mangelerscheinungen«, als ihn ein Geräusch veranlaßte, aufzusehen. Auf dem Boden seines Zimmers saß eine kleine rote Maus. Er zischte etwas, um sie zu verjagen, und wollte sich wieder seinen Studien zuwenden, als auf einmal Tausende von geschuppten Kröten durch die verschlossene Tür quollen. Währenddessen hatte die Maus angefangen, immer heller zu glühen, nun wuchs sie auch noch, wurde immer größer, verwandelte sich in eine nackte, wunderschöne Frau und setzte sich auf den Schreibtisch.
Der Psychologe, der zur gleichen Zeit versucht hatte, die Kröten zur Tür hinauszujagen – was ihm nicht gelungen war, da sie sich ständig vermehrten –, wurde ernstlich böse, als er

sah, wie die Frau es sich zwischen seinen Papieren bequem machte.
»So geht das aber nicht«, rief er, »Sie bringen meine ganzen Notizen durcheinander!« Doch das Weib hörte nicht auf, sich auf dem Tisch zu räkeln und verlangend die Arme nach ihm auszustrecken, so daß dem Wissenschaftler schließlich nichts Besseres einfiel, als voller Zorn das Kreuzeszeichen zu schlagen.
Sogleich verschwand der ganze Spuk. Seufzend öffnete der Psychologe das Fenster, da es im Raum stark nach Schwefel roch, dann setzte er sich mit den Worten »Es ist wirklich immer dasselbe« an seinen Schreibtisch und begann ärgerlich seine Notizen zu ordnen.

Bei einem Wirte wundermild...

WALDSCHÄNKE
Bis morgen!

Die sensationelle Super-Sauerei

HIER!
Nr. B9947494
REISEPASS

WAS SAGEN SIE?
DAS IST EIN
REISEPASS?
Nr. B9947494
REISEPASS

TATSÄCHLICH!
NA... WARTEN SIE
MAL ...

ICH SCHAU MAL
IN DER JACKEN-
TASCHE NACH ...

HM... MOMENT...
VIELLEICHT IN DER
HOSENTASCHE...

ABER IN DER
INNENTASCHE...
. FEHLANZEIGE...

TJA, ICH MUSS ES WOHL VERGESSEN HABEN ...
SCHADE, SCHADE ...

GERADE SIE HÄTTEN JA SOO EINEN SPASS DARANGEHABT!

Der Genius

GOTTLOB, ICH KONNTE ES KAUM MEHR HALTEN!

MANN!

Die rosa Gefahr

Drei Fabeln

Der Eremit und der Tausendfüßler

Ein Eremit schalt einmal einen Tausendfüßler: »Da hat dir der Herrgott nun tausend Füße verliehen – und was machst du? Krabbelst wie wild in der Gegend herum!«
»Ha«, erwiderte darauf der Tausendfüßler, »daß ausgerechnet du das sagen mußt! Du, der du jeden Morgen erst zur Quelle eilst, um dich zu reinigen, dann in die Beeren, um Nahrung zu suchen, dann in die Kapelle, um zu vespern, und gegen Abend schließlich ins Dorf, um den jungen Mädchen deine Bibelsammlung zu zeigen. Und das alles mit nur zwei Füßen. Jetzt überleg mal, wie du dich erst mit tausend Füßen aufführen würdest!«
Diese Worte trafen den Eremiten so schwer, daß er beschloß, in Zukunft etwas weniger herumzulaufen.

Moral: Mit Schimpfen allein ist es oft getan, doch gute Argumente können auch ganz schön Wunder wirken.

Das Wandbild und das Paßbild

Ein Wandbild prahlte einmal vor einem Paßbild: »Schau mich mal an, wie groß ich bin. Drei ausgewachsene Frauen können mich mit ihren Armen nicht umspannen, und oben reiche ich bis unter die Decke. Wenn man dagegen dich betrachtet – dich kann ja jeder in die Tasche stecken!«

Doch kaum hatte es ausgeredet, als ein sehbehinderter Kauz in voller Fahrt gegen das Wandbild rauschte und einen Schaden von ca. 1200 Mark anrichtete.
Da schüttelte das Paßbild traurig sein Haupt und sagte: »Tz, tz, tz.«

Moral: Wer in einem solchen Falle keine schlagfertigere Erwiderung auf Lager hat, ist selbst dran schuld, wenn ihn jeder in die Tasche stecken kann.

Der Uhu und der Hase

Ein alter Uhu trat eines Tages vor den Hasen hin und sagte: »Ich glaube zuversichtlich, schneller als du laufen zu können. Daher bitte ich dich, deine Kräfte mit den meinen zu messen!«
Der Hase nahm die Herausforderung an, und an einem vereinbarten Tage fanden sich beide im Gottfried-Hammer-Stadion ein, dessen Ränge schon dicht besetzt waren.
Der Uhu, der in sehr guter Form antrat, ging sogleich nach dem Startschuß in Führung, er hielt den ersten Platz auch während der drei angesetzten Runden, doch in der Zielgeraden holte der Hase auf, Brust an Brust zerrissen beide das Zielband, und erst das Zielfoto klärte einwandfrei, daß der Hase den Lauf gewonnen hatte.
Der Uhu nahm das Ergebnis jedoch in sehr unsportlicher Haltung auf. Er bezichtigte die Jury der Schiebung, trat dem Hasen gegen das Bein und beschimpfte Meister Grimbart, einen der Schiedsrichter, als alten Frechdachs. Auf Grund dieser Vorfälle schloß ihn der Verband aus und erteilte ihm überdies ein zweijähriges Startverbot.

Moral: Suche das Unrecht nicht bei anderen, wenn du es auch bei dir selbst finden kannst.
Denn: wer ein alter Uhu ist, muß sich damit abfinden, daß er nicht mehr zu den jüngsten zählt.
Und: wer es mit den Hasen aufnehmen will, muß sich eben sputen.

Als Vertreter in der Antarktis

Urlaub auf Ehrenwort

Was bisher geschah: Vier Jahre lang hat Rudi gegen die Krim-Kabylen gekämpft, sein erster Heimaturlaub führt ihn zu seiner Freundin Dora. Doch Dora macht ihm unerwartete Schwierigkeiten, die Rudi gesprächsweise zu beheben sucht . . .

. . . Bruno faßt Sigrid dorthin . . .

. . . Arnold faßt Erika ständig dorthin . . .

. . . und auch Bettina kennt nichts Schöneres, als wenn Norbert sie dorthin faßt . . .

Dora! Warum läßt du mich . . .
Ach Rudi! Ich würde dich nur zu gerne dorthin fassen lassen, wenn nur . . .

Werden Rudi und Dora ihr Glück noch finden? Wohin dann aber mit Vater? Nimmt ihn vielleicht ein hochherziger Leser zu sich? Vorschläge verbeten!

Belsazars Tod

WAS MEINST DU, WIE ES WEITER GEHT?
Mene mene te
MENE, MENE, TENE...

FALSCH. TEKEL!
Mene mene tekel
DARAUF WÄRE ICH NICHT GEKOMMEN.

UND JETZT?
Mene mene tekel u
UKEL

WIEDER FALSCH. UND JETZT?
Mene mene tekel upha
UPHARSIN!

WIEDER DA-
NEBEN!
Mene mene tekel upharsan
ABER DAS WORT GIBT ES DOCH GAR NICHT. ES MUSS UPHARSIN HEISSEN!

Mene mene tekel upharsin
SIEHST DU?

BRAVO!
Mene me
JA, IN DER GRAMMATIK MACHT MIR KEINER WAS VOR. DOCH JETZT WIRD WEITERGEFEIERT!

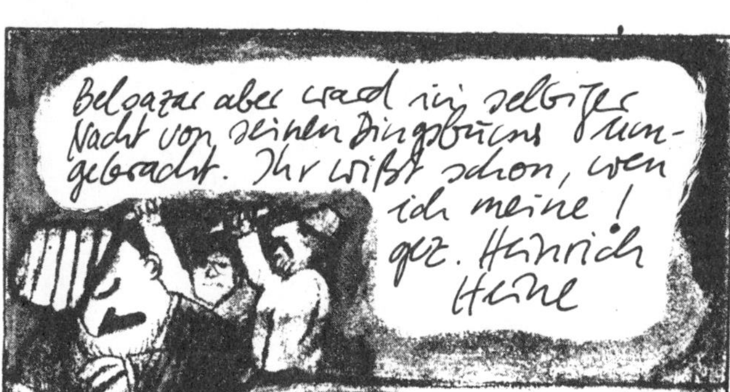
Belsazar aber ward in selbiger Nacht von seinen Dingsbums umgebracht. Ihr wißt schon, wen ich meine!
gez. Heinrich Heine

Traugott von M.
in:
„Der Abschieds-
brief“
Liebe Elise, wir müssen uns trennen...
...wie solltest Du auch einen Mann lieben können, der Worte niederschreibt...
...unaussprechliche Worte, wie...

... Arsch, Arsch,
Arsch ...

Auf Wiedersehen!
Nein! Lebwohl!

Dein ~~Arschgott~~
Traugott

Toskanische Begegnung

Piero della Francesca begegnet einem Pferd

Das Pferd geht an Piero della Francesca vorbei

Piero della Francesca und das Pferd schauen sich nochmal um.

Das Pferd und Piero della Francesca gehen ihrer Wege.

Schau nur! Die ersten Mauersegler!

Noch ein Bild und seine Geschichte

Winter 69, im Vorarlberg. Das kleine Gebirgsdorf Trottwang ist von der Umwelt abgeschnitten. Ursache: Zuviel Schnee. Die Eisenbahnen kommen nicht durch, die Straßen sind zu, Frauen vereist, Kinder und Greise – reden wir nicht davon. Schrecklich. Drei Männer bleiben übrig: Richard Rauch und die jungen Palms. Nur einer kann sich durchschlagen – mehr trägt die Schneedecke nicht. Das Los trifft Richard; die Abschiedsszene hält er mit dem Selbstauslöser fest. Dann bricht er auf. Ziel: Innsbruck. Auftrag: Kohlen holen. Man muß sich das einmal vorstellen: Ein weißes Leichentuch, soweit das Auge reicht. Sonst nichts. Kein Baum, kein Strauch, kein Bier.

Nur hier und da streunende Eishörnchen. Oder eine halbverhungerte Schnee-Eule, die sich warm zu halten versucht, indem sie in die blaugefrorenen Flügelchen bläst. Geht natürlich nicht. Diese Eindrücke! Bis hin nach Innsbruck! Gräßlich! Aber endlich ist er durch, der Richard. Und was tut er? Kämpft er sich zurück zu seinen Freunden? Rettet sie? Nichts da. Er geht mit dem Foto hausieren. Von Redaktion zu Redaktion. Läßt sich als tapferer Durchkommer feiern.
Lebt wie ein Fürst. Doch endlich kommt er an den Richtigen. Ein Chefredakteur, der genannt sein möchte, (möchte ich aber nicht, er hat nämlich so einen komischen Namen, klingt wie Wurmfrtstz – oder nein: Bommerlunder heißt er – ehrlich! Na ja, jetzt ist's raus. Zufrieden, Bommerlunder?) – dieser Mann also legt den Richard aufs Kreuz. Weist ihm Widersprüche nach. Geht dabei ganz dialektisch vor. Dringt in ihn ein. Dringt wieder raus. Beutelt ihn nach Strich. Und Faden. Bis es dem Richard zuviel wird: »Ja!« schreit er, »Ich sollte Hilfe holen. Hab's aber verschwitzt. Gnade! Als dreizehntes von sieben Kindern eines Tagediebs, der seine Karriere mit dem Raub des Berliner Reichstages krönen woll . . .« Doch Bommerlunder weiß genug. »Menschenleben in Gefahr!« überschreibt er seine nächste Glosse. Thema: Die Eingeschlossenen von Trottwang. Sofort bricht ein Hubschrauber der Rettungswacht auf. Kommt natürlich zu spät. Die Eingeschlossenen sind längst weg. Ist ja auch schon Juli. Mittlerweile. Jubel bei der Rettungswacht. Am glücklichsten aber ist Richard, der sich fest, fest vornimmt, nie wieder mit Fotos hausieren zu gehen. Und er hat's auch nie, nie wieder getan.

Sechs Märchen

Der Pornogroßhändler im Glück

Es war einmal zu der Zeit, als die gebratenen Krammetsvögel einander noch ins Maul flogen, da hauste in einer Kate ein Kater. Der aber hat mit unserer Geschichte nicht das geringste zu tun.

Fünfhundert Kilometer weiter landeinwärts sah die Sache schon anders aus. Nehmen wir nur Köln. Da lebte ein alter Müllerssohn, der merkte, daß es ans Sterben ging. Da ließ er seine drei Väter zu sich rufen und sprach also zu ihnen: »Ihr habt mir sieben Jahre lang treu und redlich gedient, nun sollt ihr euren Lohn erhalten. Du, Peter, bist der Älteste und bekommst dieses Hütlein, mit dem es jedoch folgende Bewandtnis hat: wenn du es aufsetzt, kann dein Kopf nicht naß werden. Du Hinz, erhältst dieses Töpflein voll Mus. Es ist aber ein besonderes Töpflein, denn wenn du es aufsetzt, kann dein Kopf ebenfalls nicht naß werden. Mußt freilich vorher den Mus raustun. Und nun zu dir, Kunz, du bist mir der liebste von euch Dreien. Dir vermache ich dieses Kästlein hier. Es ist aber ein Kästlein von ganz absonderlicher Art, weil es ein Schnetzelkästlein ist. Und nun zieht in die Welt hinaus und versucht euer Glück!«

So nahmen die drei denn Abschied, und als sie vor die Stadt gekommen waren, da trennten sich ihre Wege. Peter, der Älteste, ging gen Norden. Da lief ihm auf der Höhe von Flensburg ein Dachs über den Weg, der ganz erbärmlich naß war.

»Ei, wie bist du dann so erbärmlich naß, lieber Dachs?« verwunderte sich unser Peter.

»Wie sollte ich bei diesem Regen nicht naß sein?« erwiderte der Dachs. »Hätt' ich freilich ein Hütlein wie du, dann würde ich anders dastehen.«
Da dauerte der Dachs den Peter, und er schenkte ihm sein Hütlein. Der Dachs bedankte sich, setzte das Hütlein auf und sprach also: »Du hast mir geholfen, darum will ich auch dir behilflich sein. Solltest du einmal in Not geraten, dann rufe nur laut meinen Namen. Ich heiße übrigens Jens.« Und mit diesen Worten verschwand er im Unterholz, Peter aber schritt weiter aus und gelangte bald nach Kopenhagen, wo er sich bei einem Pornohändler verdingte und durch seine fleißige und umsichtige Art bald die Freude seines Meisters wurde.
Da begab es sich, daß eines Morgens ein Abgesandter des Großfürsten von Kopenhagen den Laden betrat und dem Pornohändler bestellen ließ, er habe sich um elf Uhr zur Audienz einzufinden. Der Großfürst aber war ein sehr hochfahrender Mann und seine Tochter eine stadtbekannte Sodomitin.
Zur angesetzten Zeit trat der Pornohändler in den Kronsaal des Großfürsten, der ihn also anredete: »Man sagt, du habest das größte Pornosortiment von Kopenhagen. Hat das seine Richtigkeit?«
»Jawohl«, bestätigte der Pornohändler.
»Nun, dann will ich dich auf die Probe stellen«, fuhr der Großfürst fort.« Du weißt, daß meine Tochter eine stadtbekannte Sodomitin ist. Seit Wochen nun ist sie schwermütig, und nur eines auf der Welt kann sie aufheitern, eine Serie von zwölf gestochen scharfen Hochglanzfarbfotos, die Dachs und Dächsin in den gewagtesten Stellungen zeigen. Ich gebe dir zwölf Stunden Zeit, um diese Bilder aufzutreiben. Gelingt dir das, so sollst du ganz groß rauskommen, gelingt es dir aber nicht, so wirst du den kommenden Morgen nicht mehr erle-

ben!« Da erschrak der Pornohändler, denn er wußte, daß er diesen Wunsch nicht so schnell erfüllen konnte. Doch zum Großfürsten sagte er: »Wird gemacht!«, und traurig begab er sich auf den Heimweg.

In seiner Werkstatt angekommen, ließ er sich bedrückt auf den Stuhl fallen. »Ach, wäre ich doch schon tot!« seufzte er so laut, daß Peter sich erschrocken nach der Ursache seines Kummers erkundigte. Da erzählte ihm der Meister vom Auftrag des Großfürsten. »Sei unbesorgt!« entgegnete darauf der Peter. »Diese Fotos sollst du erhalten«; und als die Sonne gesunken war, ging er mit seiner Kamera vor die Stadt und rief laut den Namen des Dachs', der übrigens Jens hieß.

Da öffnete sich das Unterholz, und ein mächtiger Dachs trat vor Peter hin.

»Was ist dein Begehr?« fragte der Dachs barsch.

»Mein Meister ist in Schwierigkeiten, und da dachte ich . . .«

»Was heißt hier: dein Meister ist in Schwierigkeiten?« unterbrach ihn der Dachs. »Wie heißt du denn überhaupt?«

»Aber ich bin doch der Peter!«

»Welcher Peter?«

»Der, der dir das Hütlein schenkte.«

»Ein Hütlein? Wann denn?«

»Na damals, als es so naß war!«

»Hier ist es immer naß!« bellte der Dachs. »Wenn ich deshalb mit einem Hütlein herumlaufen wollte, müßte ich ständig eines tragen. Wie würde ich da aussehen – ich bitt dich! Der Hut würde mir doch jedesmal runterfallen, wenn ich in den Bau krieche!«

»Aber bist du denn nicht Jens, der Dachs?« fragte Peter.

»Wir sind in Dänemark. Hier heißt jeder dritte Dachs Jens. Wahrscheinlich meinst du einen anderen Dachs gleichen Namens. Nichts für ungut, Fremder!« Und mit diesen Worten

krabbelte er in die Dunkelheit, ohne sich um Peters Rufen zu kümmern.
So kam es, daß der Pornohändler am nächsten Tage standrechtlich ersäuft und die Tochter des Großfürsten nie von ihrer Schwermut geheilt wurde. Peter aber beschloß, nimmermehr etwas wegzuschenken und brachte es mit diesem Vorsatz zum größten Pornohändler Dänemarks. Hinz und Kunz, die es nach einigen Abenteuern ebenfalls nach Kopenhagen verschlagen hatte, wurden seine Kompagnons, und wer den Schmalfilm »Der geile Großinquisitor« gesehen hat, der wird sich sicher noch an das Töpfchen und das Kästlein erinnern, die der Großinquisitor vor der Vergewaltigung der Äbtissin vom Tisch wischt. Die beiden aber waren niemand anders als der Mustopf und das Schnetzelkästlein.
So lebten die fünf denn herrlich und in Freuden, und wenn wir nicht gestorben sind, dann leben wir noch heute.

Vom lieben Gott, der über die Erde wandelte

Es begab sich einmal, als der liebe Gott wieder über die Erde wandelte, daß es dunkel wurde und er am Hause des reichen Mannes anklopfte und um ein Nachtlager bat.
Doch der reiche Mann erkannte nicht, wer da vor ihm stand, und so antwortete er: »Tritt herein, unbekannter Fremder, das ist wohlgetan, daß du bei mir anklopfst. Gleich werde ich dir das schönste Bett im ganzen Haus herrichten lassen, darf ich dich in der Zwischenzeit mit feinem Backwerk und köstlichen Weinen bewirten?«
Da gab sich der liebe Gott zu erkennen und sprach erfreut:

»Dein Angebot ist sehr freundlich, reicher Mann. Die letzten Male, da ich über die Erde wandelte, mußte ich nämlich immer beim armen Mann absteigen. Und da hat es mir, ehrlich gestanden, gar nicht gefallen, bei dem war alles – unter uns gesagt – doch erschreckend ärmlich.«
Nach diesen Worten aber schmausten und tranken die beiden nach Herzenslust, und es wurde noch ein richtig netter Abend.

Das Erdmännchen und der Raketenbauer

Es war einmal im Ingermannland, das ist dort, wo Schweden am dicksten ist, in einem Walde, den die Einheimischen nur Sloegenkoegen nannten. Das aber ist schwedisch und bedeutet soviel wie Hengenbengen, denn Sloegen meint Hengen und Koegen Bengen. In diesem Walde nun lebte ein alter Raketenbauer, dessen Name Milne Pudersen lautete, Milne nach einem Onkel mütterlicherseits und Pudersen nach Milne, und dessen ganzer Ehrgeiz war darauf gerichtet, einmal eine Rakete zu bauen, die so hoch sein sollte wie der Kirchturm zu Heckerupp, der aber maß ganze sieben Meter.
Doch wie immer er es anstellte, stets scheiterten seine Versuche. Mit der ersten Stufe ging es noch soso, doch wenn er versuchte, die zweite oder gar die dritte Stufe auf die erste zu stellen, dann fiel der ganze Segen um, und um ein Haar wäre unser Milne schon mehrmals von seiner eigenen herabstürzenden Rakete erschlagen worden. Doch als er wieder einmal neben den Trümmern seiner Rakete saß, da öffnete sich die Erde ein klein wenig, und ein Erdmännchen schaute heraus.
»Hallo, Erdmännchen«, sagte der Milne.

»Hallo, Milne!« entgegnete das Erdmännchen und fuhr fort: »Ich weiß, daß du fromm und gottesfürchtig bist, und deswegen habe ich jetzt drei Wünsche frei.«
»Entschuldige, liebes Erdmännchen«, sagte da der Milne. »Wolltest du nicht vielmehr sagen, daß ich drei Wünsche frei habe?«
Und das hatte das Erdmännchen in der Tat sagen wollen, doch da es von halsstarriger Natur war und ums Verrecken nicht zugeben mochte, einen Fehler begangen zu haben, schrie es: »Wer hier drei Wünsche frei hat, bestimme immer noch ich!« Und mit diesen Worten krabbelte es ins Erdreich zurück, wo es sich, da es ja nun drei Wünsche frei hatte, dreierlei wünschte: ein Erdfrauchen, ein Erdbeben und den spanischen Königsthron.
Jahre später jedoch, als das Erdmännchen schon längst unter dem Namen Juan Carlos auf dem spanischen Königsthron saß und sich an seiner bildschönen Ehefrau weidete, da meldete ihm sein Ministerpräsident, daß ein Erdbeben das Ingermannland erschüttert und dabei auch ein Todesopfer gefordert habe, einen Raketenbauer, dem die eigene, umstürzende Rakete zum Verhängnis geworden sei. Als das Erdmännchen diese Botschaft hörte, da bereute es bitterlich, damals so halsstarrig gewesen zu sein, insgeheim aber intensivierte es das spanische Raumfahrtprogramm, und als die erste spanische Rakete ins Weltall hinaufstieg, da trug sie den Namen »Milne Pudersen«. Das rief bei allen, die davon hörten, viel Rätselratens hervor, doch ihr, liebe Kinder, ihr wißt nun, wie es um diesen Namen bestellt ist, nicht wahr? Na fein.
Und nun trinkt euer Bierchen aus, denn morgen könnt es sauer sein, hängt die Zähne in den Spind und schlaft in Gottes Namen ein!

Ein Wintermärchen

Auf einer alten Sprungschanze hausten einmal ein Skihase, ein Skilehrer und eine Schiefertafel zusammen, die hatten einander geschworen, nie auseinander zu gehen, es sei denn, wenn sie sich trennten. Nun fügte es aber ein Zufall, daß sich ein Königssohn in derselben Gegend befand, der hatte schon lange ein Auge auf die Sprungschanze geworfen, und sein höchstes Begehr war es, sie zu seiner Frau zu machen. Dieses Begehren aber rührte daher, daß er nicht ganz dicht war, und da ihn zudem eine ausgeprägte Antriebsschwäche kennzeichnete, wagte er es nicht, sich der Sprungschanze zu erklären, sondern litt nur schrill vor sich hin.

Als er nun eines Abends wieder seufzend in der Hotelhalle saß, da hörte er plötzlich ein feines Stimmchen, das also krähte: »Was seufzt du denn so?«

»Ach – so zehn, zwölf Bierchen am Abend«, entgegnete der Königssohn, aus seinen Gedanken aufschreckend.

»Nein, ich wollte wissen, warum du so seufzt«, hakte das feine Stimmchen nach.

»Na – Saufen würde ich das nicht gerade nennen«, erwiderte der Königssohn, doch nach einigem Hin und Her erfuhr die Schiefertafel, denn ihr und niemand anderem gehörte das feine Stimmchen, daß es Liebeskummer war, der den Königssohn betrübte, worauf sie fröhlich ausrief: »Wenn's weiter nichts ist! Schreib doch einfach eine Botschaft auf mich drauf, ich sehe die Sprungschanze heute noch, sie wird dich schon erhören!«

Und so schrieb der Königssohn denn einige Worte auf die Schiefertafel, worauf diese munter aus dem Hotel sprang und schnurstracks zur Sprungschanze eilte.

»Hier, lies mal, was auf mir steht«, rief sie, »Das ist für dich!« Auf der Tafel aber stand: »Liebe Sprungschanze, willst du meine Frau werden? Dein Königssohn.«
Die Sprungschanze, um deren Lesekünste es jedoch nicht zum besten bestellt war, da sie die Schule nur bis zum »e« besucht hatte, musterte die Tafel eindringlich und sagte dann, um sich keine Blöße zu geben: »Aha, verstehe! Jede Menge ›e's‹, aber nur zwei, ›a's‹. Typisch!«
»Typisch wofür?« fragte die Schiefertafel.
»Na – für die Zeit, in der wie leben«, antwortete die Sprungschanze und machte eine wegwerfende Handbewegung, sofern man bei Sprungschanzen überhaupt von Handbewegungen sprechen kann.
»Und was soll ich dem Schreiber sagen?« fragte die Schiefertafel, »Er wartet auf eine Antwort.«
»Ach, sag ihm doch, daß ich mit dem e-e nicht viel anfangen kann«, brummelte die Sprungschanze, um überhaupt irgend etwas zu sagen, und fügte hinzu: »Und jetzt laß mich in Ruhe! Siehst du denn nicht, daß ich gerade eingeschneit werde?«
Diesen Worten wiederum entnahm die Schiefertafel, die auf einem Ohr lahmte, daß die Sprungschanze »mit der›Ehe‹ nicht viel anfangen« könne, und so kam es, daß die Tafel dem Königssohn noch am selben Abend den vermeintlich abschlägigen Bescheid überbrachte.
Der nahm sich diese Abweisung so sehr zu Herzen, daß er versuchte, sich in einem Gletscher zu ertränken, und wenn er nicht erforen ist, versucht er es noch heute.
Die törichte Sprungschanze aber teilte bis an ihr Lebensende das Schicksal so mancher Raumkapsel: sie blieb unbemannt.
Was schließlich aus der Schiefertafel und ihren Freunden

wurde, das erzähle ich euch, wenn ihr euer Breilein gegessen habt. Also! Einen Löffel für den Robert, einen Löffel für den Gernhardt . . .

Die Waldfee und der Werbemann

Es war einmal ein Werbemann, der hatte seiner Agentur viele Jahre lang nach besten Kräften gedient. Da begab es sich, daß die Agentur den riesigen Etat für ein neues Produkt an Land zog. Dieses Produkt aber hieß »Meyers Pampe«, und das war eine Pampe, die einen echten Produktvorteil besaß, da sie alle anderen Pampen an Klebrigkeit, Sämigkeit und Pampigkeit weit übertraf. Und weil das so war, sollte sie auch mit einem Slogan beworben werden, wie er eingängiger und treffender noch nicht erdacht worden war. Diese Aufgabe nun fiel unserem Werbemann zu, doch wie er sich auch anstrengte, alles, was ihm einfiel, war der Spruch »Meyers Pampe ist die beste«. Diesen Vorschlag hatte er auch beim Kreativdirektor eingereicht, doch wie er des Abends Überstunden machte, da hörte er, wie der Kreativdirektor dem Agenturchef auf dem Flur sagte: »So geht es nicht weiter mit unserem Werbemann. Er ist alt und zahnlos geworden. Das beste ist, wenn wir ihn so bald wie möglich schlachten.«
Da krampfte sich das Herz des Werbemannes zusammen, und er dachte bei sich: »Bevor es soweit kommt, da will ich lieber in die Fremde ziehen.« Und noch in derselben Nacht schnürte er sein Bündel und wanderte zur Stadt hinaus.
Bald gelangte er in einen tiefen Wald, wo er sich ermattet ins Gras sinken ließ. »Ach«, dachte er glücklich, »wie schön ist es

doch hier im Wald. Hier will ich mein Leben beschließen. Was brauch ich denn? Wasser gibt's hier im Überfluß, Pilzchen und Würzelchen ebenfalls. Und Ruhe! Wenn ich dagegen an die Hetze in der Agentur denke!« Und unter solchen Gedanken schlief er ein.

Am folgen Morgen tat er sich zunächst am Quell gütlich, dann verspeiste er einige Wildkirschen, die ihm köstlich mundeten, und schließlich streckte er sich auf der Wiese aus und ließ sich die Sonne recht ordentlich auf den Pelz brennen. Als er so eine Weile gelegen hatte, da sah er einen Hasen über die Wiese hoppeln, und unwillkürlich ging ihm das folgende Verslein durch den Kopf: »Selbst der braune Meister Lampe greift erfreut nach Meyers Pampe.«

Das aber ärgerte ihn, und so verscheuchte er jeglichen Gedanken an Meyers Pampe aus dem Kopf und konzentrierte sich auf ein allerliebstes Meisenpaar, das auf dem Ast einer Buche turtelte. Doch auch bei diesem Anblick ging es ihm nicht besser. »Die Meise ruft es vom Geäste: Meyers Pampe ist die beste!« reimte er wider Willen. Das ärgerte ihn noch mehr und laut rief er aus: »Ach Scheiße, was geht mich denn jetzt noch diese Pampe an!« Doch schon im selben Moment schoß ihm wieder ein Verslein durch den Kopf: »Ach Scheiße ruft der Werbemann, nichts reicht an Meyers Pampe ran« – und so ging es ihm mit jedem Ding, das er betrachtete und bedachte, bis es ihn nicht länger hielt. »Was habe ich hier im Wald verloren?« dachte er bei sich. »Ein kreatives Talent wie ich gehört nun mal in eine Agentur!« Und er begann so schnell wie möglich in die Stadt zurückzuwandern.

Da geschah es, daß ihm am Waldrand eine Fee begegnete.

»Guten Tag, lieber Werbemann«, sagte die Fee. »Ich weiß, daß du ein unschuldiges Gemüt hast, und deswegen sollst du jetzt drei Wünsche frei ha . . .«

Doch der Werbemann war so in Gedanken versunken, daß er gar nicht auf das hörte, was die Fee sagte, ja, er unterbrach sie sogar und rief ihr zu: »Du tust mir in der Seele weh, weil ich dich ohne Meyers Pampe seh!« Und mit diesen Worten ließ er die verdutzte Fee stehen und eilte in die Agentur zurück, wo er dem Kreativdirektor sogleich stolz seine neuen Slogans unterbreitete.
Diese Vorschläge freilich stießen auf eine derartige Ablehnung seitens der Geschäftsleitung, daß der Werbemann noch am selben Nachmittag geschlachtet wurde.
Die Fee aber nahm sich seine Worte so sehr zu Herzen, daß sie fortan nur noch Meyers Pampe benutzte. Und da sie der erste Versuch sehr zufriedenstellte, benutzt sie sie wohl noch heute.

Vom Kindlein, das ein Hochhaus betrat

Ein Kindlein betrat einst ein Hochhaus.
Da fuhr es mit dem Fahrstuhl in das zehnte Stockwerk. Dort sah es einen Direktor sitzen, der hatte feuerrotes Haar. Da faßte es sich ein Herz, trat auf den Direktor zu und haute ihn mit aller Kraft auf die Nase.
Dann fuhr es noch zehn Stockwerke höher. Da sah es einen Generaldirektor sitzen, der hatte einen spinatgrünen Bart. Da dachte es bei sich »Bangemachen gilt nicht«, trat vor ihn hin und biß ihn ins Schienbein.
Dann fuhr es abermals zehn Stockwerke höher. Da sah es den lieben Gott sitzen, der hatte Augen so groß wie Wagenräder, die waren schwefelgelb. Da nahm es all seinen Mut zusammen, trat vor ihn hin und fragte: »Hauen oder beißen?«

»Wie bitte?« fragte der liebe Gott.
Da haute das Kind ihn in den Bauch und biß ihm überdies noch ins Ohr.
Von diesem Kindlein, scheint mir, können wir alle noch eine Menge lernen.

Old Shatterhands erste Begegnung mit Winnetou

Das schwere Amt der Maria Zierling

Was bisher geschah: Nach dem Tode ihres ungeliebten Mannes Holger Zierling, der 15 Jahre lang als Weltherrscher die Geschicke des Planeten leitete, hat seine Frau Maria das schwere Erbe übernommen. Schon die ersten Tage ihrer Herrschaft konfrontieren sie mit einer Entscheidung auf Leben und Tod. Wird sie die richtige Antwort finden? Schon um neun Uhr morgens bittet ihr Großwesir um eine Audienz:

Und auch der Erzmufti von Rejkjavik dringt in sie ...

Doch Herrscherin Maria ist noch unschlüssig . . .

Da stürzt der Page Ralf in den Audienzsaal. Instinktiv findet er den richtigen Ton:

»Es sei!« antwortete die Weltherrscherin. Und endlich darf Jakob Stiefel aus dem Wasser gezogen werden . . .

Das ging ja noch mal gut.
Aber wie geht es weiter?
Fortsetzung folgt!

Erlebnis in einem Biergarten

Es war in einem Münchner Biergarten, da trat ein Fremder an den Tisch eines der dort Sitzenden, den wir einmal Balser nennen wollen, lupfte höflich seinen Hut und bat um eine Unterschrift. Es ginge da um einen Aufruf des Inhalts, daß Norwegen nicht türkisch werden dürfe, wenn der Herr bitte hier unterschreiben würde.
»Aber wieso soll Norwegen denn türkisch werden?« fragte Herr Balser erstaunt.
»Das soll's ja gerade nicht werden. Daher mein Aufruf. Wenn Sie also Ihre Unterschrift . . .«
»Sie verstehen mich nicht ganz. Gibt es denn irgendwelche Anzeichen dafür, daß Norwegen türkisch werden könnte?«
»Wenn hier jemand jemanden nicht versteht, dann sind ja

wohl Sie es«, antwortete der Fremde, nun schon eine Spur lauter. »In meinem Aufruf steht nicht, daß Norwegen nicht türkisch werden kann, sondern daß es nicht türkisch werden darf. Und ich hoffe doch sehr, daß auch Sie dieser Meinung sind . . .«

»Ich?«

»Oder wollen Sie, daß Norwegen türkisch wird? Wollen Sie, daß die türkische Flotte Norwegen heimsucht? Daß über Oslo der Halbmond weht? Daß die wackeren Fischer der Lofoten in Zukunft Allah huldigen müssen? Soll das alles geschehn? Ja oder nein?«

»Nein«, sagte Herr Balser, »natürlich nicht, aber . . .«

»Na, dann sind wir ja einer Meinung! Wenn Sie jetzt also hier Ihren Namen . . .«

»Aber – und jetzt lassen Sie mich gefälligst ausreden –, aber wie kommen Sie eigentlich darauf, daß die türkische Flotte Norwegen heimsuchen könnte? Erklären Sie mir das doch mal bitte!«

»Die Flotte?« Für einen Moment schwieg der Fremde verdutzt, doch dann hellte sich sein Gesicht auf. »Ach so! Die habe ich doch nur erwähnt, um zu verdeutlichen, wie es aussehen könnte – könnte, nicht müßte –, wenn Norwegen türkisch wird. Denn der Türke kann natürlich auch mit seiner Landstreitmacht anrücken. Via Rußland, Finnland und dann über Lappland . . . Aber . . .«

»Aber?«

»Aber ob der Russe das gestattet? Ziemlich unwahrscheinlich – oder?«

»Sehr unwahrscheinlich«, bestätigte Herr Balser. »Aber noch unwahrscheinlicher erscheint es mir, daß auch nur irgendein Türke auch nur die geringste Absicht hat, Norwegen zu besetzen. Und daher . . .«

Doch er kam nicht dazu, diesen Satz zu vollenden. »D'accord!« rief der Fremde mit Nachdruck. »Völlig d'accord! Die Türken – ich bitt' Sie! Was sollen die denn in Norwegen? Wo sie es doch so schön warm in der Türkei haben! Halten Sie da mal die eisigen Fjorde dagegen, da sieht man doch sofort ...«

»Mein Herr!«

»Ja?« fragte der Fremde.

»Mein Herr, wenn Sie selber zugeben, daß die Türken nicht die Absicht ...«

»Nicht die geringste Absicht!«

»Nicht die geringste Absicht haben, Norwegen zu besetzen – was soll dann Ihr Aufruf?«

Der Fremde lächelte. »Ich dachte, das sei nun endlich klar geworden. Sie haben selbst zugegeben, daß Norwegen nicht türkisch werden darf. Die Norweger denken sicher ebenso. Die Türken sind, wie wir übereinstimmend feststellten, derselben Meinung, das heißt, daß jeder, aber auch jeder, der seine fünf Sinne beisammen hat, meinen Aufruf unterstützen muß. Wenn Sie also bitte Ihren Georg Wilhelm auf diese gestrichelte Linie ...

»Nein.«

»Nein? Dann wollen Sie also, daß unser germanisches Brudervolk unter der Willkür asiatischer Steppenbewohner ...«

»Nein!«

»Na bestens! Bitte, hier ist mein Kugelschreiber, ja ... da, auf die gestrichelte Linie ... danke schön, Herr ... Herr Balser!«

Und mit einem freundlichen Kopfnicken verabschiedete sich der Fremde, um sogleich an einem Nebentisch auf ein älteres Ehepaar einzureden.

»Norwegen«, hörte Herr Balser noch und »Der Türke« ...

Försters Geständnis

... DASS MIR MEINE EIGENEN VERSUCHE IN DIESER RICHTUNG EINFACH LÄCHERLICH VORKAMEN ...

DAS KANN ICH MIR SEHR GUT VORSTELLEN, HERR OBERFÖRSTER!

DER MUSKETIER
UND DAS MEERSCHWEINCHEN
Personen: Ein Musketier und ein Meerschweinchen: , pardon, das ist natürlich kein Meerschweinchen, das ist der Bruder des Musketiers, das Meerschweinchen sieht natürlich so aus: Handlung: Der Musketier auf der Suche nach Gott trifft das Meerschweinchen... Folgender Dialog entwickelt sich....
MEERSCHWEINCHEN, ICH BIN EIN SUCHENDER...
SO?

JA...
WEN SUCHST DU DENN?
GOTT...
GOTT? PECH GEHABT! DEN HABE ICH GERADE GEFUNDEN!
O GOTT O GOTT!
ODER BIST DU GAR NICHT GOTT – HÄ?

Der Ruf

WERNER!
Werner!

Der Skihase

ALLE BINDUNGEN
SIND WIDERLICH!

DAS EINZIGE,
WAS ZÄHLT, IST
DIE FREIHEIT
DER BERGE!

Leute von heute

Ein verwirrender Moment im Leben des Ferry Krawatzko

Badegottesdienst im Solbad Hall. Andächtig schaut Ferry Krawatzko zur Kanzel, die gerade vom Bäderpriester Bellmann bestiegen wird. Und noch jemand wartet auf die Worte des Gottesmannes. Ortrun Münemann, blond, fromm und gesammelt. Jetzt ist es so weit, Bellmanns Stimme füllt das weite Rund: »Liebe Schwestern und Brüder in Christo, ihr alle kennt das Gebot der Bibel: Du sollst ehebrechen . . .«

Ach so ist das! Schon schicken sich Herr Krawatzko und Frau Münemann an, das Bibelgebot zu erfüllen, da korrigiert sich Bellmann überraschend: ». . . Äh . . . nicht ehebrechen!«

Na denn eben nicht! Eigentlich schade, aber wenn es der Bäderpriester so sieht, bitte sehr. Und trotzdem: will es jemand dem Ferry verdenken, wenn er sein »Hallelujah« am

Ende der Predigt einen Tick rauchiger und sinnlicher herausröhrt als gewohnt? Ich bestimmt nicht, und Ihnen möchte ich es auch nicht geraten haben. Ferry hat es nämlich nicht gerne, wenn man ihm etwas verdenkt, gar nicht gerne . . .

Der lange, aber tragische Kampf des Emil Buchheister

Bielefeld, 1917. Während der großen Volkszählung wird auch Emil Buchheister erfaßt. Liegt es an seiner Zerstreutheit, sind seine Gedanken gerade wieder beim Eumeln? Gleichviel, er gibt sein Alter irrtümlicherweise mit 92 statt mit 29 Jahren an. Tags darauf erhält er Besuch. In Begleitung zweier Pfleger erscheint ein Arzt, erklärt ihn nach oberflächlicher Untersuchung für völlig vergreist und ordnet seine sofortige Einlieferung in das nächstbeste Altenheim an. Zwei Stunden später schon findet sich Emil zwischen Omas und Mümelgreisen wieder . . . »Aber ich bin doch noch jung!« begehrt er auf.
»Das sagen alle, die hier eingeliefert werden«, erklärt der Direktor ungerührt. Die Tore des Altenheims schließen sich hinter Emil – wie es scheint für immer . . .
Doch er gibt nicht auf. Er kämpft um seine Entlassung. Legt Führungszeugnisse vor. Geburtsurkunden. Ausweispapiere. Nichts fruchtet. Emils Heimgenossen sterben, neue kommen, Emil kämpft. Keiner glaubt ihm, er kämpft weiter. Die Jahre vergehen. Ja, wird er denn nie mehr zu seinem Recht kommen?
Doch, doch. Im Mai 1970 greift das Kammergericht Bielefeld seinen Fall auf. Und nun kommt alles 'raus: die irrtümliche Altersangabe von 1917, die sträfliche Oberflächlichkeit des

untersuchenden Arztes, einfach alles. Unter dem Beifall des Publikums annuliert Richter Crusius Emils Einweisung, stellt ihm eine angemessene Entschädigung in Aussicht, schon schreitet Emil Buchheister auf die dünne Tür zu, die ihn noch von der Freiheit trennt, da meldet sich der Staatsanwalt zu Wort: »Ach, Herr Buchheister, eine Routinefrage . . .«

»Ja?«

»Wie alt sind Sie eigentlich?«

»Ich? Jetzt? 92!« entgegnet Buchheister arglos.

»Danke, das genügt.«

Ein Wink des Staatsanwalts, schon haben zwei Pfleger Emil untergehakt und im Sauseschritt geht es dahin zurück, woher er gekommen war. Ins Altenheim.

Im Kammergericht Bielefeld aber schließt Richter Crusius die Akte Buchheister für immer und ordnet ihre Ablage in der Mappe »Besonders tragische Fälle« an. Und wer ihm dabei zugeschaut hätte, der hätte wohl auch das Tränlein erblicken können, das sich ihm dabei aus dem Auge stahl und den Weg zum Ohr suchte.

Ihn aber nicht fand . . .

Der Fall Binder

Schauplatz: eine Knäckebrotmine in Schleswig-Holstein. Eine kleine Mannschaft arbeitet dort, die dem harten Schoß der Mutter Erde Tag für Tag den begehrten Knäcke abgewinnt: Herbert, Paul, Jupp und Georg. Vier Herzen, die anscheinend nur einen Gedanken kennen: KNÄCKE! Doch der Eindruck täuscht. Denn in Wirklichkeit sind sie nur hinter einem her. Genauer gesagt: hinter einer. Frl. Binder von der Lohnbuch-

haltung. Eine Frau, wie sie im Buch steht, und zwar in ... na ... die »Buddenbrocks« waren es jedenfalls nicht. Egal. Ein Teufelsweib, dieses Frl. Binder. Allen vieren hat sie den Kopf verdreht, alle vier haben nur einen Wunsch, wenn sie auf der 800-Meter-Sohle in den steinharten Knäcke hacken: Fräu – lein – Bin – der, Fräu – lein – Bin – der! So kann es nicht weitergehen. Wie aber dann? Unerwartet: ein junger, gutaussehender Lohnbuchhalter wird eingestellt. Schultern wie ein Abschleppseil, Hüften wie die B 42. Und intelligent! Ein so schwieriges Wort wie »Rilke« kann er mit geschlossenen Augen rückwärts buchstabieren. Dabei eine Seele von Mensch. Keiner Fliege kann er etwas zuleide tun. Doch das Frl. Binder ist keine Fliege. So kommt es, wie es kommen muß: eines Abends als Herbert, Paul, Jupp und Georg an der Lohnbuchhaltung vorbeischlendern, sehen sie, wie in dem hell erleuchteten Büroraum der Lohnbuchhalter in die Lohnbuchhalterin eindringt. Und da reift in ihnen ein teuflischer Plan. Sie locken den Lohnbuchhalter unter einem nichtigen Vorwand aus der Lohnbuchhalterin, das dauert zwar seine Zeit, aber schließlich kommt er raus, etwas weich in den Knien, ist ja verständlich – und wenn jemand dafür Verständnis hatte, dann Herbert, Paul, Jupp und Georg (d. h. Jupp verstand es erst drei Jahre später auf dem Sterbebett, und das wiederum versteht nur der ganz, der sich jemals mit Frl. Susi Sterbe, ja, der kleinen, drallen aus Berlin-Britz, eingelassen hat – aber worum ging es denn überhaupt?) – der Lohnbuchhalter kommt also raus, fährt sich verlegen durch die Schamhaare und fragt: »Ist was?«
Die Vier schweigen verdutzt. Alles hatten sie erwartet, nur nicht diese Frage. »Was soll schon sein?« brummt Herbert schließlich. »Nicht daß ich wüßte«, druckst Paul. »Wie kommen Sie denn darauf?« meint Jupp, und Georg zischt, daß er

»diese Fragerei, diese überfallartige« satt habe, was ihn beträfe, er werde jetzt noch im Solber-Eck einen sicherstellen. Die anderen schließen sich ihm an, und beim 15. Klaren erwachen ihre Lebensgeister wieder: Nach kurzer Beratung zogen sie los, kauften sich gefälschte Fahrkarten, färbten sich die Schuhe, rasierten die Waden und fuhren, auf diese Weise unkenntlich gemacht, schnurstracks in die große Stadt Berlin und zündeten dort den Funkturm an.

Ralf und Herbert

»Hat die Literatur Folgen?« – diese Frage des alten Gretchen erscheint seit kurzem in einem neuen Licht. Das Leben nämlich schrieb unlängst wieder eine seiner Geschichten, faktenreich wie immer, inhaltslos wie selten, Achtung, Achtung, wir nähern uns der Grenze des guten Geschmacks, bitte halten Sie die Ausweispapiere bereit, here we go:

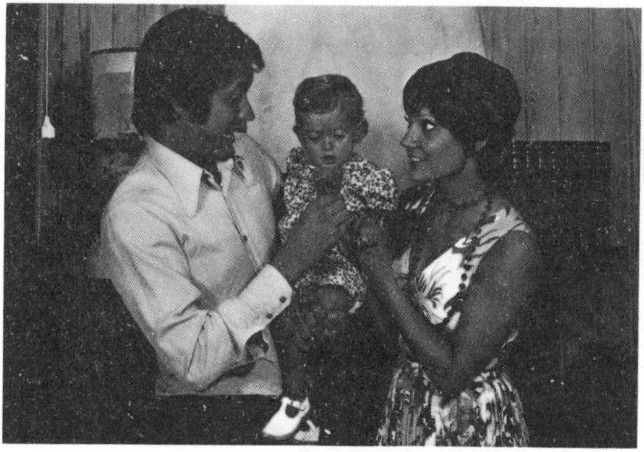

Ralf, so nennen wir einen Erleichterungstrinker im besten

Mannesalter, liebte es, sich Abend für Abend im Schoß der Familie vollaufen zu lassen, als ihm in einer ruhigen Stunde . . .

. . . der Otto-Katalog in die Hände fiel. Diese Lektüre veränderte sein Leben von Grund auf. »Nicht der eitle Suff, sondern der Besitz von soliden Sachwerten macht den Menschen glücklich« – Gedanken dieser Art beschäftigten ihn fortan so sehr, daß er damit begann . . .

. . . sie auf Tonband festzuhalten, in der Absicht, sie später schriftlich niederzulegen. Das tat er dann auch, und sein Buch . . .

. . . »Geld macht glücklich« fiel Herbert, einem noch suchenden jungen Mann in die Hände. »Soo ist das also!« dachte der, lieh sich einen Revolver und einen Eisenhut und . . .

. . . überfiel Monsignore Kreizel SJ, der gerade mit den fälligen Schmiergeldern auf dem Wege zum Heiligen Stuhl war. Das erbeutete Geld aber legte er (Zufall?) . . .

. . . in zwei wunderschönen Stühlen an, die er stolz den Besuchern präsentierte, wenn er es nicht gerade vorzog – und er zog es in der Tat ständig vor – . . .

. . . kein Wunder bei diesen Stühlen . . .

... sich von seinem blonden Gift Gisela am Strand einen abrubbeln zu lassen. Doch ob es *dazu* Ralfs, seiner Lektüre, seines Buches, Herberts Lektüre, des unseligen Überfalls und der Stühle (die vergessen wir mal ganz schnell!) überhaupt bedurft hätte?

Mit anderen Worten: Hat die Literatur Folgen?

Das Leben, danach befragt, verweigerte zunächst eine Antwort, indem es Arbeitsüberlastung vorschützte, bequemte sich schließlich aber doch zu einer Stellungnahme und sagte etwas, das wie »Wohesollnichtaswissn« klang.

Manche freilich, die dabei waren, wollen auch etwas anderes verstanden haben. Etwas wie »Weissichtochnich«, oder »Aiaiaiaiai« oder auch »Schraps«.

Der Fluch

ICH MUSS IHNEN ETWAS ANVERTRAUEN: ICH HEISSE GEORG SCHRAGEL UND AUF MIR LASTET EIN FLUCH...

ICH HABE NÄMLICH VER-SEHENTLICH MEINEN VATER ERMORDET...

...UND DANN IRRTÜMLICHERWEISE MEINE MUTTER GEHEIRATET...

WAS SAGEN SIE? ÖDIPUS? SEHEN SIE: DAS SAGEN ALLE...

...ALLE, DENEN ICH MEINE GESCHICHTE ERZÄHLE ... IMMER KOMMEN SIE MIT DIESEM ÖDIPUS...

ÖDIPUS, ÖDIPUS ÖDIPUS...

WAS HAT DENN DER BESONDERES GELEISTET? SEINEN VATER UMGEBRACHT UND DIE MUTTER GEHEIRATET!

DAS HABE ICH AUCH GETAN! ABER SPRICHT JEMAND VON MIR?

GIBT ES EINEN GEORG-SCHRAGEL-KOMPLEX?

NEIN! ABER ALLE WELT REDET VON DIESEM ÖDIPUS...
NA JA... AUF MIR LASTET EBEN EIN FLUCH...

Freiheit und Bindung

DA! GIB
MICH
FREI!

SCHREI NICHT
SO, ALTE!

LASSEN SIE DIE HAND VON DER DAME!

FOLGE MIR IN EINE BESSERE ZUKUNFT, IRMA!
ICH KANN NICHT! JETZT, DA MEIN MANN MEINE HILFE BRAUCHT, LIEBE ICH IHN PLÖTZLICH WIEDER!

Wenn Worte reden könnten

Ein junger Schriftsteller hatte einem Verlag ein Manuskript geschickt. Lange hörte er nichts von ihm, doch eines Tages bekam er eine Karte. Da er doch in derselben Stadt wohne, wolle der Lektor des Verlages ihn gerne sprechen. Am nächsten Tag erschien der Schriftsteller im Verlag.

»Ich habe Ihren Roman gelesen«, sagte der Lektor nach einleitenden Sätzen. »Er ist nicht sehr gut, zu vieles ist reichlich allgemein gehalten, anderes uninteressant. Aber da war ein Satz, der mir seit der Lektüre nicht mehr aus dem Kopf gehen will. Manchmal glaube ich, ihn zu verstehen, doch dann kommen mir wieder Zweifel. Daher wollte ich Sie selbst einmal sprechen. Sie beschreiben hier im 5. Kapitel, wie Kinder mit einem Gummiball, einem ›bunten Ball‹, um Sie zu zitieren, spielen, dann wirft ihn einer der Jungen ganz weit weg, und dann schreiben Sie: ›Wie ein graues Ungetüm lag der Ball auf der grünen Wiese.‹ Wie meinen Sie das?«
Der Schriftsteller dachte etwas nach. »Sie haben recht!« sagte er schließlich. »Das ist nicht gut formuliert. Ich hätte sagen sollen: ›Wie ein Ungetüm aus grauer Vorzeit lag der Ball auf der grünen Wiese.‹«
Der Lektor sah ihn mißtrauisch an. »Meinen Sie, daß der Vergleich jetzt besser klingt?«
»Eigentlich nicht«, antwortete der Autor. »Die erste Fassung ist knapper. Die zweite Fassung ist zu überladen. Vielleicht sollte man so sagen: ›Der Ball, ein Ungetüm aus grauer Vorzeit, lag etc.‹ oder: ›Der Ball, ein graues Ungetüm etc.‹ Das ist wohl besser.«

»Ich will Ihnen den Satz noch einmal vorlesen«, sagte der Lektor und tat es. »Fällt Ihnen denn gar nichts auf?«
»Ja und nein«, entgegnete der Autor. »Kann ich das Manuskript noch einmal haben?« Der Lektor gab es ihm. »Ach so«, sagte der Verfasser nach einiger Zeit. »Sie stoßen sich natürlich an dem ›auf der grünen Wiese‹. Das ist in der Tat ziemlich banal. Wie wäre es mit ›auf der pechgrünen Wiese‹? Das gibt dem Ganzen mehr Farbe, nicht wahr?«
»Sagten Sie ›pechgrüne Wiese‹?
»Ja, wieso? Meinen Sie, daß das nicht ganz trifft? Dann sagen wir doch ganz einfach: ›auf der blitzgrünen Wiese‹!«
»Na schön«, sagte der Lektor. »Aber wir sind vom Thema abgekommen. Wie, schreiben Sie, lag der Ball auf der Wiese?«
»Wie ein graues Ungetüm.«
»Aber vorher sagen Sie doch ausdrücklich, daß es ein bunter Ball ist!«
»Ach ja«, rief der Autor aus, »so etwas Dummes! Ich hätte schreiben sollen: ›wie ein buntes Ungetüm lag der Ball etc.‹«
»Und das trifft Ihrer Meinung nach?« fragte der Lektor.
»Ja«, erwiderte der Autor. »Vielleicht ist ›lag‹ noch etwas schwach. Wäre ›thronte‹ besser? Oder ›kauerte‹? Nein ›kauerte‹ ist nicht gut.«
Der Lektor sah den Schriftsteller an. »Das sehen Sie also wenigstens ein«, sagte er dann leise, doch man sah, daß er sich mühsam beherrschte.
»Ja«, entgegnete der Autor. »›Lag‹ ist zu matt.«
»Nein«, rief der Lektor, »daß ein Ball nicht kauern kann.«
»Ach so! Ja, ›kauern‹ ist tatsächlich sehr unbildhaft. Das sagt eigentlich nichts über die spezifische Art aus, wie der Ball da liegt.«
»Und wie liegt er da?«
»Wie ein graues Ungetüm.«

»Nein«, schrie der Lektor. »Dann sagen Sie doch wenigstens ›wie ein buntes Ungetüm‹! Wobei ich noch immer nicht weiß, wieso ein Ball, ein Gummiball, wie ein Ungetüm auf einer Wiese liegen kann! Das ist es doch, worüber ich seit Wochen grübele. Wie kommen Sie darauf, einen Ball mit einem Ungetüm zu vergleichen?«
»Sie haben recht«, sagte der Autor. »›Ungetüm‹ ist nicht gut. Aber was könnte man statt dessen sagen? ›Wie ein bunter Strauß‹ vielleicht? Das stellt die Beziehung zur Wiese her, das ist ziemlich treffend, oder?«
»Sie haben sich also nichts bei dem Vergleich gedacht?« fragte der Lektor.
»Doch! Bunter Ball, bunter Strauß, grüne Wiese – das ist doch einleuchtend!«
»Nein. Vielmehr ja. Ich meine den anderen Vergleich. Den mit dem Ungetüm. Dahinter steckte keine Absicht? Oder doch? Sie müßten es doch eigentlich wissen!«
»Eigentlich war der Vergleich nicht absichtlich.« Der Autor schaute den Lektor an. »Er floß mir, wie man so sagt, aus der Feder. Ich schreibe viele Dinge spontan hin, weil es mir vor allen Dingen um eine frische Sprache geht. Wenn man zu lange an einem Abschnitt arbeitet, geht der eigentliche Reiz verloren. Verstehen Sie, was ich meine?«
Der Lektor stand auf und trat ans Fenster.
»Sie haben sich also nichts dabei gedacht«, sagte er so leise, als ob er zu sich selbst spräche. »Es war mit einem Wort Unsinn, wie? Aber ich mußte einen Sinn dahinter suchen, mich ließen Sie . . .«
»Werden Sie meinen Roman nun drucken?« unterbrach ihn der Autor.
»Nein«, sagte der Lektor. »Wir werden ihn nicht drucken. Wenn Sie nun die Freundlichkeit hätten, durch jene Tür zu

gehen, die wie . . .« Er geriet ins Grübeln und sah schweigend zu, wie der Autor seinen Roman nahm und sich verabschiedete.

An diesem Tag aber rührte der Lektor kein Manuskript mehr an, und übereinstimmend versicherten ihm seine Freunde in den darauffolgenden Wochen, daß er sich irgendwie verändert habe. Doch er schwieg zu alledem.

Der Biber von Eschnapur

Was bisher geschah:
Seit dem Krieg haben sich Abel und Bebel, die ungleichen Brüder, nicht mehr gesehen. Da führt sie ein Zufall in der Bahnhofsgaststätte Rychwil zusammen. Betroffen müssen sie feststellen, daß sie einander nichts zu sagen haben. Zur gleichen Zeit erfährt Bahnhofsgendarm Bünzli, daß im gerade abfahrenden Orient-Expreß ein niederträchtiges Verbrechen geschehen soll. In letzter Minute versucht er ihm Einhalt zu gebieten . . .

Doch zu spät. Schon hat Oberin Filoucia zur Spritze gegriffen.

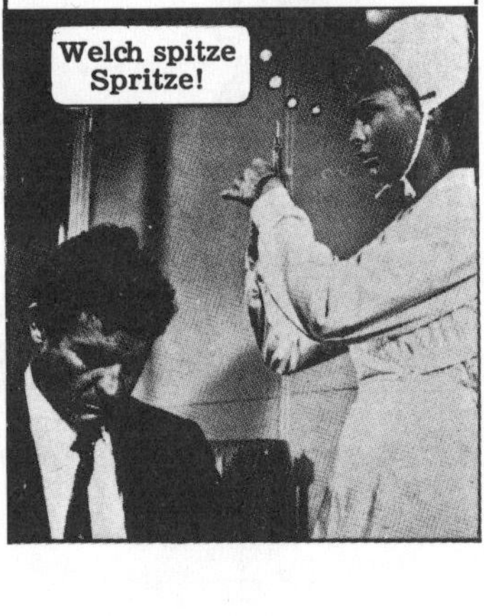

Da geschieht etwas, womit niemand rechnen konnte. Richard Münch kommt hereingeschneit. Schockiert stellt er fest:

Währenddessen versucht Abel, in einem letzten Anlauf zu klären, ob er seinem ungleichen Bruder Bebel nicht doch etwas zu sagen hat:

Wird ihm noch etwas einfallen? Und wenn ja — was? Und das geplante Verbrechen, was wird aus dem? Fortpflanzung folgt!

Herr Wesel in Nöten

UND SIE WOLLEN MEINE TOCHTER HEI-RATEN?
JA...

JA, SIND SIE DENN WAHNSINNIG GEWOR-DEN? SCHAUEN SIE SICH MEINE TOCHTER DOCH 'EINMAL AN!
MEIN HERR! ALLES DÜRFEN SIE VON MIR VER-LANGEN, NUR DAS NICHT!

Der Andere

WEN LIEBST DU NUN EIGENTLICH? DEN MAULWURF ODER MICH?

NUN GEH DOCH HIN ZU DEINEM MAUL-WURF ....

GEH DOCH HIN,
GEH DOCH HIN!

MEIN GOTT, MEIN GOTT,
NUR DU ALLEIN WEISST,
WIE ICH DIESE FRAU
EINMAL GELIEBT
HABE!

Die Probe

WOLLEN SIE MAL EINEN SEEHUND SEHEN, DER HART IM NEHMEN IST?

SCHAUEN SIE SICH DEN AN ....

... PASSEN SIE MAL AUF ...

DER FREUT SICH NOCH, WENN ER EINEN GE- WISCHT KRIEGT!

Die Überraschung

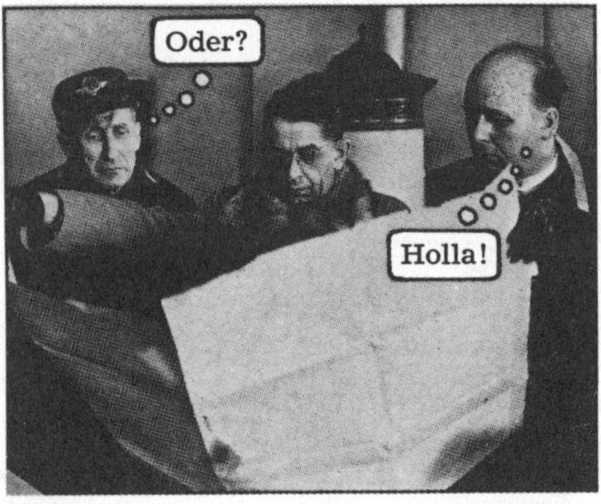

Der Neue

Wie beginnen? Und wie aufhören?
Es war an einem Mittwoch, als der neue Abt im Kloster San Genaro eintraf. Seltsam genug kam er mit einem Knappsack, aber zu Fuß. Er liebe das Wandern, sagte er wie zur Erklärung. Deshalb sei er schon zu nachtschlafender Zeit in der Kreisstadt P. aufgebrochen, sein Weg habe ihn durch bemerkenswert schöne Landstriche geführt. Nun sei er hier.
Die Fratres musterten ihn neugierig. Der alte Abt, der sie vor einem Monat verlassen hatte, um Eremit zu werden, war ein hagerer, langer gewesen. Der neue war ein gedrungener, dicker. Die Mönche wußten nicht recht.

Der Älteste trat schließlich einen Schritt vor, räusperte sich und sagte: »Nicht, daß ich Ihre Legitimation bezweifeln wollte ...« Er geriet ins Stocken.
»Dann ist ja alles in Ordnung«, versetzte der neue Abt, worauf sich der Älteste verwirrt wieder in den Halbkreis der Mönche einordnete.
»Ein nettes Kloster haben Sie hier.« Wollte der neue Abt mit diesen Worten das Eis brechen?
»Es stammt aus dem 14. Jahrhundert. Alles echt!« Frater Bonifaz klopfte zur Bekräftigung an das Portal. »Sandstein. Massiv Sandstein.«
Da wollte Frater Benedikt nicht zurückstehen. »Und schauen Sie mal, der Glockenturm, da drüben.«
Der neue Abt schaute in die angezeigte Richtung.
»Donnerwetter!« entfuhr es ihm.
Später sollte sich herausstellen, daß diese Überraschung geheuchelt war.
»Wenn ich jetzt einen Blick auf die Innenräume werfen könnte?« Er schaute den Ältesten durchdringend an, doch dieser hielt seinem Blick nicht stand.
»Bitte kommen Sie nur.«
Die Mönche traten beiseite und ließen den neuen Abt durch. Der wandte sich ostentativ an den Ältesten.
»Wo geht's lang?«
»Da geht's lang.«
Sie durchquerten die Vorhalle, in der eine holzgeschnitzte Pieta stand.
»Damit ich es nicht vergesse, die kommt weg«, ordnete der neue Abt an.
»Aber wohin?« Der Älteste schien verwirrt.
»Wohin? Irgendwohin. Meinetwegen in den Glockenturm.«
»Aber das ist doch eine Pieta!«

»Das da?«
»Eine Leidensgruppe. Das ist die Madonna. Sie hält den toten Christus. Sie weint. Schaun Sie nur!«
»So? Ist aber alles aus Holz.«
»Trotzdem, sowas gehört nun mal nicht in den Glockenturm.«
Der neue Abt hatte nicht mit soviel Widerstand gerechnet.
»Das kommt in den Glockenturm. Nein, auf den Glockenturm. Und zwar ganz oben drauf. Auf die Spitze.«
»Auf die Spitze?«
»Aber das geht doch nicht!«
»Das geht. Passen Sie auf: so. Da macht man oben eine Zementplattform, und auf der wird die Holzgeschichte hier mit Krampen befestigt. Hat jemand was zu schreiben da?«
Frater Benedikt drängte sich eilfertig an die Seite des neuen Abtes und zeigte seinen Kugelschreiber.« Reicht das hier?«
Später sollte ihn diese Geste viele Sympathien kosten.
»Das reicht. Schreiben Sie auf: Krampen besorgen.«
»Sehr wohl. Krampen. Wieviele?«
Der neue Abt schaute auf den Fußboden und sein Gesicht wurde düster.
»Wie soll ich das wissen? Vielleicht sieben?«
Er schien zu merken, daß das Barometer dabei war, zu seinen Ungunsten umzuschlagen. Er glaubte wohl, irgendwas unternehmen zu müssen. Anders sind seine folgenden Worte nicht zu verstehen. Das muß man sich vor Augen halten.
Denn auf einmal lächelte er fast jungenhaft und wandte sich an den Ältesten, faßte ihn sogar an der Kutte und flüsterte: »Sagen Sie mal, kann man hier irgendwo beten?«
Gemurmel unter den Mönchen. Hier und da echte Feindseligkeit. Der Älteste schien verwirrt, da er nicht wußte, wie er sich verhalten sollte. Daher wandte er sich zuerst an die Mönche.
»Er hat gefragt, ob er hier irgendwo beten kann.«

Dann richtete er das Wort an den neuen Abt: »Muß es gleich sein?«
»Nein, das hat Zeit bis später.«
Doch vordergründig hatte der Abt sein Ziel erreicht. Die Mönche traten näher an ihn heran und begannen ungefragt durcheinanderzureden.
»Beten hat er gesagt.«
»Beten – das lob ich mir!«
»Man sollte eigentlich viel öfter beten, da hat er recht.«
»Wie ich das letzte Mal gebetet habe, da ist mir ein Wunsch in Erfüllung gegangen!«
Der Abt lächelte befriedigt. Seine Rechnung schien aufzugehen. Er winkte Bruder Priskop heran.
»Was war denn das für ein Wunsch?«
»Ich hatte mir Frieden gewünscht.«
»So? Und was hast du erhalten?«
»Frieden.«
»Immerhin etwas«, lachte der neue Abt.
Nur zu bald sollte ihm klarwerden, daß er diese Redewendung besser unterlassen hätte. Vorerst allerdings war er wieder ganz obenauf.
»Komm Bruder, wir stehen schon viel zu lange hier in der Eingangshalle rum. Wo geht's denn weiter?«
Eilig schritten sie nun durch den Kreuzgang, als der neue Abt plötzlich vor einer Säule stehen blieb.
»Das kommt mir auch weg!«
Einwände duldete er nicht. Die störe. Die sei ein Schandfleck und falle übel auf. Die müsse so angebracht werden, daß alle etwas von ihr hätten.
»Und wo?«
Seinetwegen auf dem Glockenturm. Neben der Pieta.
Unter den Mönchen erhob sich Widerspruch.

»Alles eine Frage der Krampen«, sagte der neue Abt. Die Säule müsse festgekrampt werden. Sonst dürfe man sich nicht wundern, wenn sie eines Tages jemandem auf den Kopf falle. Beispielsweise einem Maultier.
Das Beispiel zog nicht.
»Oder dem Prior.«
Das Beispiel zog.
Vor der Tür des Refektoriums hielt der Älteste einen Moment inne.
»Wir werden jetzt das Refektorium betreten«, sagte er zum neuen Abt gewandt, »nur damit Sie wissen, was das hier ist.«
Doch der Abt winkte ab. Das habe Zeit bis später. Refektorien sei er leid, die stünden ihm bis hier. Schlafräume wolle er auch nicht sehen. Die Klosterküche könne ihm gestohlen bleiben. Die Kapelle könne warten. Nein, die Klosterkasse – wenn er einen Blick in die Klosterkasse . . .
Ein Läuten unterbrach seinen Redefluß. Das Schicksal schien ihm noch einen letzten Aufschub gönnen zu wollen.
»Das Vesperläuten.«
Die Mönche strömten in die Kapelle, der Abt schloß sich ihnen an. Er mußte wohl so handeln, doch nachträglich sollte er sich noch oft für diesen Schritt verfluchen.
Denn auf einmal sah er sich einer Kanzel gegenüber. Und hinter der Kanzel funkelte ein in Juwelen gefaßtes Kruzifix aus der Apsis.
»Das nehme ich«, rief er spontan.
Diese Worte hätte er besser unterlassen. Aber hundert Pferde vermögen ein einmal ausgesprochenes Wort nicht zurückzuholen.
Doch vorerst sah sich der neue Abt in seiner eigenen Schlinge gefangen. Was um ihn herum vor sich ging, gefiel ihm nicht. Irgendwie schien das alles zum Ritual auszuarten. Er beschloß,

die Gelegenheit beim Schopf zu ergreifen. Freilich nur, um alles schlimmer zu machen, wie er bald merkte.
»Hat jemand eine Bibel dabei?« rief er in die plötzlich eingetretene Stille.
Der Älteste reckte sein Kinn in Richtung Kanzel.
»Ach ja, dort, natürlich, sowas Dummes, Na, was haben wir denn hier?«
In den hinteren Reihen wurde es unruhig.
»Er blättert ein bißchen viel, der Neue!«
»Sieht so aus, als ob er das Lukasevangelium nicht findet.«
Es fielen noch weitere spitze Bemerkungen. Der neue Abt erkannte, daß er etwas tun mußte.
»Ruhe dahinten!« brüllte er. Und dann begann er eine unglaublich schnelle Exegese, die in der Forderung gipfelte, daß die Klöster eine Aufgabe zu erfüllen hätten, gerade heute.
Das kam gut an und – wer weiß – vielleicht hätte er sein Spiel noch gewonnen, wenn sein Blick nicht plötzlich an der Orgel hängen geblieben wäre.
»Die kommt auch weg! Und zwar . . .« Er schaute Frater Benedikt an. »Schreiben Sie: Krampen. Soviel Sie kriegen können. Krampen!«
Das Getuschel, das nun ausbrach, war unbeschreiblich. Der Älteste schaute die neben ihm sitzenden Fratres an und erhob sich dann. »Wir gehen wohl besser!«
In der Tür der Kapelle stieß er mit einer hochgewachsenen Gestalt zusammen, von der eine starke persönliche Ausstrahlung ausging. Es war der echte neue Abt.
Der Rest ging im Tumult unter.

Spätabends, bei einem Gläschen Wein in der Kloster-Kellerei, berichtete der echte neue Abt, wie es zu dem peinlichen Zwischenfall hatte kommen können.

»Der falsche neue Abt war nichts weiter als ein Gelegenheitsarbeiter, der wohl in P. gerüchteweise davon gehört hatte, daß in San Genaro ein neuer Abt erwartet wurde. Dieses Wissen machte er sich zunutze, indem er ein geistliches Gewand auslieh – oder selbst schneiderte – und mir hier zuvor kam. Glücklicherweise verhinderte das Vesperläuten seinen zweifellos beabsichtigten Zugriff zur Klosterkasse. Mein – für ihn unerwartet frühes Auftauchen – tat ein übriges.«
Der Älteste nickte beifällig und drehte sein Glas, um die Farbe des Weines zu prüfen.
»Aber eins bleibt mir dennoch unklar. Wieso hat der Betrüger überhaupt diese ganze Komödie arrangiert?«
»Geld. Das ist der Schlüssel zu allem. Der Drang, möglichst schnell reich zu werden«, entgegnete der neue Abt. »Und der falsche Abt ist sicher nicht der erste, den dieser Wunsch hinter schwedische Gardinen gebracht hat.«
»Und wohl auch nicht der letzte«, erscholl es aus dem Hintergrund. Und das war wieder mal echt Bruder Bonifaz.

Das Janusgesicht des Erfolges

Ein Mann aus Galiläa

Zeit: Irgendwann um die Zeitenwende
Ort: Irgendwo in Galiläa
Hauptperson: Ein Mann aus Galiläa, der ein Problem auf dem Herzen hat . . .

Drei Schafe? Kann's nicht ein bißchen mehr sein ...
... Herr im Himmel?!
Und der Herr im Himmel hatte ein Einsehen und sandte seinem Sohn einen ganzen Schwung Schafe, worauf der fröhlich heimwärts eilte und ausrief:
Jungs! Setzt Wasser auf, es gibt was zu spachteln!

Wird sich unser Hobbykoch von diesem Schlag erholen? Werden die Jungs nach dieser Pleite weiter zu ihm halten? Und was sagt Derdaoben zu dem Schlamassel?
Versäumen Sie nicht die nächste Folge! Sie trägt den Titel: Judas, tu das!

Der betrogene Betrüger

Noch heute wird den Besuchern der Wartburg ein Tintenfleck in der Studierstube Martin Luthers gezeigt und dazu jene bekannte Geschichte erzählt, nach der der Teufel Luther bei dessen Bibelübersetzung stören wollte und ihn deshalb »versuchte« – wobei die Art der »Versuchung« merkwürdigerweise nie näher beschrieben wird. Daraufhin, so endet die herkömmliche Version, habe Luther vor lauter Wut sein Tintenfaß ergriffen und nach dem Teufel geschleudert, so sei der bis auf unsere Tage erhaltene Fleck entstanden.

Eine ebenso schöne wie unwahre Geschichte. Denn neuere Dokumentenfunde, eine von Luther unterzeichnete Quittung über einen Kasten Bier z. B., lassen einen völlig anderen Hergang vermuten.

Am 1. Mai 1521 hatte Luther seine Studierstube in der Wartburg bezogen, um in Ruhe und Sicherheit an seiner Bibelübersetzung zu arbeiten, doch schon nach wenigen Tagen hatte er unter den Klagen des gewissenhaften Schloßkastellans und dessen Ehefrau zu leiden, die sich gemeinsam ständig über die Unordnung in Luthers Zimmer und die Nachlässigkeit des Reformators beklagten. Erst wenn wir das wissen, können wir die weiteren Ereignisse verstehen.

Es war tatsächlich der Teufel, der in der Nacht vom 12. auf den 13. 8. 1521 Luthers Studierstube betrat, um einen geradezu teuflischen Plan in die Tat umzusetzen.

»Man behauptet, du seist treffsicher«, sagte er listig zu dem Reformator, der immer noch über dem Satz »Im Anfang schuf

Gott« brütete. »Bin ich auch«, entgegnete er, froh über etwas Ablenkung.

»Würdest du mit – sagen wir mal – mit diesem Tintenfaß die Fliege da hinten auf der Wand treffen?« fragte der Teufel.

»Allemal!«

»Glaub ich nicht«.

»Wetten?«

»Um einen Kasten Bier oder um dein Seelenheil?« wollte der Belzebub, der seinen Plan gelingen sah, wissen.

»Bier«, sagte Luther, griff nach dem Tintenfaß und schleuderte es gegen die Wand. Unverletzt summte die Fliege davon.

»Morgen hole ich das Bier ab«, sagte der Teufel grinsend und verschwand.

Am nächsten Tag aber eignete sich genau das, was der Böse beabsichtigt hatte. Die Frau des Kastellans entdeckte den Fleck, als sie Luther das Frühstück brachte, alarmierte ihren Mann, und der glaubte nun endlich eine Handhabe gegen den ungebetenen Gast zu besitzen. So gehe das ja nicht, brüllte er den Reformator vor versammelter Mannschaft an, die Wand sei gerade erst renoviert worden, am Ersten könne Luther seinen Koffer packen, seine Übersetzung solle er sich an den Hut stecken, er werde jedenfalls nie wieder an Reformatoren vermieten . . .

Woraufhin Luther, der nun endlich den Zweck der Teufelswette – die Unterbrechung wenn nicht Verhinderung seiner Übersetzung – begriff, das sattsam bekannte Märchen, das bis heute erzählt wird, auftischte. Grollend gab sich der Kastellan mit dieser Version zufrieden, erklärte aber, daß Luther den Fleck auf eigene Kosten zu entfernen habe, was der zerstreute Reformator jedoch prompt vergaß. Der Teufel aber, der als betrogener Betrüger am nächsten Abend sein Bier abholte, hat sich von diesem Schlag bis heute nicht erholt; die Bibelübersetzung konnte – dank einer Notlüge – fertiggestellt werden, und der christliche Glaube ist heute gefestigter und einiger denn je.

Ein Malerschicksal

Marc war Maler. Blutjung und talentiert. Das dachte jedenfalls seine Geliebte Bela, und sie war fest davon überzeugt, daß die Kunsthändler eines Tages genauso denken würden. Eines Tages ... Denn noch konnten sie sich nicht mit Marcs kühnem Malstil befreunden. Und so lebten die beiden denn, da man von Luft und Liebe allein nicht leben kann, von Weißbrot und Aufschnitt, der freilich oft mager genug ausfiel. Doch wenn es dann noch zu einem Becher Wein langte, so sah die Zukunft gleich rosiger aus.
»Morgen versuche ich es nochmal bei Berteau«, sagte Marc und zog Bela auf das fleckige Sofa. »Der war das letzte Mal eigentlich schon ganz entgegenkommend. Stellte natürlich die üblichen Fragen. Warum malen Sie eigentlich grüne Kühe? Was sollen die Menschen, deren Kopf verkehrt herum auf den Schultern sitzt? Und wo gibt es Hähne, die Geige spielen? Aber er hörte mir wenigstens zu und warf mich nicht gleich hinaus wie die anderen. Mal sehen ...«
Doch am nächsten Abend fand Bela, von ihrer Putzstelle zurückkehrend, einen sehr viel weniger fröhlichen Marc vor.
»Nichts?«
»Nein. Er ließ mich überhaupt nicht zuende reden. Sagte, ich sei verrückt. Ich darauf: Das sagen Sie. Er: Das sag' nicht nur ich, das sagen alle. Ich: Einmal werden meine Bilder verstanden werden. Er: Männer, die auf dem Dach Geige spielen und

nackte Frauen, die in der Luft schweben, wird niemand je verstehen. Ich: Doch . . .«
»Und?«
»Und dann hat er mich hinausgeschmissen.«
Bela versuchte, Marc zu trösten, doch sie merkte, wie er mit der Zeit den Mut verlor. Sie redete ihm gut zu. Dann malte er wieder etwas, eine Standuhr mit Flügeln. Doch nach einer weiteren Absage – der wievielten? – rührte er keinen Pinsel mehr an.
»Ich glaube an dich!« sagte Bela. »Das genügt nicht«, erwiderte Marc. »Eines Tages wirst du . . .« »Daran glaube ich nicht mehr . . .«
Als Bela am nächsten Abend nach Hause kam, war der Raum leer.
»Wo sind denn die Bilder?«
Marc deutete auf den qualmenden Ofen.
»Alle?«
»Alle.«
Bela weinte etwas. Marc wurde Kunsttischler. Sie heirateten und führten eine recht glückliche Ehe.
Vielleicht sollte man zum besseren Verständnis noch hinzufügen, daß es sich um Marc und Bela Krutznick handelte und die ganze unselige Geschichte zwischen 1598 und 1611 spielt.

Die Großmut des Mächtigen

Eine Szene aus dem Dreißigjährigen Krieg

Auf der hell erleuchteten Bühne ist ein Zeltlager aufgebaut. Das Zelt Gustav Adolfs ist größer als die anderen, an seiner Spitze weht die schwedische Fahne. Zur Linken drei Landsknechte, die beim Essen einer Marketenderin zuschauen, die sich entklei-

det. Vor dem Zelt Gustav Adolfs zwei Wachen, die während der folgenden Szene auf und ab gehen. Das hat sehr exakt zu geschehen.
Die Marketenderin, mit dem Rücken zum Publikum, zieht ein Jäckchen aus. Der Boden ist schon mit vielen Kleidungsstücken bedeckt.

1. *Landsknecht:* Da ist ja noch was drunter!
2. *Landsknecht:* Die hat eine Menge an, bei Gott!
3. *Landsknecht:* Wie lange geht denn das schon?
Von links kommt ein vierter Landsknecht.
4. *Landsknecht:* Zieht die sich aus?
2. *Landsknecht:* Mach doch deine Augen auf!
4. *Landsknecht:* Bei Gott, das muß ich meinen Leuten sagen.
Schnell ab.
Die Marketenderin zieht einen Schuh aus. Von rechts kommt ein fünfter Landsknecht.
5. *Landsknecht:* Warum zieht die den Schuh aus?
1. *Landsknecht:* Strümpfe hat sie auch noch an!
2. *Landsknecht:* Ich hab' doch gesagt, daß es nicht so schnell geht.
5. *Landsknecht:* Wenn das noch länger dauert, sage ich meinen Freunden Bescheid, wenn ihr nichts dagegen habt.
Nach rechts ab.
Die Marketenderin zieht einen zweiten Schuh aus. Der erste Landsknecht holt ein Taschenschachspiel aus dem Mantelsack und beginnt, die Figuren einzustecken.
Die Marketenderin zieht einen roten Pullover aus, ein Hemd kommt zum Vorschein. Von links kommt der vierte Landsknecht mit sieben Gefährten.
4. *Landsknecht:* Hab' ich euch zuviel versprochen? Hier ist was los!

Gemurmel, halblaute Zustimmung:
Bei Gott . . . Meiner Treu . . .
Die Landsknechte setzen sich. Die Marketenderin knöpft das Hemd auf.
1. *Landsknecht zum dritten:* Weiß oder Schwarz?
3. *Landsknecht zum zweiten:* Sagt mir Bescheid, wenn es soweit ist.
Zum ersten gewandt: Weiß.
Von hinten kommt ein sechster Landsknecht.
6. *Landsknecht:* Sapperment, die hat Feuer im Leib. Das muß ich meinem Hauptmann berichten! *Ab.*
Von rechts kommt der fünfte Landsknecht mit 25 Kameraden.
5. *Landsknecht:* Na, seht euch das an!
Die Marketenderin zieht das Hemd aus, darunter trägt sie ein Unterhemd.
2. *Landsknecht:* Hat jemand eine Uhr da?
Einer der 25: Halb vier.
2. *Landsknecht:* Ach du liebe Güte, da muß ich ja gehen!
Der sechste Landsknecht erscheint mit seinem Regiment. Es sind die Pappenheimer Reiter in bekannter Tracht.
6. *Landsknecht zum zweiten:* Du gehst schon?
2. *Landsknecht:* Ich hab' noch was zu tun. *Ab.*
Die Marketenderin zieht ein Unterhemd aus. Darunter sieht man ein Korsett. Ein siebenter Landsknecht kommt von links.
7. *Landsknecht:* Hat man so was schon gesehen? Da werden die Brüder Augen machen! *Eilig ab.*
Die Marketenderin hakt das Korsett auf, der weiße Rücken kommt zum Vorschein.
Aus dem Zelt tritt Gustav Adolf.
Gustav Adolf: Könnt ihr denn das nicht woanders machen, Leute? Vor meinem Zelt geht das doch nicht! Wenn ihr's dahinter macht, soll's mich nicht kümmern!

Hurrarufe, Mützen werden geschwenkt, alle ziehen hinter das Zelt, man sieht sie nicht mehr.
Der siebente Landsknecht erscheint mit den Tiefenbacher Kürassieren.
7. *Landsknecht in entschuldigendem Ton:* Eben waren alle noch hier.
Gustav Adolf weist hinter das Zelt. Die Tiefenbacher ziehen ab. Gustav Adolf tritt ins Zelt zurück.
Man hört laute Rufe: Das sind Dinger, das hat sich gelohnt, hast du so was schon gesehen, mein lieber Mann, da hast du was zu knabbern, seht euch das an. *Pfeifen, Beifall. Gustav Adolf tritt noch mal aus dem Zelt, lauscht, lächelt, es wird dunkel.*
Vorhang.

Hehre Stunde

Weimar 1791. In seinem graugebeizten Studierzimmer sitzt Friedrich von Schiller und starrt auf ein Papier, das vor ihm neben dem Rauchverzehrer liegt. Starrt und läßt sich die Worte durch den Kopf gehen, die er wohl tausendmal gelesen hat: ». . . wäre es schön, wenn Sie den Geheimrat Goethe ermorden täten. 15 Dukaten könnte ich dafür locker machen. Hochachtungsvoll Mozart.«
Goethe ermorden – ein entsetzlicher Gedanke! Einerseits. 15 Dukaten sind eine Menge Geld! Andererseits. Besonders, wenn man Professor ist und ein hungriges Maul zu stopfen hat. Und die Frau in der Küche brüllt. Vor Durst. 15 Dukaten . .! Aber dafür einen Mord begehen? Noch dazu an Goethe?
Er steht auf. Steht auf und schaut durch das Schiebefenster. Da unten hastet das fröhliche Völkchen der Weimaraner

durch die Gasse. Der kleine, dicke Hölderlin immer mittenmang. Ja, die haben es gut. Und er?
Er wendet sich wieder dem Brief zu. Goethe ermorden ... Es wäre ja so einfach. Man könnte ihn ja unter irgendeinem Vorwand auf den Kölner Dom locken und den Turm vorher ansägen – nachher würde es wie ein Unfall aussehen, und die 15 Dukaten ... Fünfzehn Dukaten! Dann hätte die Schinderei endlich ein Ende. Das ewige Dichten und Trachten. Was er im letzten Jahr wieder zusammengetrachtet hatte ... Er schaudert. Und wofür? Für nichts und wieder nichts. Und das war verdammt wenig.
»Tu's doch, tu's doch«, flüstert ihm eine innere Stimme zu.
»Ich denke nicht daran«, entgegnet er barsch.
»Na dann eben nicht«, kreischt die innere Stimme ...
Wie stickig es in der Stube ist! Man könnte ja auch – da waren sie wieder, diese Gedanken! Man könnte Goethe ja auch einen vergifteten Stiefelknecht schicken, und dann ... Aber so ein Stiefelknecht kostete Geld. Viel Geld. 25 Dukaten mindestens ... Andererseits ging es schließlich um Goethe. Um seinen besten Freund ... Goethe! Was der im Moment wohl gerade tat? Vielleicht holte er just sein Versmaß vom Hängeboden, eine ungeschickte Bewegung, es entgleitet seinen Händen und begräbt den Geheimrat unter si ...
»Papperlapapp!« Da war sie wieder, die innere Stimme!
»Willst du denn nie Ruhe geben?« schreit er sie an. »Mach ich!« lautet die Antwort ...
Macht sie. Und was macht er? Er starrt immer noch auf das Papier.
»Hochachtungsvoll Mozart.« Mozart – das sah ihm ähnlich. Erst den Don Giovanni und nun dies. Aber ... Mord? »Mord? Das ist überhaupt nicht drin, Verehrtester«, ruft er seinem imaginären Gegenüber zu. Und setzt sich.

Wie leicht ihm auf einmal um's Herz ist! Die Frau in der Küche ist auch still geworden. Hat wohl etwas zu trinken gefunden.
Schau her! So ging's also auch. Er lächelt, und da fällt sein Blick noch einmal auf den Brief. Fällt auf das P. S., das er bis dahin überhaupt nicht beachtet hatte: »P. S. Könntest du mir 20 Dukaten pumpen?«
Pumpen! Na! Da könnt' ja jeder kommen! Alsdann!
Und lachend holt er die »Ode an die Freude« aus der Schublade. Wo waren wir noch mal stehengeblieben? Götterfunken . . .?

Abschuß Nr. 62

Eine Fliegergeschichte aus dem 1. Weltkrieg

»Die Engländer kommen!« hatte Brummel geschrieen, und der Geschwaderkommandant hatte nach oben geschaut.
»Sopwith-Camel«, hatte er lakonisch gesagt. »Mindestens 700 Stück . . .« Und dann waren sie zu den startklaren Maschinen gerannt: Möbitz, Köhlemann und Winter. Drei gegen 700, aber es mußte sein. War ja Krieg.
Möbitz kam als erster hoch, jagte seine Focker D7 dem brummenden Schwarm entgegen. Wie schwarze Rucksäcke sahen sie jetzt aus, doch Möbitz wußte, daß er noch näher rankommen mußte. Zog seine Maschine in einem steilen Turn nach rechts und war endlich über ihnen. Kam nun direkt aus der Sonne auf sie runter und hielt auf die Leitmaschine zu. Und jetzt erst roch der englische Pilot den Braten, versuchte wegzutauchen, doch Möbitz' MG hatte schon zu reden begonnen. Und da drehte sich der Tommy um . . . Das durfte doch

nicht wahr sein! Dieses Gesicht kannte Möbitz doch! Diese feinen, grauen Augen, diesen schmalen, sinnenden Mund ...
»Mutter!« schrie er, doch die Sopwith-Camel schmierte schon ab, trudelte immer weiter runter und zerbarst tief unten als kaum erkennbarer roter Punkt.
Zehn Minuten später ist der Spuk vorbei. »Habe gesehen, wie Sie die Sopwith runtergeholt haben«, sagt der Geschwaderkommandant im Vorbeigehen, »Dolle Sache das!« Doch Möbitz' Gedanken sind woanders ... Sollte er wirklich ...?
Und rasch kommt die schreckliche Gewißheit. Sein Adjudant bringt ihm die Papiere, die man in der zerstörten Sopwith gefunden hat. Sie sind auf Magda Möbitz ausgestellt. Magda Möbitz ... Und ein Brief war da noch gewesen, angefangen, aber nicht zuende geschrieben: »Lieber Dieter, krieg keinen Schreck, ich fliege jetzt für die Engländer. Wir sind hier ein sehr netter Haufen, und ich habe bereits viel Spaß an der Kampffliegerei gefunden. Mein Junge, trägst Du auch die Wollsocken regelmäßig, die ich Dir ...«
»Scheißkrieg«, denkt Möbitz, doch dann schluckt er die Tränen herunter. »Sie oder ich!«
Und eine Viertelstunde später steigt er schon wieder auf. Dem 63sten Abschuß entgegen ...

Legende

Wer schon einmal in London war, kennt sie sicher, die Victoria-Station, jenes längliche Bauwerk, das sich wie ein steinerner Zeuge mitten in der Millionenstadt erhebt. Aber wer weiß schon, wieso es gebaut wurde?
Nun, einst hatte sich die Queen Victoria bei der Jagd verirrt,

immer verzweifelter wurde ihre Lage, und schließlich brach sie mitten im Walde zusammen, die nackte Furcht in den Augen, ein Stoßgebet auf den Lippen, doch da teilte sich plötzlich das Gesträuch und ein Hirsch trat heraus, ein Hirsch, der ein Geweih auf dem Kreuz oder ein Kreuz zwischen dem Geweih trug, da gehen die Meinungen auseinander, verbürgt jedoch ist, daß der Hirsch eine segnende Bewegung mit der Hinterhand machte und also zur Königin sprach: »Habe keine Angst! Denn du wirst in Bälde errettet werden!«
Da aber sank die Königin in die Knie und gelobte, an dieser Stelle einen Bahnhof zu errichten.

Sachen gibt's ...

ICH FRAGE SIE : AN WEM WOLLEN SIE SICH NOCH VERGREIFEN ?
NA, RATEN SIE MAL....

Im Büro

FRÄULEIN, BITTE SCHREIBEN SIE HUNDERT MAL...

... ICH WILL NICHT MEHR OHNE ROCK UND HÖSCHEN INS BÜRO KOMMEN!

Die Auskunft

ENTSCHULDIGUNG!

Wo man singt…

HAT EIN BRIEFLEIN
IM SCHNABEL....

VON DER MUTTER
EIN' GRUSS....

Lieber Sohn,
mach den
Vogel rot. Er
weiß zu-
viel.
Mutter

Kleine Begebenheiten um große Namen

Kaiser von China

Im China – klar? – der Ming-Dynastie lebte ein uralter Seidenraupenzüchter, der zwei seiner Raupen ganz besonders ins Herz geschlossen hatte. Die eine hatte er »Gedanken« und die andere »Freiheit« getauft, die letztere deshalb, weil sie so einen buschigen Schwanz hatte. Da wurde ihm angekündigt, daß der Kaiser von China seiner Zucht einen Besuch abstatten wolle, und da er wußte, daß er dem Kaiser keinen Wunsch abschlagen durfte, versteckte er seine beiden Lieblingsraupen in einer Spanschachtel. Der Kaiser nun ging prüfend durch die Räume und blieb schließlich vor der Spanschachtel stehen.
»Ei, was hat er denn darin?« fragte er.
»Ach nichts, nur Gedankenfreiheit«, antwortete der Züchter listig.
»So? Na, das freut mich aber«, sagte da der Kaiser und setzte sich auf die Spanschachtel, die daraufhin zusammenbrach, worauf ihn die Raupen dergestalt in den Hintern bissen, daß er von Gedankenfreiheit fortan nichts mehr hören mochte.
Ähnlich handelten nach ihm übrigens auch andere Kaiser, selbst Diktatoren. Wenn auch aus anderen, meist weniger leicht nachvollziehbaren Motiven.

Friedrich der Große

Der sarkastische Humor des Alten Fritz war sprichwörtlich. So sagte er zu einem Dachdecker, der bei Ausbesserungsarbeiten am Turm der Nicolaikirche ausgerutscht und auf den Platz gefallen war: »Wenn Er nichts vom Dachdecken versteht, braucht Er da oben nicht herumzuturnen.«
Ein Bauer bekam den Witz des Königs ebenfalls zu spüren. Weinend stand er vor seinem gerade abgebrannten Hof, als der König vorbei kam.
»Was heult Er so«, fragte der Alte Fritz bissig, »verbrannt ist verbrannt.«
Schluchzend sagte der Bauer, daß seine Frau und seine fünf Kinder ein Raub der Flammen geworden seien. Darauf fiel selbst dem schlagfertigen König kein Witzwort ein, und er ritt ärgerlich davon.

Nicolo Paganini

Als Paganini vor dem österreichischen Kaiser aufspielte, passierte es ihm, daß eine Saite seines Instrumentes riß. Ohne die Wildheit seines Spieles zu bändigen, geigte er weiter, was zur Folge hatte, daß auch die zweite und die dritte Saite rissen. Auf der vierten setzte der Teufelsgeiger sein Spiel fort, als auch diese das Schicksal ihrer Schwestern teilte, fidelte er auf der fünften weiter. Erst als auch diese klingend zersprang, setzte er ungläubig sein Instrument ab. »Da hat mir doch wieder jemand eine Gitarre untergejubelt«, sagte er verdutzt, und das fröhliche Gelächter des Kaisers verriet ihm deutlich, wer der Urheber des Streiches gewesen war.

Sigmund Freud

Zu Sigmund Freud kam einst ein Mann, der ihm einen seltsamen Traum mitteilte. Sein Es habe – im Traum – Triebansprüche geäußert, das Über-Ich habe sie zu unterdrücken versucht, das Ich habe sie daraufhin sublimiert.
»Haben Sie das wirklich geträumt?« fragte Freud. »Ja«, entgegnete der Mann.
Freud überlegte einen Moment und sagte dann: »Die Erklärung des Traums ist einfach. Ihr Es wird vom Über-Ich unterdrückt und äußert Triebansprüche, die vom Ich ...« »Das ist aber keine Erklärung, das ist mein Traum«, unterbrach ihn der Mann.
»Wenn Sie nicht wollen, daß ich Ihnen Ihre Träume erkläre, brauchen Sie es mir nur zu sagen«, antwortete Freud schroff und entließ den Mann, den von Stund an ein schrecklicher Minderwertigkeitskomplex befiel.

Erwin Ullstein

Erwin Ullstein, der bekannte Verleger, war zugleich ein begeisterter und gefürchteter Hobby-Zyniker. Doch hin und wieder fand auch er seinen Meister. So, als er einmal an Tucholsky ein Telegramm kabelte, das aus dem lakonischen Satz bestand »Zahle Honorar rar«.
»Liefere Beiträge träge«, kabelte Tucholsky ungerührt zurück, und diese glänzende, von Ullstein mit einer Honoraraufbesserung belohnte Replik machte bald die Runde durch die Berliner Literatencafés, wo sie auch Hannes Heber zu Ohren kam, der gleichfalls mit den Ullsteinschen Honoraren unzu-

frieden war und daher spornstreichs in die nächste Post eilte und dort das an den Verleger gerichtete Telegramm »Schreibe Artikel ikel« aufgab, ein Schritt, der jedoch nicht den beabsichtigten Erfolg hatte, sondern vielmehr dazu führte – aber liest überhaupt noch jemand zu? Na gut, hör' ich halt auf.

Willi Blass

Willi Blass, der bekannte Flötist, hatte ursprünglich Bassist werden wollen. Er studierte damals in Berlin und benutzte jeden Tag die Straßenbahn, um mit seinem Instrument zur Hochschule zu gelangen. Oft schon hatte er es erlebt, daß er wegen seines unhandlichen Instruments eine stark besetzte Bahn hatte vorbeifahren lassen müssen, zum Schaden auch noch den Spott der glücklicheren Fahrgäste erntend.
Es war jedoch ein Berliner Gör, das seinen Zorn zum Überlaufen brachte. »Lernen Sie doch Flöte spielen«, rief es dem unglücklichen Blass vorlaut zu, der wieder einmal keinen Platz in der Bahn gefunden hatte.
»Der Junge hat recht«, dachte er, vertauschte seinen Baß mit einer Flöte und begann eine Karriere, die ihn von Erfolg zu Erfolg führte.
Leider fehlt dieser heiteren Geschichte die Schattenseite nicht. Franz Sauckel, ein vielversprechender Pianist, der mit seinem Instrument zufällig zur gleichen Zeit auf die Straßenbahn wartete, bezog die Worte des Kindes irrtümlicherweise auf sich und wechselte ebenfalls sein Instrument. Da er aber zum Flötespielen nicht das geringste Talent hatte, wurde er trübsinnig und starb in Armut.

Claus v. Amsberg

Während einer Abendgesellschaft, an der auch Claus von Amsberg, der Prinzgemahl der holländischen Thronfolgerin, teilnahm, kam das Gespräch der jüngeren Anwesenden auf die Fehler der Eltern.
Claus von Amsberg hörte sich diese Reden an, dann sagte er: »Mein Vater hat den größten Fehler an mir begangen, als er mich auf den Namen Claus taufte.« »Wieso?« wollten die anderen erfahren. »Sie wissen«, antwortete von Amsberg, »daß meine Verlobung mit Beatrix von großen Kreisen des niederländischen Volkes bekämpft wurde. Sie taten es mit dem einprägsamen Schlachtruf CLAUS RAUS, der mir viele Schwierigkeiten bereitete. Wieviel leichter hätte ich es gehabt, wenn mein Vater mich auf den Namen Hein getauft hätte!«
Die Zuhörer mußten etwas nachdenken, doch dann war da keiner, der ihm nicht von Herzen recht gab.

Sepp Maier

Vor einem Fußballänderspiel traf der Torhüter Maier zufällig mit Dr. Grzimek zusammen. »Eigentlich besteht zwischen uns nur ein kleiner Unterschied«, sagte dieser lächelnd. »Sie schützen das Tor, ich schütze das Tier.« »Laßt mich der Dritte im Bunde sein«, rief ein unscheinbarer Zuhörer, »ich bin Wächter beim Straßenbau und schütze den Teer.«
»Dann gehöre ich ebenfalls zu euch«, sagte ein Vierter, »ich komme auch vom Bau.«
Zu seiner Verwunderung machten seine Worte jedoch nicht den geringsten Eindruck auf die drei, und so blieb ihm nichts anderes übrig, als sich mit leisem Groll zu trollen.

Der Einzelne und die Masse
Ein kulturkritisches Dramolett

Einer: Ich gebe mein Letztes und schaffe eine neue Kunstrichtung!
Alle: Ach, halt den Rand!
Einer: Ich gebe mich der Naturforschung hin und entwickle eine nacheinsteinsche Physik!
Alle: Mach uns nicht krank!
Einer: Ich gebe der Lösung der sozialen Frage neue Impulse!
Alle: Wenn wir das schon hören!
Einer: Ich gebe einen aus!
Alle: Immer!!!

„Toll"

Traugott v. M.
in:
Ein Leben
für
den König
Hilfe!
Oh! Die Stimme
meines Königs!

Mörder!
Halte aus, mein König! Ich werde Dir so-gleich ...

Ahhh!
... einen fürchterlichen Rächer zeugen!

Männer müssen so sein

..DIE EINE SOO GROSS...

...UND DIE ANDERE SOOO KLEIN...

... DIE GEH
ICH JETZT
VERGEWALTIGEN!

Haarspaltereien

HIER!

DAS SOLL GANZ SELTEN SEIN? DAS HABE ICH AUCH...

PASSEN SIE MAL AUF...

ACH SO... JA...JA... GESCHENKT, GESCHENKT!

Ein alter Mann erzählt

Was wären wir Männer ohne die Frauen – das ist ein Satz, den man oft hört, ein Satz, der manchmal leichtfertig und unbedacht dahingesagt wird, und der doch ein sehr tiefer und ein sehr, sehr wahrer Satz ist. Denn wenn ich – der ich nunmehr ein alter Mann bin –, mein Leben überdenke, dann fällt mir auf, daß es eigentlich immer Frauen waren, die mir in meinen größten Krisenzeiten zur Seite standen, drei Frauen, um es genau zu sagen, meine Mutter, meine Frau und meine Tochter.

Die erste dieser Lebenskrisen fiel in die Zeit, als ich fünf Jahre alt war. Ich hatte im Schaufenster einer Spielwarenhandlung einen Teddy gesehen, und seit diesem ersten Blick war es mein größter Wunsch, diesen Teddy mein eigen nennen zu können. Anfangs jedoch stieß ich mit meinem Begehr auf taube Ohren, das Geld sei knapp wurde mir entgegengehalten; doch dann bettelte, weinte und flehte ich solange, bis meine Mutter sich erweichen ließ.

»Gut, du sollst den Teddy haben«, sagte diese prachtvolle Frau, und noch am selben Abend konnte ich ihn überglücklich in meine Arme schließen.

Ich wuchs heran, verlobte mich und muß so um die 25 gewesen sein, als ich die zweite meiner Lebenskrisen zu meistern hatte; und dank einer Frau gelang mir das auch. Wir waren auf einer Zeltwanderung, meine Braut, Teddy und ich. Doch als ich nach der ersten im Zelt verbrachten Nacht erwachte, war der Platz an meiner Seite leer.

»Wo ist Teddy?« schrie ich meine Braut an, die jedoch lediglich kühl mit den Achseln zuckte und mir erklärte, sie habe

mein Verhalten einfach nicht länger ertragen können und Teddy daher nachts in den nahe vorbeifließenden Gebirgsbach geworfen.
Teddy im kalten Bach, werweißwohin fortgeschwemmt – der Gedanke machte mich rasend. Ich stürzte hinaus, lief stolpernd den Bach entlang, doch die Gewalt des reißenden Wassers schien all meinen Hoffnungen Hohn zu sprechen.
Da aber – wie eine Erscheinung – stand plötzlich eine junge, ortsansäßige Frau vor mir, die, ich traute meinen Augen nicht – – Teddy im Arm hielt, Teddy, den sie, wie sie mir später erzählte, naß, aber wohlbehalten aus einem Wehr gefischt hatte. Meine Dankbarkeit wandelte sich in Zuneigung und Liebe, Teddys Retterin wurde meine Frau, und in den glücklichen Anfangsjahren unserer Ehe wurde uns ein Töchterchen, Anna, geboren, jene Tochter, die mir dann auch, zwanzig Jahre später, in der dritten, vielleicht schwersten Krise meines Lebens beistand.
An jenem Tag nämlich, an dem Teddy mir gestand, daß er sich rettungslos in Kuschelkatze von gegenüber verliebt hätte und in Zukunft mit ihr zusammenleben wollte. Ja, auch an jenem Tag war es eine Frau, die mich wiederaufrichtete, indem sie mir sagte: »Ach Paps, du verlierst Teddy ja nicht wirklich, er wird sicher oft zu Besuch kommen; ja im Gegenteil – du wirst sogar etwas gewinnen, wenn du Teddys Glück nichts in den Weg legst.«
Ich sollte etwas gewinnen? Verwirrt schaute ich meine Tochter an. Warm ruhten ihre Augen auf mir, so warm und lindernd wie mich zuvor in meinem Leben nur zwei andere Frauen angeblickt hatten, meine Mutter und meine Frau.
»Ja, Paps. Du wirst etwas gewinnen. Eine neue, dankbare Freundin. Kuschelkatze.«

Der Gezeichnete

... UND DA...

... UND DORT!

Im Stadtpark, 15 Uhr 45

Da ist er!

Du hattest recht! Einer der besten Schamverletzer, die ich je sah!

Der Lokalschreck

Akademiker unter sich

UND LEIDER AUCH THEOLOGIE DURCHAUS STUDIERT MIT HEISSEM BEMÜHEN...

ICH HABE AUCH MAL STUDIERT : MATHE.

1:0 für Herbert

Treatment für einen Fußballfilm

Es beginnt mit Herbert. Herbert war vor zehn Jahren der Kapitän jener sagenhaften Fußballmannschaft, die seinerzeit die Fußballweltmeisterschaft gewann. (Es handelt sich wohlgemerkt nicht um die deutsche Elf von Bern. Alle Personen und Geschehnisse sind frei erfunden und weichen etwas von der Realität ab.) Herbert also war einmal das Idol von Millionen, doch, mein Gott, wie ist er nun heruntergekommen! Er trinkt, (seit er Frau und Kinder bei der Explosion eines von ihm selbst in Schwarzarbeit installierten Badeofens verloren hat,) und treibt sich in den übelsten Kneipen herum.

Und da passiert es, daß sich eine Gruppe fein angezogener Herren in eine dieser Kneipen verirrt. Es ist der Vorstand des Nationalen Fußballverbandes, an seiner Spitze Herr Brehl, der Präsident. Der ist ein ziemlich übler Typ; nach außen spielt er den Sportidealisten, doch in Wirklichkeit denkt er nur an das Geschäft, Herbert hat ihn noch nie leiden können und früher viel Streit mit ihm gehabt. Und nun stehen sich die ehemaligen Kontrahenten also gegenüber: der feine Boß und der betrunkene Herbert.

Herbert erkennt ihn sofort, doch es dauert ein wenig, bis Brehl und seine Begleiter in dem menschlichen Wrack Herbert wiedererkennen. Nun folgt eine peinliche Szene, in der sich Herbert ziemlich würdelos benimmt und damit prahlt, daß er immer noch der beste Fußballspieler sei und mit seiner alten Elf noch heute jeden anderen Verein in Grund und Boden spielen könne, und da keimt in Brehl ein gemeiner Plan.

Er nimmt Herbert beim Wort und schlägt ihm vor, wirklich

einmal zu spielen: »Heute haben wir den 15. August . . . wie wär's in einem Monat? Am 15. September? Mit deiner alten Elf? Im Gottfried-Hammer-Stadion« – das ist der Schauplatz von Herberts früheren Triumphen – »für 50 000 Mark?« Der betrunkene Herbert, der alles in rosigem Licht sieht, erkennt nicht, daß Brehl ihn lediglich vor aller Öffentlichkeit bloßstellen will und sagt zu. Ein Vertrag wird aufgesetzt, Herbert unterschreibt.

Als er am nächsten Morgen in seiner ärmlichen Absteige aufwacht, fällt sein erster Blick auf den Vertrag, der neben ihm liegt. Mit zitternden Händen erkennt er, was er sich da eingebrockt hat, doch Vertrag ist Vertrag, und außerdem will er sich vor Brehl keine Blöße geben. Deshalb macht er sich auf, um die Jungs von damals zusammenzutrommeln.

Das ist schwieriger als gedacht. Die Mannschaft ist in alle Winde verstreut, und es braucht seine Zeit, bis Herbert die Jungs ausfindig macht. Andere Schwierigkeiten kommen dazu:

Da ist Heiner, der Linksaußen von damals, der heute ein gutgehendes Bordell leitet und sich nur noch für Frauen interessiert.

Da ist Werner, der Halbrechte, der dem Morphium hörig ist.

Da ist der Verteidiger Erwin, einst ein Meister des Fußballs, nun aber seit Jahren Handballer.

Ein anderer sitzt im Gefängnis, ein weiterer hat seiner Frau versprochen, nie wieder Fußball zu spielen – und so reiht sich Schicksal an Schicksal und Problem an Problem bis hin zum Torwart Josef, der durch ein Unglück einen Arm verloren hat.

Doch das Geld und die immer noch starke Ausstrahlungskraft von Herbert tun ihre Wirkung.

Obwohl keiner an den Erfolg des Unternehmens glaubt, bringt er es fertig, sie alle dazu zu überreden, ihm zu folgen. Vier

Tage vor dem angesetzten Spieltermin beginnt die Mannschaft das Training.
Schauplatz: das Gottfried-Hammer-Stadion.
Das mächtige Rund ist leer. Traurige Gestalten laufen ein: Herbert, der zur Flasche greift, um ein Zittern im Fuß zu betäuben, hinter ihm die anderen.
Anstoß: nichts klappt. Herbert verfehlt den Ball. Heiner, der Frauenheld, leidet unter Entziehungssymptomen. Erwin, der Handballer, macht Hand. Man versucht Flanken. Es geht nicht. Pässe. Es geht nicht. Den Ball in den eigenen Reihen halten – das Fiasko ist total. Doch während der vier Trainingstage bessert sich die Stimmung. Einige alte Tricks klappen wieder. Der Torwart hält auch mal einen Ball. Hoffnung.
Doch dann das Spiel: die Ränge sind dicht gefüllt, die alten ruhmreichen Namen haben das Publikum angezogen. Reporter aus aller Welt. Auf der Ehrentribüne: Präsident Brehl und der Vorstand des Fußballverbands. Der Gegner: der SV Portugal, eine starke Gastmannschaft. Anpfiff und Katastrophe: der völlig betrunkene Herbert glaubt sich einer Übermacht von 33 Spielern gegenüber. (Kameratrick: er sieht jeden Spieler dreifach).
Er protestiert beim Schiedsrichter. Doch der läßt weiterspielen. 2. Minute. Erwin macht Hand im Strafraum, Elfmeter, 0:1. Halbzeitstand: 0:7. Gejohle, Buhrufe. In der 67. Minute Abbruch des Spiels beim Stande von 0:21, die alte Elf kann einfach nicht mehr.
Als sie in die Mannschaftskabinen wankt, tritt ein lächelnder Brehl Herbert gegenüber: »Dachte ich's mir doch – ihr Sportler seid alle käuflich« – mit diesen Worten wirft er Herbert die 50 000 Mark vor die Füße.
Und nun kommt die Wende.

Diese Beleidigung kann die Mannschaft nicht vergessen. Sie reißt sich am Riemen. Sie geht ins Trainingslager.

Trainingslager: ein alter, verregneter Sportplatz. Windschiefe Tore. Ärmliche Baracken. Doch ein unbeugsamer Wille: Herbert trinkt nicht mehr, Erwin, der Handballer, hat sich die Arme am Körper festbandagieren lassen, Werner hascht nur noch, der einarmige Torwart übt und übt und übt . . .

Und alle haben ein Ziel. Denn am 21. Mai beginnen die Ausscheidungskämpfe für die Weltmeisterschaft . . .

21. Mai: als krasser Außenseiter tritt die Herbert-Elf gegen den F. C. Uruguay an. Es läuft nicht alles so, wie es laufen soll, doch beim Schlußpfiff heißt es 2:1.

24. Mai: das hoch favorisierte Bengalen erlebt eine Überraschung: 4:2. Ein Rückschlag: am 28. Mai unterliegt die Herbert-Elf der erfolgreichsten Mannschaft der letzten Jahre, dem KSC Ungarn mit 3:5.

Herbert ist ziemlich deprimiert, und als er abends beim Rundgang durch das Trainingslager über eine noch volle Flasche Korn stolpert, ist die Versuchung natürlich groß. Er hebt die Flasche hoch, betrachtet sie eindringlich, doch dann *schleudert* er sie auf das Pflaster, daß die Scherben nur so fliegen . . .

Im Rückspiel wird Ungarn dann auch hoch geschlagen, die nächsten Gegner erleben ebenfalls üble Überraschungen (z. B. 3:0, 4:1, 3:1 usw.). Aus dem belächelten, verspotteten Außenseiter wird ein Favorit, der in einem unglaublichen Siegeszug . . . Doch in der zweiten Gruppe hält der SV Portugal Schritt, und im Endspiel stehen sich die beiden wieder gegenüber. Wieder im Gottfried-Hammer-Stadion. Noch voller die Ränge. Auf der Ehrentribüne: Präsident Brehl, der als Vertreter des gastgebenden Landes nach dem Spiel die Siegerehrung vornehmen wird. . .

Einlauf. Jubel. Und dann: Höhepunkte, Höhepunkte, Höhepunkte. In der 87. Minute führt die Herbert-Elf 3:2, und dann geschieht das Unerwartete: Erwins Bandage lockert sich bei einem Zusammenprall, wieder bricht seine alte Leidenschaft durch, Hand im Strafraum, Elfmeter. Aber Torwart Josef meistert den Ball in einer herrlichen Parade, bei der er sich freilich schwer verletzt, er spielt jedoch weiter, Abpfiff und Sieg.

Wie hat sich doch das Blättchen gewendet. Wieder tritt Präsident Brehl der Herbert-Elf gegenüber, diesmal um Herbert den Pokal zu überreichen: »In diesen Menschen können wir alle Vorbilder sehen. Vorbilder für den echten Sportgeist, der nicht nach dem Nutzen fragt, sondern aus Freude am Spiel . . .«

Herbert hält den Pokal in Händen, für einen Moment sieht es so aus, als ob er ihn hinwerfen wolle. Doch dann dreht er sich einfach schweigend um, mitten in der Rede Brehls, und läuft aus dem Stadion. Ihm folgt seine Mannschaft . . .

Letzte Szene: die Herbert-Elf ist allein auf einer leeren Straße, die überraschten Zuschauer sind ihnen nicht gefolgt. Die Spieler laufen noch, werden langsamer, gehen. An ihrer Spitze Herbert, den Pokal im Arm. Da bleiben sie plötzlich stehen: auf einem unbebauten Grundstück sehen sie einige kleine Jungen mit einer Blechbüchse kicken. Ein Rotschopf, offensichtlich der Spielführer, feuert die Mitspieler an: »Max, ich stehe frei – abgeben!« Flanke und Tor . . .

Doch dann erkennen die Steppkes, wer ihnen zuschaut – ihre Idole. Verlegen hören sie auf zu spielen, kommen schüchtern näher . . .

Herbert winkt den Rotschopf zu sich: »Sag mal, warum spielst du eigentlich Fußball?«

»Weil . . . weil es mir Spaß macht!«

»Würde das hier dir auch Spaß machen?«

Und Herbert drückt dem Jungen den Pokal in die Arme . . . Fassungslos schauen die Jungen der Mannschaft nach. Die geht nun langsam und erschöpft die Straße entlang, an einer Kreuzung bleiben die Männer stehen.
»Das war's, schönen Dank und – vielleicht – auf Wiedersehen!« sagt Herbert. Und dann trennen sich ihre Wege: Heiner macht sich an eine Frau ran, die in einer Haustür steht, und verschwindet mit ihr, Erwin verharrt einen Moment vor einer Sporthalle, an der »Heute Handballtraining« steht, und tritt dann ein. Josef bleibt in einem Krankenhaus hängen, der Kriminelle knackt ein Auto und fährt damit davon . . . Und so bleibt einer nach dem anderen auf der Strecke, bis Herbert zum Schluß allein ist.
Er geht weiter und sieht plötzlich vor sich eine Blechbüchse liegen. Schon tänzelt er auf sie zu, hebt das Schußbein, doch dann ändert er plötzlich seine Richtung, macht einen Bogen, geht langsam weiter. Er biegt um die Ecke. Hat ihn das Schild »Destille« angelockt? Wir wissen es nicht. Denn nun ist die Straße völlig menschenleer, im Vordergrund nur noch die kleinen Jungen mit dem Pokal, immer noch verstummt, immer noch entgeistert . . .
Und damit endet auch das Treatment für den Fußballfilm. Zugegeben: in dieser Fassung hat er noch einen Fehler, es kommen keine Frauen drin vor. Doch dieser Fehler wäre leicht zu beheben. Beispielsweise könnten Brehl und Herbert hinter ein und derselben Frau her sein. Und die könnte zuerst zu Herbert, dann zu Brehl und schließlich wieder zu Herbert halten. Und Herbert könnte sie ebenso wie den Pokal zurückweisen. Und den Schluß könnte folgende Pointe bilden: daß Herbert wirklich die Destille betritt – und in ihr sitzt als einziger Gast die Frau. Doch das sind Einzelheiten, die ich mit dem Produzenten erörtern müßte. Ebenso die Besetzung, (ich

würde u. a. gerne John Wayne, Lee Marvin, James Stewart, Robert Mitchum, Gert Fröbe, Yul Brynner, aber nicht Horst Buchholz sehen). Doch vorher ist eine wichtigere Frage zu klären: wer macht diesen Film?

„Herrchen in Nöten"

Kurzgeschichte

Der Wind weht derart stark, daß man nicht mal mehr gerade schreiben kann!

Der ungetreue Vorarbeiter

Eine Kriminalgeschichte vom Bau des Suez-Kanals

Der Abend kam rasch.
»Kommt verdammt rasch, der Abend«, sagte Lesseps und schaute auf die Uhr. »Schon acht und erst so dunkel«, fügte er beiläufig hinzu. »Heute schaffen wir es doch nicht mehr. Laßt die Schaufeln sinken, Jungs. Abendgebet!«
Die so Angeredeten schauten auf und falteten die Hände.
»Großer Gott, wir loben dich,
Zürne uns da oben nicht,
Hab ich Unrecht heut getan,
Zeig mich, lieber Gott, nicht an«,
sprach Theodore, der Vorarbeiter, mit leiser Stimme, und Charles, der Smutje, stimmte das Angelus an, geradeso, wie es ihm seine Ziehmutter seinerzeit eingetrichtert hatte:
»Über diesen Wolken thront
Einer, der uns alle liebt,
Er hat uns bis heut verschont
Als Beweis, daß es ihn gibt«
»Als Beweis, daß es ihn gibt ...« wiederholte Lesseps die letzten Worte und setzte sein Käppi wieder auf.
»Heute sind wir ja schon ein ganzes Stück weitergekommen. Wieviel Meter haben wir denn geschafft – na, Theo?«
»Über den Daumen gepeilt 90 Meter«, erwiderte Theo und sein Gesicht glänzte vor Stolz.
»90 Meter – hört euch das an!« rief Lesseps übermütig. »Dann haben wir es ja bald. Darauf gebe ich einen aus! Leute, ihr sollt auch nicht leben wie die Hunde – alle zu mir!«
Und während sich die Arbeiter in Bewegung setzten und es

ihren Gesichtern deutlich anzusehen war, wie sehr sie sich auf das zu erwartende Schlückchen freuten, wandte sich Lesseps noch einmal an den Vorarbeiter.

»90 Meter – Donnerwetter!«

»90 Meter über den Daumen gepeilt«, berichtigte ihn Theo und zog düster an seiner Augenbraue.

»90 Meter – über den Daumen gepeilt«, korrigierte sich nun auch Lesseps, belustigt über soviel Akkuratesse, die in einem sonderbaren Gegensatz zu dem Geröllfeld stand, auf dem sich die beiden befanden.

»Und wieviel sind es genau?«

»Wieviel was?«

»Wieviel Meter?«

»Drei.«

»Drei Meter?«

»Drei Meter!«

»Nur drei?«

»Keiner mehr, keiner weniger.«

»Aber ich verstehe nicht...« Lesseps suchte nach Worten. »Aber ich verstehe nicht, Theo – erst sprechen Sie von 90 Metern . . .«

»90 Meter über den Daumen gepeilt.«

»90 Meter über den Daumen gepeilt. Gut. Und jetzt sind es nur drei. Ja, wie reimt sich denn das zusammen?«

»Schlecht«, stimmte Theo zu. »Sehr schlecht. Aber schauen Sie mal, Schätzungen sind eine Sache, exakte Messungen eine andere. Als ich die heute geleistete Arbeit auf 90 Meter schätzte, da spielte wohl auch mein Wunsch eine Rolle, soviel geschafft zu haben. Ich glaubte – wie man zu sagen pflegt – selber daran. Nun – das Meßband hat mich eines besseren belehrt. Nicht 90 – nein, drei Meter, das ist das Ergebnis. Gute drei Meter – zugegeben, aber eben nicht 90, wie Sie wohl vermuten mußten, als ich vorher erklärte, wir hätten 90 Meter geschafft.«

»Freilich glaubte ich das«, versetzte Lesseps.

Mittlerweile waren die Arbeiter zu den beiden getreten und umstanden sie wie eine schwarze Mauer.

»Das ist kein Wunder«, sagte der Vorarbeiter und wandte sich an die Arbeiter, die ihn verständnislos musterten. »Wir reden gerade über ein interessantes Problem«, erklärte er ihnen. »Ich sagte Lesseps vorhin, daß wir, über den Daumen gepeilt, etwa 90 Meter geschafft hätten, und er freute sich natürlich. Nun hat jedoch eine nachträgliche Messung ergeben, daß es nur drei Meter waren und daher seine Bestürzung.«

Die Arbeiter nickten und schauten betreten auf Lesseps, der seine Taschenflasche schon herausgezogen hatte und sie nun wieder brüsk einsteckte. »Nichts da«, entschied er. »Ich hätte einen ausgegeben, wenn wir 90 Meter geschafft hätten. Doch daraus wird nun nichts. Wo kämen wir denn da hin!«

Und mit diesen Worten nickte er Theo noch einmal zu und stiefelte in Richtung Camp.

Jetzt war es finster.

*

Nun beginnen die Arbeiter, das Werkzeug zusammenzusuchen: die Schaufeln kommen in den Geräteschuppen, die Hacken dito.

Hier und da flackern Gespräche auf, wie es zu dem beschriebenen Mißverständnis kommen konnte.

1. *Arbeiter:* Der Theo hat sich aber mächtig verhauen.

2. *Arbeiter:* Komisch, ausgerechnet der Theo, der sonst immer den Unfehlbaren markiert.

1. *Arbeiter:* Ich begreif's immer noch nicht!

Etwas weiter rechts beherrscht das gleiche Thema drei andere Arbeiter.
3. *Arbeiter:* Das muß man doch auseinanderhalten können. 90 Meter und drei Meter. Das sieht man doch!
4. *Arbeiter:* Nicht, wenn es dunkel ist. Ich habe einmal bei Dunkelheit eine Gabel weggeworfen. Was meint ihr, wie weit?
5. *Arbeiter:* 15 Meter.
4. *Arbeiter:* Das dachte ich auch. Aber nachher war die Gabel dann gar nicht zu finden.
5. *Arbeiter:* Futschikato?
4. *Arbeiter:* Genau.

Vor dem Geräteschuppen kommt es zu einem Gedränge.
Theo: Leute, da gibt es nichts zu erklären. Wirklich nicht. Ich habe mich ganz einfach vertan. Ehrlich! Das kann doch jedem mal passieren. So glaubt mir doch!
6. *Arbeiter:* Theo, da ist was faul an der Geschichte. Du warst doch den ganzen Tag an der Baustelle – oder?
Theo: Ja natürlich. Den ganzen Tag über. Das wißt ihr doch. Ich habe eure Arbeit doch überwacht.
6. *Arbeiter:* Theo, nimm's mir nicht übel, aber wie willst du uns denn überwacht haben, wenn du den ganzen Tag die Augen zugekniffen hattest – so:
Er macht vor, wie Theo die Augen zugekniffen hat.
Theo: Du machst mir aber Spaß. Ich soll den ganzen Tag über die Augen zugekniffen haben? So?
6. *Arbeiter:* Nicht so.
Er macht Theo nach, wie er ihn nachgemacht hat.
Sondern so:
Er macht Theo vor, wie er die Augen zugekniffen hat.
Theo: So soll ich die Augen zugekniffen haben?
6. *Arbeiter:* Genauso.

Theo: Aber da sieht man doch nichts, wenn man so die Augen zukneift.
6. *Arbeiter:* Das wollte ich damit sagen.
Theo: Ach, jetzt begreife ich auch, wieso es den ganzen Tag über so dunkel war!
6. *Arbeiter:* Siehst du Theo? Aber das erklärt mir auch, wieso du dich in bezug auf die Meter so vertun konntest.
Andere Arbeiter: Jetzt ist uns alles klar!
Letzter Arbeiter: Jetzt begreife ich nichts mehr!

Langsam leert sich die Baustelle. Die Hyänen kommen.

*

In seiner engen Schlafstube hatte Lesseps sich einen Stuhl zurecht gerückt, sich draufgesetzt und war in ein angespanntes Nachdenken verfallen:
»Heute nur drei Meter, gestern acht, vorgestern 17. Vorgestern 17, gestern acht, heute nur drei. Mein Gott, wie sollen wir bei diesem Tempo jemals fertig werden? Hä?«
»Hä, hä, hä, hä, hä, hä« tönte es als Echo aus der Besenkammer.
Lesseps kümmerte sich nicht darum, sondern fuhr in seinen Grübeleien fort.
»Wir sitzen schon drei Wochen dran und haben bisher höchstens – höchstens – 140 Meter geschafft. Wenn wir dieses Tempo beibehalten, werden wir nicht vor« er rechnete »alsdann, auf jeden Fall wird es noch ziemlich lange dauern. Vielleicht, vielleicht bis 1916. Und dann?
Dann bin ich alt, verbohrt und von der Malaria, der Geißel der Tropen, möglicherweise angesteckt. Und was wird aus meinem Jungen? Aus Pierre?«

*

Das Camp hatte auch eine Kantine. Und die Kantine hatte einen langen Tresen. Und an dem standen sie nun: Binswanger, Theo, Serge und noch zwei Unentwegte.
»Mir nochmal dasselbe«, bellte Binswanger und schob sein Glas über den Schanktisch. »Und ihr?«
»Mir einen Doppelten.«
»Ich hab genug.«
»Komm, einen wirst du ja wohl noch vertragen können!«
»Ich? Immer!«
»Na also!«
Während dieses Gesprächs hatten die beiden Unentwegten begonnen, folgendes Problem zu wälzen:
1. *Unentwegter:* Schau, das ist doch ganz einfach. Der Vorarbeiter war – subjektiv – der Meinung, daß wir heute neunzig Meter geschafft hätten. Warum? Weil er nicht richtig hingeguckt hatte. Und warum hat er das getan? Weil er die Augen immer zugekniffen hatte. Ist doch alles ganz logisch!
2. *Unentwegter:* Logisch schon. Aber wieso hatte er die Augen so zugekniffen? Das ist doch der springende Punkt! Da wird's doch merkwürdig! Das ergibt doch keinen Sinn! Darüber zerbreche ich mir den Kopf!
1. *Unentwegter:* Paß auf. Es gibt erbliche und erworbene Fähigkeiten. Die Fähigkeit, die Augen zuzukneifen, ist . . .
Das war der Moment, in dem Theo, der bis dahin mit gespannter Aufmerksamkeit gelauscht hatte, sich einmischte.
. . . ist eine der schwierigsten Fähigkeiten überhaupt. Ihr müßt euch das mal vorstellen: ich stehe morgens auf. Augen natürlich zugekniffen. Was würdet ihr an meiner Stelle tun? Na?
2. *Unentwegter:* Ich würde sie öffnen.
Theo: Ha! Öffnen! Das wäre bei Gott das einfachste! Das könnte euch so passen! Nein, ich gehe nicht den graden,

glatten Weg, den die Menge einschlägt, ich gehe die dornige, steinige Straße. Ich lasse die Augen zugekniffen! Tappe zum Stuhl, hangel mich zum Wasserbottich, wasche mich, putze mir die Zähne – alles mit zugekniffenen Augen wohlgemerkt. Und dann kommt . . .

1. *Unentwegter:* Das Schwerste?

Theo: Soweit sind wir noch lange nicht.

1. *Unentwegter:* Ich dachte, wir wären schon so weit.

Theo: O nein. Erst kommt noch das Einfachste. Ich meine, das Frühstück. Das geht so, so, ich taste mich nach der Marmelade, dem Brot, dem Kaffee...

2. *Unentwegter:* Und putzt alles runter.

Theo: Worauf ihr Gift nehmen könnt. Irgendwie muß der Mensch ja leben – oder? Aber dann ist es soweit. Auf geht's. Zur Arbeit. Ohne auch nur einen Strich zu sehen. Das muß man sich mal vorstellen. Ich bin doch Vorarbeiter. Ich muß doch wissen, was um mich herum passiert. Sonst wäre ich ja ein schöner Vorarbeiter. Sonst wäre das Geld, das ich bekomme, ja herausgeschmissenes Geld – nicht wahr?

Binswanger: Bei Gott!

Theo: Ich also zur Arbeit mit zugekniffenen Augen, seh' nix, hör' nix . . .

1. *Unentwegter:* Hörst nix?

Theo: Sagte ich »Hör' nix?«

1. *Unentwegter:* Ja.

Theo: Dann wird es wohl falsch sein. Ich hör' natürlich wie ein Luchs. Muß ich doch, wenn ich schon nix sehe und nix höre.

1. *Unentwegter:* Und nix hörst?

Theo: Habe ich wieder » Hör' nix« gesagt?

1. *Unentwegter:* Nein.

Theo: Na also. Hier soll mir also etwas unterstellt werden, was ich nie gesagt habe.

1. *Unentwegter:* Du hast gesagt »Nix höre«.

Theo: So? Dann meinte ich aber »nix sehe«.

1. *Unentwegter:* Das sagtest du außerdem. Du sagtest »Nix sehe und nix höre«.

Theo: Ich weiß nicht, irgendwie artet das hier in einen Streit um Worte aus. Wenn ich sagte »nix sehe und nix höre« – was noch nicht raus ist –

Binswanger: O ja, das ist aber nun wirklich raus. Du sagtest vorhin laut und deutlich »Nix sehe und nix höre« – das werden alle, die bisher dabei waren, doch wohl bestätigen, wie ich gerne annehmen möchte.

1. *Unentwegter:* Theo, komm Kumpel, verrenn dich nicht!

Theo: Also ich werde hier doch wohl noch ausreden dürfen – oder?

Serge, der bisher mit einem Klappstuhl hantiert hat: Theo, gibs ihnen!

Theo: Dabei bin ich gerade, also wenn ich nun endlich mal ausreden darf?

Binswanger: Bitte.

1. *Unentwegter:* Darauf warten wir doch alle schon die ganze Zeit. Alle, wie wir hier sitzen.

2. *Unentwegter:* Ich auch, wenn ich das hinzufügen darf.

Serge: Sag's ihnen, Theo!

Der Wirt: Feierabend!

Er beginnt die Gläser wegzuräumen und macht unmißverständliche Handbewegungen.

Theo: Na denn, ein andermal!

Binswanger: Schade.

1. *Unentwegter:* So ein Pech!

2. *Unentwegter:* Kruzitürken!

Serge: Macht nichts, Theo! Morgen besorgst du es ihnen aber!

Theo: Worauf ihr euch verlassen könnt!

Und so kam es, daß Theo in die Dunkelheit hinaustappte, ohne daß er seinen Gedankengang hätte zuende führen können.

*

Das alles war jedoch nur ein Vorspiel. Nun wird's spannend. Noch in derselben Nacht begann nämlich ein fieberhaftes Leben und Treiben.

Da ist einmal Lesseps. Er sitzt noch immer in seiner Kammer und grübelt. »Irgendwo reimt sich das alles nicht zusammen. Irgendwo stimmt da etwas nicht! Aber wie begann das alles? Da war schon immer ein Verdacht, unwägbar wie eine Schwanenfeder. Dann kamen Indizien dazu. Gerade heute wieder – aber nein! Ich muß mich an die Fakten halten. Und was sind die Fakten?« Ohne es zu merken, war er aufgesprungen und hatte begonnen, in der Schlafkammer auf und ab zu gehen.

»Fakt eins: Ich will hier den Suez-Kanal bauen. Und zwar so schnell wie möglich.

Fakt zwei: Die Arbeit geht nicht so recht voran. Sie begann zügig, aber nun schleppt sie sich dahin. Und zwar seit . . . seit zwei Wochen. Merkwürdigerweise exakt seit zwei Wochen. Aber was geschah vor zwei Wochen? Kam da nicht Theodore? T-h-e-o-d-o-r-e?«

Das war der Moment, als Lesseps die Wanduhr auf die Schulter fiel und es kurz darauf klopfte.

Lesseps, aus seinen Grübeleien aufschreckend: »Herein!«

Der Türknopf drehte sich, und herein trat, scheu um sich blickend, eine Gestalt, die Lesseps für einen Moment verständnislos musterte, bis er gar nichts mehr begriff.

»Wer sind denn Sie schon wieder?«

»Ich bin, mit Verlaub, einer der Arbeiter, die am Kanal arbeiten. Und vielleicht nicht der schlechteste!«

Mit einer Handbewegung wischte Lesseps diesen Einwand hinweg.

»Und warum kommen Sie?«

»Weil ich Ihnen eine Beobachtung mitteilen möchte, die Ihnen vielleicht nützlich sein könnte.«

»Ützlich, ützlich, ützlich«, scholl das Echo aus der Besenkammer, doch Lesseps war viel zu aufgeregt, um es zu überhören.

»Eine Beobachtung? Was für eine Beobachtung denn?«

»Sie betrifft einen gewissen Theodore . . .«

»Den Vorarbeiter?«

»Den Vorarbeiter.«

Und nun erklärte der Arbeiter, Emile, war sein Name, was sich seit Lesseps Weggang von der Baustelle ereignet hatte. Wie er, Emile, Theo darauf angesprochen habe, daß er sich seinen, Theos, Irrtum nur schwer erklären könne, wie er ihm weiter vorgehalten habe, Theo könne doch unmöglich seinen Vorarbeiterpflichten . . . aber hören wir Emile einmal selber:

»Sie waren schon weg, da standen wir noch vor dem Geräteschuppen. Und nun passen Sie mal auf: Ich machte Theodore darauf aufmerksam, daß er unsere Arbeit schlecht überwachen könne, wenn er den ganzen Tag über die Augen zugekniffen habe. Und da tat Theo erst ganz erstaunt und schließlich behauptete er, das sei des Rätsels Lösung, wieso es den ganzen Tag über so dunkel gewesen sei . . .«

Lesseps machte einen Sprung in Richtung Besenkammer und schloß die Tür.

»So dunkel? Aber es war doch taghell. Den ganzen Tag über.«

»War es auch.«

»Und was faselt Theo von Dunklheit?«

»Ihm war es dunkel vorgekommen, weil er die Augen zugekniffen hatte.«

»Aha. Die Augen zugekniffen. Aber – da konnte er ja nichts mehr sehen!«
»Woher auch? Keinen Strich!«
»Und er hatte sie absichtlich zugekniffen?«
»Nach seinen Aussagen zufällig.«
»Den ganzen Tag über?«
»Nach seinen Aussagen – ja.«
»Und da wagt es dieser Vorarbeiter, Angaben über die tagsüber geleistete Arbeitsmenge zu machen?«
»Offensichtlich.«
»Aber wie denn – er sieht doch nichts. Wie kann er dann Entfernungen abschätzen?«
»Er hat sich ja auch ganz schön vertan.«
Lesseps schaute verwirrt nach dem Medallion.
»Das hat er, Emile, das hat er. Er sagte 90 Meter, und es waren nur drei ... nur drei ... Und du meinst, das sei lediglich darauf zurückzuführen, daß er während der Arbeit die Augen zugekniffen hatte?«
Emile, nun siegessicher, warf ein: »Wissen Sie eine andere Erklärung? Sie haben studiert, ich nicht – bitte. Aber wie wäre der ganze Vorgang denn sonst zu erklären? 90 Meter und 70 – da kann man noch die Übersicht verlieren. 90 Meter und 50 – gut, auch da. 90 und 27 ...«
»Da schon weniger«, unterbrach ihn Lesseps.
»Sehn Sie worauf ich hinaus will?«
»Nur zu gut. 90 und drei – da ist der Widerspruch zwischen Schätzung und Realität ganz einfach zu schreiend, da gibt's ganz einfach keine logische Verbindung!«
»Außer ...«
»Außer?«
»Außer man geht von der Annahme aus, daß Theo den ganzen Tag über die Augen zugekniffen hatte ... nicht wahr?«

»Es gibt keine andere Erklärung, Emile, ich danke dir dafür, daß du noch so spät den Weg zu mir fandest.«
»Bitte schön, nichts zu danken.«
»O doch!«
»Aber nein!«
»O doch, doch!«
»Aber ich bitt' Sie . . .!«
»Na dann eben nicht!«

*

Etwa zur selben Zeit, als dieses Gespräch ein Ende fand, war auch der erste Unentwegte eingeschlafen. Der zweite jedoch hatte sich bei Binswanger eingehängt und vertrat sich unter leisem Getuschel noch etwas die Beine . . .
»Du warst doch dabei, als sich heute Abend jene unschöne Szene vor dem Geräteschuppen abspielte, als einer der Arbeiter Theo vorwarf, seine Vorarbeiterpflichten . . .«
»O, ich erinnere mich nur zu genau«, fiel ihm der andere ins Wort. »Theo tat erstaunt und schließlich richtig erleichtert, als ihm der Arbeiter erklärte, die Dunkelheit rühre daher, daß er, Theo, stets die Augen so zugekniffen habe . . .«
»Richtig. Und was war die Folge? Wie ging's weiter?«
»Wir gaben uns mit der Erklärung zufrieden und gingen in die Kantine.«
»Und Theo?«
»Theo? Der ging mit.«
»Ganz allein?«
»Ganz allein. Oder – nein? Ich mußte ihn ja führen.«
»Er hatte also immer noch geschlossene Augen?«
»Offensichtlich. Sonst hätte er doch alleine gehen können – nehme ich jedenfalls an.«

»Und wohl zu recht. Aber weiter« – er zog seinen Begleiter um die Palme – »wir gingen in die Kantine. Und was taten wir dort?«
»Wir tranken.«
»Und Theo?«
»Der gesellte sich zu uns.«
»Wann war das etwa?«
»Schon gleich zu Anfang . . . Doch nein, er fragte mich wenig später nach der Uhrzeit und ging in die Küche.«
»Aber er hatte doch eine Uhr dabei?«
»Sicher. Eine Taschenuhr.«
»Und er fragte dich trotzdem nach der Zeit?«
»Jaa . . . merkwürdig.«
»Er hatte demnach auch in der Kantine auch immer noch geschlossene Augen.«
»Zugekniffene.«
»Zugekniffene – gut. Aber weiter, du gingst zum Tresen und ich auch. Und dann . . .«
»Jetzt erinnere ich mich wieder! Dann hat Theo uns erzählt, was das für eine Leistung sei, den ganzen Tag über die Augen zuzukneifen.«
»Und das hast du ihm geglaubt?«
»Warum nicht?«
»Aber siehst du denn den Widerspruch gar nicht?«
»Welchen Widerspruch denn?«
»Na, den: Zuerst tut Theo doch ganz erstaunt, als er erfährt, daß er die Augen zugekniffen hatte. Und nun behauptet er, er kneife sie absichtlich zu. So geht das doch nicht.«
»Entweder – oder!«
»Aber beides zusammen . . .«
». . . ist unmöglich. Du hast recht . . .«
»Nicht wahr?«

»Aber was verbirgt sich hinter all diesen offenbaren Unwahrheiten?«
»Ich habe da so einen Verdacht«, flüsterte Binswanger und hob seine Hand etwa in Fußhöhe.
»Paß auf . . .«

*

Und die ganze Zeit über dieses Geräusch im Geräteschuppen: Ssssiiiit, psiiit, schiiit, pschiiiiiiiet!

*

Und dann dieses Bumsti, als der Araber von der Araberin fiel.

*

Und Lesseps, der frühmorgens schon . . . Aber das steht auf einem anderen Blatt.

*

Frühmorgens springt Lesseps aus dem Bett. Er hat einen Entschluß gefaßt. »Der Sache werde ich auf den Grund gehen. So kommen wir ja nicht weiter.« Aber auf dem Weg zum Ziehbrunnen wäre er beinahe über Binswanger gestolpert.
»Binswanger – du hier?«
»Ja.«
»Wie das? Was treibt dich denn hierher, zu dieser nachtschlafenden Zeit?«
»Du machst mir Spaß! Es ist bereits halb neun!«
»Eins zu null für dich«, lachte Lesseps von der Logik der letzten Worte überwältigt. Doch dann, ernster werdend: »Hast du etwas auf dem Herzen?«
»Ja«, brach es aus Binswanger. Und nun erzählte er Lesseps haarklein, was er in der letzten Nacht vom zweiten Unentwegten erfahren hatte.

*

Der Heerwurm der Arbeiter hatte sich bereits an der Kanalbaustelle versammelt, als Lesseps die Lage erstmals voll überschaute: »Mir macht Theodore falsche Angaben über die Menge der geschafften Arbeit, den Arbeitern erklärt er scheinheilig, er wisse nicht, wieso es den ganzen Tag über so dunkel gewesen sei, euch gegenüber behauptet er, das Augenzukneifen sei eine Leistung, seit zwei Wochen überwacht er den Kanalbau, seit zwei Wochen geht die Arbeitsleistung ständig zurück. Ständig. Der Zusammenhang ist nicht zu übersehen, der Plan ist durchschaubar, die Folgen sind noch nicht zu überblicken, wenn ich nicht sofort etwas Entscheidendes unternehme. Komm Binswanger! Auf zur Baustelle!«

Als die hochaufgerichtete Gestalt Lesseps' in Begleitung des gedrungenen Binswanger den Kanal erreichte, hatte Theo gerade das Kommando » Hacken hebt« gegeben.

»Runter mit den Hacken!« konterte Lesseps, und als es still geworden war, fügte er hinzu: »Theo, komm doch mal her!«

Nun war es so ruhig, daß man aus der Ferne den Ruf des Blandbleit-Vogels hören konnte. Theodore kam schwerfällig näher. Das Verhör konnte beginnen.

*

Lesseps berichtete nun in dürren Worten, was er von Emile und Binswanger erfahren hatte, sparte auch seine Überlegungen nicht aus und bat Theodore schließlich, sich dazu zu äußern.

Theodore versuchte daraufhin, erst einmal alles in Abrede zu stellen, doch als er merkte, daß er mit dieser Tour nicht durchkam, trat er die Flucht nach vorn an. Ja, er habe erstaunt getan, als Emile ihm gestern Vorhaltungen gemacht habe, ja, er habe sich nachher gerühmt, nichts zu sehen, nein, er könne keine Entfernungen abschätzen.

»Woher auch?« fügte er laut hinzu. »Sie könnten es auch nicht, wenn Sie ständig die Augen geschlossen hätten.«
»Das stimmt«, erwiderte Lesseps, schwieg, und für einen Moment schien es, als ob Theodore das Spiel gewonnen hätte. Doch da sprang Binswanger ein und stellte jene Fangfrage, die sich später als entscheidend herausstellen sollte: »Sagen Sie mal Theo, wollen Sie das eigentlich auch in Zukunft so halten?«
»Was?«
»Das beabsichtigte oder unbeabsichtigte Augenzukneifen während der Arbeit?«
»Unbedingt.«
»Bis in alle Zukunft?«
»Ja. So wahr ich hier stehe.«
Binswangers Gesicht hellte sich auf, mit einem triumphierenden Lächeln wandte er sich an Lesseps und die Arbeiter. »Danke, das genügt. Keine weiteren Fragen.«
Lesseps nickte Binswanger anerkennend zu. Nun wußte auch er genug: »Theo, tut mir leid, aber mit einem solchen Vorarbeiter kann ich nicht länger zusammenarbeiten. Wer hier Vorarbeiter sein will, der muß die Augen offenhalten können. Und zwar auch und gerade den Tag über. Sie können Ihre Papiere sofort abholen.«
»Aber ...« wollte Theodore einwenden, doch er wußte, daß er verspielt hatte. Wie betäubt ließ er sich abführen, steckte seine Papiere ein und verschwand auf Nimmerwiedersehen.

*

Emile wurde sein Nachfolger. Die Bauarbeiten kamen zügig voran. Einige Fragen blieben zwar noch offen, doch Lesseps konnte sein Werk verwirklichen.

Peinlich, peinlich

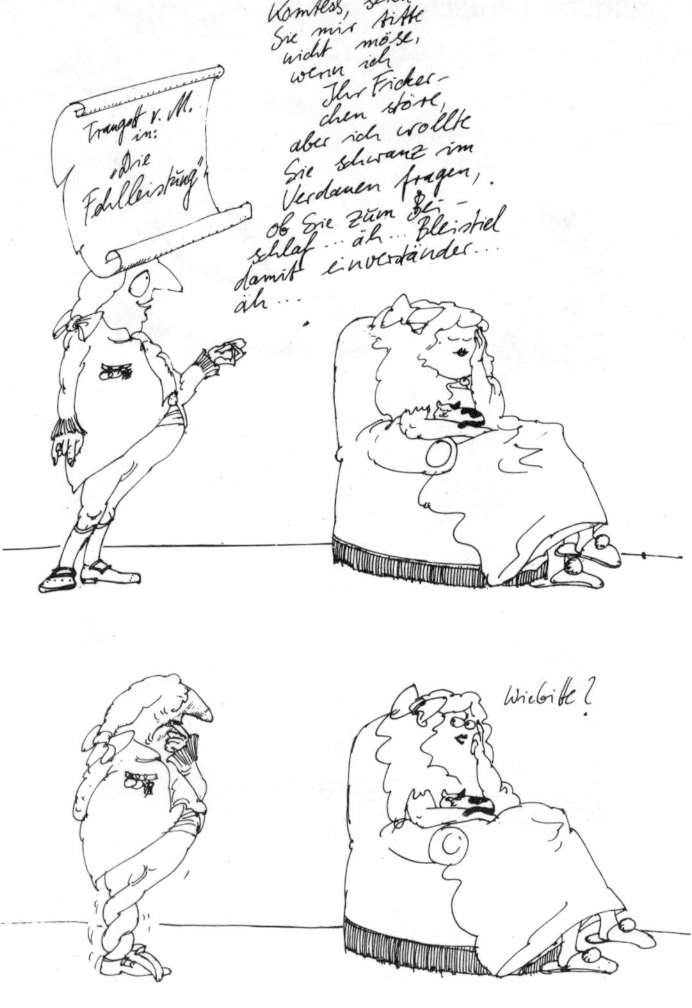
Traugott v. M. in: „Die Fehlleistung"
Komtess, seien Sie mir bitte nicht möse, wenn ich Ihr Fricker-chen störe, aber ich wollte Sie schwanz im Verdauen fragen, ob Sie zum Bei-schlaf ... äh ... Bleistiel damit einverständer ... äh ...
Wiebitte?

Gib nicht so an

... DEINEM SCHNABEL...

... UND DEINEM LANGEN HALS?

DAS BIST DU
BEI GOTT NICHT,
MEIN LIEBER!

Die Ergreifung

Der Vergleich

HA, HA, HA!

LACHHAFT!

Durch Bella Italia
mit der – – Nuckelpinne

»Na Alte, was hältst du von einer Spritztour durch Bella Italia?«
Dieser Ruf erschallte eines schönen Frühlingsmorgens durch das schmucke Schwarzwaldhäuschen, als dessen Besitzer jeder in Kniedorf Gerhard Wohlgemut benannt hätte.
Und kein anderer hatte auch diese Worte geäußert, die nun eine von ihm zweifellos beabsichtigte Wirkung zeitigten. Denn hast du nicht gesehen öffnete sich die Küchentür, und die so summarisch als »Alte« angeredete – in Wirklichkeit eine prächtige Frau von etwa 35 Jahren –, trat auf den Flur.
Marie, so war ihr Name im Paß vermerkt, und als Nachnamen konnte man dort einen Namen lesen, der uns nun schon vertraut ist, den Namen Wohlgemut.
»Gerhard, ist das dein Ernst?«
»Klar. Schau mal, was da draußen steht.«
»Ein Auto! Wie kommt denn das hierher?«
»Von selbst bestimmt nicht!«
»Du hast es gekauft?!«
In Maries Stimme lag ein Jauchzen.
»Hat es schon einen Namen?«
»Klar,« brummte Gerhard und zwinkerte verräterisch mit den Augen. »Nuckelpinne«.
»Nuckelpinne, wie hübsch. Und wann soll's losgehen?«
»Wenn du willst, sofort.«
»Ach Gerhard, wie herrlich!«
Zwei Stunden, nachdem dieses Gespräch stattgefunden hatte, lag das Reisegepäck wohlverstaut im Kofferraum, und auf den

beiden vorderen Plätzen befanden sich die beiden Personen, die wir nun schon kennen und die sicher nichts dagegen haben werden, wenn wir sie ab jetzt ganz einfach mit ihren Vornamen anreden.

Hinter dem Steuer saß – wie könnte es anders sein – der stolze Besitzer Gerhard. Neben ihm hockte Frau Marie und strahlte aus allen Knopflöchern. Und ab ging's.

Zuerst mit Karacho durch das verschlafene Schwarzwaldstädtchen, dessen Bewohner nicht schlecht staunten, als sie das seltsame Gefährt daherrauschen sahen.

»Na Alte, was sagst du zu unserer Nuckelpinne? Unser fahrbarer Untersatz hat einen ganz schönen Zack drauf – wie?«

»Fahr nicht so schnell, Gerhard.«

Unter solchen Gesprächen verging die Zeit bis Trient.

»Trento,« stellte Gerhard fest. »Trient ist wohl zu schwer für die Spaghettifresser. Na, hier werden wir, schätze ich, mal ausgiebig an der Matratze horchen. Schau mal links der Campanile. Also bauen können sie!«

Ein Hotel zu einem annehmbaren Preis war schnell gefunden, der Wirt geleitete die Gäste persönlich in das Zimmer, wo Gerhards Interesse rasch von dem Doppelbett gefesselt wurde. Vor den Augen des erstaunten Wirtes ließ er sich auf die Bettstatt plumpsen und stand mit verdüsteter Miene wieder auf.

»Das quietscht ja. Das Bett – il letto, capisci?«

Der Wirt zuckte mit den Achseln, offenbar gingen diese Worte nicht in seinen braunen Schädel.

»Das quietscht. Fa quietschi, quietschi. Niente capito? Kommen Sie mal. Horchen Sie mal. Hier. Macht quietsch, quietsch. Il letto quietsche. Claro?«

Nun wollte der Wirt unter Zuhilfenahme aller Extremitäten irgendwelche Beschwichtigungsversuche vorbringen, doch

Gerhard stoppte seinen Redeschwall. »Für das Geld, was das hier kostet, kann man auch ein Bett erwarten, das einen ruhigen Schlaf garantiert. Garantia – capito? Bene schlafen. Voglio bene schlafen senza quietsch, quietsch. Ich zehn Stunden im Auto, sempre wrumm, wrumm, nun ich müde. Ich schlafen. Ohne quietsch, quietsch. Va bene?«

Doch unser armer Italiano schien nichts zu begreifen. Dann schließlich ging ein Leuchten über sein Gesicht, und er verschwand eilig auf dem Flur, freilich nur, um zwei weitere Kissen hereinzutragen.

Am nächsten Morgen, nach so, so verbrachter Nacht, gab dieser Vorfall unseren beiden Helden noch Anlaß zu einem scherzhaften Wortwechsel.

»Irgendjemand mußte es dem Wirt ja einmal sagen.«

»Du hast dich absolut richtig verhalten, Gerhard.«

Hinter Trient veränderte sich die Landschaft ziemlich rasch.

»Weniger Hügel, mehr Flachland, das muß ich mir merken,« sagte Gerhard, während der Marie fast die Augen aus dem Kopf fielen.

»Guck mal, da geht wieder so ein Mann mit einem Korb unter dem Arm.«

»Ging da schon mal einer?«

»Ja, vorhin. Hast du ihn nicht gesehen?«

»Nein, ich war zu sehr von dem Säulengang gefesselt.«

»Den hab ich nun wieder nicht gesehen.«

»Solltest du aber. Anstatt Männern nachzuschauen.«

»Gerhard, du weißt doch, wie es gemeint war!«

»Klar. Sollte auch nur ein Scherz sein.«

Bis Florenz ging alles gut. Dann tauchte in der Ferne die Domkuppel auf.

»Scheint il duomo zu sein,« bemerkte Gerhard mit Kennerblick. »Brunelleschis Meisterwerk. Roter, als ich dachte.«

Marie war ganz Ohr, als sich die Nuckelpinne ihren Weg durch das Verkehrschaos der Stadt am Arno bahnte und Gerhard seine Erläuterungen abgab.
»Jetzt muß gleich der Palazzo Vecchio kommen. Da hat früher der Stadtrat getagt. Was war denn das da links?«
Der erste Vormittag gehörte ganz und gar den Uffizien. Die Meisterwerke der Malerei wurden ausgiebig begutachtet, und dann war eine kleine Stärkung fällig.
»Voglio un poco mangiare,« bedeutete Gerhard dem dienstbaren Geist der Trattoria, der bald, mit einer Speisekarte bewaffnet, wiederauftauchte.
»Na, was gibt's denn hier Gutes?« mit diesen Worten vertiefte er sich in la carta. »Also da kenn sich einer aus. Alles so ein Brutta con Tutta und Cotschelone alla Panna-Zeug. Was nimmst du? Ich nehme Spaghetti.«
Da wollte Marie nicht nachstehen. »Was ist denn das hier?«
Der Kellner klaubte seine zugestandenermaßen etwas armseligen Deutschkenntnisse zusammen und erklärte: »Eine schöne Fleisch von Huhn mit Reis.«
»Eine schöne Fleisch – der gefällt mir!« sprang Gerhard hilfreich ein. »Der meint wahrscheinlich schönes Hühnerfleisch. Würde ich nehmen. Und dazu« – nun wieder zum Kellner gewandt – »und dazu eine Fanta. Habt ihr nicht? Dann vino rosso.«
Ziemlich belämmert zog der cameriere ab, doch nach stattgehabter Atzung waren die beiden Reisenden wieder ganz obenauf und schauten sich Santa Croce an.
»Komm mal hier rüber, so siehst du die Giottos am besten.«
»Ja, jetzt sehe ich sie auch.«
»Ganz schön schmissig, was?«
Der Toskana waren zwei weitere Tage gewidmet.
»O sole mio«, mit diesen Worten steuerte Gerhard die wacke-

re Nuckelpinne weiter südwärts. Eines Tages wachten unsere Reisenden in Amalfi auf, und Gerhard plierte mißtrauisch durch die Jalousie. »Niente sole,« stellte er ärgerlich fest. Dazu kam, daß die Pinunzen langsam knapp wurden.
»Aber Rom war doch schön.«
»Da schien auch noch die Sonne.«
»Das stimmt.«
»Na, juckeln wir mal gemächlich die Küstenstraße runter. Die Sonne wird schon wieder scheinen.«
In der Tat, bald lugte sie wieder hinter den Wolken hervor, und schnell stieg das Stimmungsbarometer unserer beiden Italienfahrer wieder auf Markierung »Prima«.
Vor einer Kurve trat Gerhard plötzlich auf die Bremse und lenkte die Nuckelpinne auf einen Rastplatz. »Mal ein bißchen lucki, lucki machen«, erklärte er seiner besseren Hälfte und schaute die Steilküste runter. Mit einem italienischen Herrn, der dasselbe tat, kam er ins Gespräch.
»Das da unten nennen wir in Germania eine Haarnadelkurve.«
Doch der Italiener schien immerzu Bahnhof zu verstehen.
»Haarnadelkurve« erklärte Gerhard mit Nachdruck.
»Curva, si, si.«
»Niente curva. Haarnadelkurva!«
Der Italiener begriff immer noch nicht.
»Passen Sie auf. Curva – si?
»Si.«
»Bene. Und questa Kurva e una Haarnadelkurva. Capito?«
Der Italiener schüttelte den Kopf.
»Haarnadel – capisce Haarnadel?«
Nein, er begriff nichts.
»Haarnadel – come si dice? Hier, ecco –« Gerhard deutete auf seinen Kopf. »Das sind Haare. Hair. Hier oben. Und nun . . .

le donne, Frau – capito? Le donne haben langes Haar ... questa cosa longa – und dafür Nadeln ... Haarnadeln – ca – pisce. Nadeln per hier oben – claro?«
Der Italiener guckte immer noch wie nicht gescheit.
»Paß mal auf. Nadeln – ja? Si qualque cosa e kaputto, ja? Dann sie prende una Nadel per fare bene ...« Gerhard machte die Bewegung des Nähens, »Nadel – capito? Questa e una Nadel. Und una Nadel per hier oben e una Haarnadel und questa Kurva e una Haarnadelkurva. Con la forma di una Haarnadel – capito?«
»Gerhard laß doch, der begreift's nicht.«
»Ich glaub's beinahe auch. Na, macht nichts. Tschau!«
Wieder im Wagen konnte er sich jedoch längere Zeit nicht beruhigen.
»Er hätte es doch wirklich begreifen können, der Italiano!«
»Es ging vielleicht über seinen horizonto,« meinte Marie begütigend und brachte so den Göttergatten wieder zum Schmunzeln.
Trotzdem hätte die in Maries Worten enthaltene Mahnung Gerhard vorsichtiger werden lassen müssen, aber in Riccione stach ihn der Haber noch einmal. Und dabei hätte es beinahe Ärger gegeben.
»Mit Ihnen würde ich gerne ein Nümmerchen schieben«, bedeutete er einer Kellnerin, die verlegen die Achseln zuckte.
»Also Nummer ...« versuchte Gerhard zu erklären.
»Numero?«
»Ja, bene, numera. Ich – ego – io – ja?«
Das schöne Kind nickte und bemühte sich augenscheinlich, hinter den Sinn von Gerhards Worten zu kommen.
»Io Nümmerchen – una piccola numera, io una piccola numera con te – capito?«

Das hörte Marie ja nicht so gern: »Gerhard, laß das doch!« Doch Gerhard wollte nunmal keine Ruhe geben: »Guck lieber nach, was ›schieben‹ heißt.«
»Das kannst du dir selber raussuchen«, stieß Marie wütend hervor, schmiß Gerhard das Wörterbuch auf den Tisch und wollte gerade die beleidigte Leberwurst spielen, als Gerhard ihr durch ein Zwinkern bedeutete, daß er nur Spaß machte.
»Also wir piccola numera schieben, wir insieme – si?«
»Sieben?« fragte die Kellnerin und provozierte ungewollt eine nur mühsam unterdrückte Heiterkeit bei unseren Freunden.
»Nicht sieben. Sieben e sette. Schieben. Wir Nümmerchen schieben – ja?«
»Nümmerschen?«
»Una piccola numera solo – wir zwei Hübschen – capito?«
Aber die Brave begriff immer noch nicht, und schließlich ließ es Gerhard des grausamen Spiels genug sein. Die Kellnerin ging, und endlich konnte Marie ihrem angestauten Gelächter freien Lauf lassen.
Noch im Hotelzimmer wollte sie sich nicht beruhigen: »Nümmerschen sieben – also wie sie das gesagt hat!«
Doch auch die schönsten Ferien gehen einmal zuende. Unerbittlich flatterte Kalenderblatt auf Kalenderblatt zu Boden, bis es auf einmal Abschiednehmen hieß.
»Schön war's in Italia, doch schön ist auch Germania«, sang Gerhard über das Lenkrad der unverwüstlichen Nuckelpinne gebeugt, und Maria summte den Refrain versonnen mit.
»Es waren doch trotz allem ganz herrliche Tage, wie?«
»Ganz herrliche Tage.«
Und dann tauchten plötzlich zwei Schilder auf. »Bundesrepublik Deutschland« stand auf dem einen, »Freistaat Bayern« auf dem anderen.
»Man« war wieder zuhause: Gerhard, Maria und – nicht zu

vergessen – die brave Nuckelpinne, die die ganzen drei Wochen wirklich ausgesprochen gut überstanden hatte.
»Buon giorno, Germania!« rief unser Italienfahrer übermütig aus.
Und war es mehr als nur ein Zufall, daß ihm das erste »Grüß Gott« seit drei Wochen – es war der Zöllner, der es aussprach, – wie Musik in den Ohren klang?

Und noch ein Bild und seine Geschichte

Was bisher geschah: Seit die Menschen reden können, reden sie aneinander vorbei. Das wäre nicht weiter schlimm, wenn es dabei nicht dauernd zu Mißverständnissen käme, wie das folgende Beispiel aus den zwanziger Jahren beweist . . .

»Ich würge alle Frau'n, ob blond ob braun« – mit diesen Worten betrat ein Mann, der sich als »Der singende Würger« vorstellte, am 12. 3. 1921 die Waffelbäckerei Herzog, in der sich zu diesem Zeitpunkt nur die Waffelbäckerin Hedwig befand.
»Sie wünschen?« fragte sie, vom Waffelbottich aufschauend.
»Heut' denk ich nicht an mürgen, heut' möcht' ich Sie gern würgen!« entgegnete der Würger, der mit bürgerlichem Namen Panskus hieß.

»Wie bitte?« fragte Hedwig.
»Heut denk ich nicht an mürgen . . .« wiederholte Panskus.
»Sie meinen wohl ›morgen‹?«
»Auch gut. Also: Heut' denk ich nicht an morgen, heut' möcht' ich Sie gern . . .«
»Worgen?«
»Das nicht gerade.«
»Sondern?«
»Würgen!«
»Mich?«
»Nein, Sie!«
Aber es sollte noch schlimmer kommen. Nun nämlich entwikkelte sich der folgende Dialog:
Hedwig: Mein Herr! Ich bin ein anständiges Mädchen! Ich lasse mich nicht von jedem . . .
Panskus: Nicht, was Sie denken. Ich will Sie doch nur würgen!
Hedwig: Ja, ja, so seid ihr Männer. Alle wollen immer nur das . . .
Panskus: Nein! Das will ich doch gar nicht! Ich will Sie würgen!
Hedwig: So kann man es auch nennen!
Panskus: Aber so begreifen Sie doch! Ich will Sie . . .
Hedwig: Ja?
Panskus: Würgi, würgi – Du verstehn?
Hedwig: Kein Strich!
Panskus: Wie kann man nur so dä . . .
Hedwig: Also wenn Sie frech werden wollen, dann . . .
Panskus: Will ich doch gar nicht! Ich will Sie doch nur . . .
Hedwig: Also mit mir nicht!
Da wandte sich der Würger seufzend ab, griff sich seinen Knappsack, schritt auf die Tür zu, drehte sich noch einmal um, setzte an zum »Gut, ich will nichts überstürzen, vielleicht kann

ich Sie morgen wür . . .«, merkte, daß auch dieser Reim daneben zu geraten drohte, schwieg und trollte sich.
Hedwig aber wandte sich seufzend wieder ihrem Waffelbottich zu. Gar so unsympathisch hatte er ja gar nicht ausgesehen, der Fremde, überlegte sie, und unwillkürlich formten ihre Hände ein kleines Herz aus Waffelteig, das sie freilich sogleich wieder ärgerlich zusammendrückte.
»Würgen! Mich!« dachte sie, »Das wäre ja geradeso, als ob einer mich würgen wollte!«
Und bei diesem Gedanken mußte sie unwillkürlich lächeln . . .

Der Fremde half

..DA KOMMT EIN BEKANNTER VON MIR. KÖNNTEN SIE MIR IHRE HOSE LEIHEN?
SICHER, BITTE...
DANKE...

GUTENTAG!
GUTEN TAG!
JETZT KÖNNEN SIE SIE WIEDERHABEN...
ACH, NEIN DANKE...
...ICH FÜHLE MICH SO WOHLER. AUF WIEDER-SEHEN!

Jägerschicksal

... ALS ICH ES PACHTETE, SAGTE MAN MIR, DASS ES DORT HIRSCHE GÄBE ...

... EHRLICH GESTANDEN, ICH GLAUBE ES NICHT. NA JA, MIT MIR KÖNNEN SIE ES JA MACHEN ...

Die Brücke

Lass uns eine Brücke zwischen Tier und Mensch schlagen...
gern!

Auf die Plätze...

... fertig ...

Los!

Jetzt habe ich das erschossen, das mir das Liebste war auf der Welt...

Drei Berliner Geschichten (1964/65)

Schwänzchen

P. saß am Fenster und zeichnete die winterliche Stadtlandschaft, die schwarzen Spuren der Autoreifen hatten es ihm angetan. M. brachte eine Lampe in Ordnung, der Stecker war kaputt, und er schraubte ihn mit einer Messerspitze auf. F. malte einen Dampfer, der unter einer Brücke hindurchfuhr. R. spielte Gitarre und summte vor sich hin. Das tat er seit einiger Zeit, und er hatte bereits die Anfangszeilen eines kleinen Liedes beisammen: »Und der Main fließt in den Rhein rein, und am Rhein da wächst der Rheinwein. Flöß' der Main nicht in den Rhein rein, wüchs' am Rhein auch nicht der Rheinwein.«

Da klingelte es. M. ließ die Lampe los und ging zur Tür. Draußen stand Barbara mit einem Jungen, der sie an der Hand hielt. Er war etwa elf Jahre alt.

»Grüß dich, Barbara«, sagte M. und nahm vorweg, was die anderen dann auch sagten: »Tag, Barbara.« »Wie gehts, Barbara?« »Grüß dich, Barbara.«

Daß der Knabe einen Husch hatte, wurde bald deutlich. Er schielte leicht und trug eine große Brille. »Was sind denn das für Farben?« fragte er und faßte in die Häufchen von Pulverfarben, die auf F.'s Glasscheibe ihre bunten Gipfel in die Höh' reckten. Barbara wischte ihm die Hand ab. »Sag mal Hexamethylentetravitol«, sagte sie dabei, und das Wunderkind zögerte keinen Augenblick: »Hexamethylentetravitol.«

»Das habe ich ihm beigebracht«, sagte sie. »Er heißt Michael, ich passe auf ihn auf. Drei Mark in der Stunde. Ist Helga da? Ich muß sie etwas fragen.«

F. nickte, und schon war sie draußen, sie kannte den Weg. Der Knabe setzte sich auf einen Stuhl und begann die Farbreste, die er noch an der Hand hatte, in sein Ohr zu schmieren. Bald war es krapplackrot. Im Licht von M.'s Lampe, die nun wieder in Ordnung war, leuchtete es.

»Um das noch zu sagen«, sagte P. »Wenn der Himmel dunkel wird, ist das Weiß der Dächer merkwürdig hell. Nur wenig dunkler ist die verschneite Straße, und das Geflecht der Spuren wirkt zeichenhaft.«

M. schaltete seine Lampe an und aus. »Sie ist wieder in Ordnung. Schaut mal her, sie geht wie geschmiert.« Das Krapplackohr des Knaben glühte auf und verlosch.

»Ich mach das Oberlicht an«, sagte F. »Ich seh meinen Dampfer nicht mehr.«

»Man sieht mich nur im Oberlicht, der Dampfer auf dem Flusse spricht«, sang R. und ließ es wieder. Dann wurde es hell und alle blinzelten.

»Wo kommen eigentlich die Kinder her?« sagte der Knabe und ließ von seinem Ohr ab. »Ich meine, wirklich.«

R. hörte mit dem Singen auf und fragte: »Wo soll wer herkommen?«

»Die Kinder.«

M. stellte die Lampe auf den Tisch und schaute das Kind aufmerksam an. Es schielte wie vorher und blickte silbern und erwartungsvoll. »Barbara sagt, daß Mann und Frau die Kinder machen, stimmt das? Ich glaub es nämlich nicht.« Dabei lachte er auf eine seltsame Art. M. erinnerte es an Bergziegen, die er in einem Kulturfilm gesehen hatte. Bergziegen, weiße Tiere mit äußerst dichtem Fell, die in den Gebirgen Nordamerikas leben, stoßen während der Brunftzeit hohe, langsam leiser und tiefer werdende Töne aus.

P. beendete seine Zeichnung und blies sie vorsichtig an, um die Skriptolpfützen zu trocknen.

»Barbara hat ganz recht, Mann und Frau machen die Kinder«, sagte R.

»Aber wie?« fragte Michael.

»Erklärs ihm doch mal«, sagte P. zu R. »Er ist jetzt in dem Alter, in dem kleine Kinder aufgeklärt werden sollten.«

»Ja«, sagte F. »Wo du doch Lehrer werden willst. Da mußt du so etwas auch können.«

»Warum soll ausgerechnet ich das tun?« fragte R. »Hat dir dein Vater noch nichts davon erzählt?«

»Der ist tot«, sagte der Knabe.

»Und deine Mutter, hat die nichts gesagt?«

»Die ist auch tot.«

»Bei wem lebst du denn?«

»Bei meiner Großmutter.«

»Ach Gott.«

»Na, paß auf«, sagte R. »Die Männer haben ein Geschlechtsorgan. Das dient der Fortpflanzung. Es ist eine Art Schwänzchen.«

»Das ist nicht eine Art Schwänzchen«, sagte F. »Es ist ein Glied, das größer werden kann, wenn der Mann sexuell gereizt wird, ein Penis also.«

»Laß doch mal, das begreift ein Kind doch gar nicht. Es ist eine Art Schwänzchen, das größer werden kann. Das stimmt. Unten dran ist ein Säckchen, und darin sind die Eier. Das wirst du sicher schon gesehen haben.«

»›Die Eier‹ ist nicht richtig«, sagte F., der die Pinsel auswusch, er hatte genug vom Malen. »›Die Eier‹, das täuscht. Es sind zwei. Ich sag das nur, damit Michael keine falschen Vorstellungen bekommt wie ich seinerzeit. Ich dachte nämlich, daß andere mehr hätten. Ein Klassenkamerad prahlte damit, daß er sechzehn habe, was mich in meiner sexuellen Entwicklung sehr hinderte.«

»Sechzehn ist natürlich Unfug«, sagte P. »Aber vier gibt es. Im Bilderlexikon der Sexualität werden solche Fälle in Mengen geschildert. Freilich sind zwei das Normale.«

»Ich weiß nicht, ob das alles nicht abführt«, sagte M. »Ihr müßt doch dem Knaben erst einmal die Grundtatsachen erzählen. Jetzt schon von vier Eiern zu reden ist falsch, solange Michael noch gar nicht weiß, wozu die zwei gut sind. Aufklärung soll doch nicht verwirren, sondern Klarheit schaffen. Jetzt müßte erst einmal der Samen zur Sprache kommen.«

Das verärgerte R. »Ich wollte gerade etwas darüber sagen, da kam F. mit seinen sechzehn Eiern dazwischen. Das ist nicht meine Schuld. Also hör zu, Michael. In den Eiern ist der Samen, das ist wie bei den Pflanzen.«

Der Knabe zog ein Bein hoch und stützte seine Arme drauf. Licht fing sich in seiner Brille, und er begann, mit dem roten Ohr zu wackeln. R. fragte sich, ob es einen Sinn habe, noch weiter zu reden, als Michael »Und?« sagte.

»Ja, bei den Pflanzen. Wenn du einmal einen Apfel gegessen hast, wirst du gesehen haben, daß in der Mitte Kerne sind. Das ist der Samen des Apfels. Der wird in die Erde gepflanzt, und daraus entsteht dann ein neuer Apfelbaum.«

»Jetzt erzähl ihm auch etwas von den Schmetterlingen«, sagte F. »Das wird Michael vielleicht auch interessieren. Wenn er einmal einen Schmetterling gegessen hat, wird er sicher den kleinen Schniepel bemerkt haben, den das Schmetterlingsmännchen zwischen den Flügeln hat.«

»Wenn du es besser kannst, klär du ihn doch auf«, sagte R.

und griff wieder zur Gitarre. »Meinst du, daß ich es zum Spaß mache?«
»Das nicht. Aber ich weiß aus eigener Erfahrung, daß diese Metaphorik nur Unheil anrichtet. Du kannst doch nicht den Samen des Mannes mit Apfelkernen vergleichen, das ist etwas völlig anderes. Der Apfelkern: braun, hart, mit dem Auge erkennbar, der männliche Samen dagegen weißlich . . .«
»Eine Milliarde geht in einen Fingerhut«, sagte P., der begonnen hatte, den Knaben zu zeichnen. Wie der so dunkel vor der hellen Wand kauerte, auf seinem Stuhl, von dem das eine Bein herabschlenkerte, während das andere, zusammen mit dem Oberkörper, eine schwer zu gliedernde, große Form bildete, sah er auch ganz schön zeichenhaft aus.
»Es sind wohl weniger, ich habe nur von Millionen gehört«, sagte R. »Auf jeden Fall sind es sehr viele, Michael. Sie haben einen kleinen, runden Kopf und hinten ein Schwänzchen dran.«
F. stand auf. »Nun hör doch mit den Schwänzchen auf. Das muß den Knaben auf die Dauer verwirren. Der kann doch die ganzen Schwänzchen schon gar nicht mehr auseinander halten. Was zeichnest du denn? Ach so. Solche Erklärungen sind reine Glasperlenspiele, solange nicht alles auf das andere Geschlecht bezogen wird. Der Mann *und* die Frau machen das Kind.«
»Wenn Vater und Mutter sich sehr lieb haben, schlafen sie miteinander, und dann entsteht im Körper der Mutter neues Leben«, sagte R. »So kann man es natürlich auch sagen. Da weiß Michael endlich ganz genau Bescheid. Nicht wahr, Michael?«
Der Knabe sah forschend von einem zum anderen, und als er sah, daß P. lachte, begann auch er, auf seine merkwürdige Art zu lachen.

»Da gibt es nichts zu lachen«, sagte F. »Wenn nicht auch von der Frau gesprochen wird, ist das Gerede von den Schwänzchen ein Unfug.«

»Dann sag du ihm doch, wozu das Schwänzchen gut ist«, sagte R.

F. sortierte seine Pinsel und blickte den Knaben an, der nicht mehr lachte.

»Nun gut. Der Samen ist also im Mann, und er muß in die Frau. Wie schafft er das?«

»Da bin ich aber gespannt«, sagte R. »Erzähle weiter.«

»Ja, wie mag er das nur bewerkstelligen?« wollte auch M. wissen.

»Seid doch still«, sagte F.

»Sei nicht böse, Onkel«, sagte R. »Wie kommt der Samen in die Frau?«

»Das wollte ich Michael gerade sagen. Aber wenn ihr alles lächerlich macht, hat es weiß Gott keinen Sinn.« F. schwieg, der Knabe zog sein anderes Bein ebenfalls auf den Stuhl und schaute F. an. »Also hör zu. Die Frauen haben auch ein Geschlechtsorgan, und zwar steht es nicht so vor wie beim Mann.«

»Da steht es auch nicht immer vor«, sagte R.

»Sondern es ist im Bauch. Unten zwischen den Beinen haben die Frauen eine Spalte.«

»Jetzt begreif ich alles«, sagte R. und faßte sich an den Kopf.

»Und weiter drin ist der Eierstock, der sondert einmal im Monat ein Ei ab, das kann dann befruchtet werden.«

»Kann, aber muß nicht«, sagte M. »Erzähl ihm das ruhig auch, damit er nicht denkt, daß es bei jedem Mal passiert. Ich habe das früher geglaubt und mich auf kein Mädchen raufgetraut. Falsche Aufklärung kann einen ganz schönen Schaden anrichten.«

»Aber Michael ist doch eben überhaupt nicht in der Lage, auf eine Frau zu steigen. Da braucht er solche Einzelheiten nicht zu erfahren.«

»Unberufen«, sagte M. »In Ägypten ist vor Jahren ein Neunjähriger Vater geworden. Wenn man dem rechtzeitig die volle Wahrheit gesagt hätte, stünde er heute anders da.«

»Was ist ein Eierstock?« fragte der Junge.

»Ach«, sagte F. und zog seinen Malermantel wieder an. »Das wird dir Onkel R. sicher gerne sagen. Ich muß jetzt wieder etwas malen.«

»Warum ich? M. hat noch kein aufklärendes Wort gesprochen.«

»Der Eierstock«, sagte M. »ist ein kleines Schwänzchen, das an der Gebärmutter hängt.«

Vor der Tür gab es ein Geräusch, und Barbara und Helga kamen herein, gerade als F. sagte, daß die Gebärmutter kein Schwänzchen habe.

»Spinnt dem Michael doch nichts vor«, sagte Barbara und wischte das Ohr des Knaben sauber. »Komm, Michael, wir müssen jetzt gehen. Was habt ihr ihm denn erzählt?«

»Wir haben ihn aufgeklärt.«

»Ach so, das ist schön. Aber das mit dem Schwänzchen an der Gebärmutter ist doch wohl Unfug, oder?«

»Das war ein Scherz von M.«

Sie verabschiedeten sich. Der Knabe ging etwas unwillig hinter ihr her, offenbar hatte es ihm gefallen.

»Die sind weg«, sagte F. und schloß die Tür. »Verschon mich Gott vor Kindern, die ich einmal aufzuklären habe.«

»Jetzt weißt du aber, wo sie herkommen«, sagte M.

R. griff einige Akkorde auf der Gitarre und sang: »Alle meine Entchen schwimmen auf dem See, schwimmen auf dem See, Köpfchen in das Wasser . . .«

»Ach sei doch still«, sagte F. »Du hast es auch nicht besser gemacht.«
»Die Sexualität ist nicht nur ein Segen, sondern auch ein Fluch des Menschen«, sagte P. und fand Zustimmung.
»So ist es.«
»In der Tat.«
»Wer wollte das bezweifeln.«

Die Falle

Da Herr Lemm, der ein reicher Mann war, seinen beiden Kindern zum Christfest eine besondere Freude machen wollte, rief er Anfang Dezember beim Studentenwerk an und erkundigte sich, ob es stimme, daß die Organisation zum Weihnachtsfest Weihnachtsmänner vermittle. Ja, das habe seine Richtigkeit. Studenten stünden dafür bereit, 25 DM koste eine Bescherung, die Kostüme brächten die Studenten mit, die Geschenke müßte der Hausherr natürlich selbst stellen. »Versteht sich, versteht sich«, sagte Herr Lemm, gab die Adresse seiner Villa in Berlin-Dahlem an und bestellte einen Weihnachtsmann für den 24. Dezember um 18 Uhr. Seine Kinder seien noch klein, und da sei es nicht gut, sie allzulange auf die Bescherung warten zu lassen. Der bestellte Weihnachtsmann kam pünktlich. Er war ein Student mit schwarzem Vollbart, unter dem Arm trug er ein Paket.
»Wollen Sie so auftreten?« fragte Herr Lemm.
»Nein«, antwortete der Student, »da kommt natürlich noch ein weißer Bart darüber. Kann ich mich hier irgendwo umziehen?«
Er wurde in die Küche geschickt. »Da stehen aber leckere

Sachen«, sagte er und deutete auf die kalten Platten, die auf dem Küchentisch standen. »Nach der Bescherung, wenn die Kinder im Bett sind, wollen noch Geschäftsfreunde meines Mannes vorbeischauen«, erwiderte die Hausfrau. »Daher eilt es etwas. Könnten Sie bald anfangen?«
Der Student war schnell umgezogen. Er hatte jetzt einen roten Mantel mit roter Kapuze an und band sich einen weißen Bart um. »Und nun zu den Geschenken«, sagte Herr Lemm. »Diese Sachen sind für den Jungen, Thomas«, er zeigte auf ein kleines Fahrrad und andere Spielsachen –, »und das bekommt Petra, das Mädchen, ich meine die Puppe und die Sachen da drüben. Die Namen stehen jeweils drauf, da wird wohl nichts schiefgehen. Und hier ist noch ein Zettel, auf dem ein paar Unarten der Kinder notiert sind, reden Sie ihnen mal ins Gewissen, aber verängstigen Sie sie nicht, vielleicht genügt es, etwas mit der Rute zu drohen. Und versuchen Sie, die Sache möglichst rasch zu machen, weil wir noch Besuch erwarten.«
Der Weihnachtsmann nickte und packte die Geschenke in den Sack. »Rufen Sie die Kinder schon ins Weihnachtszimmer, ich komme gleich nach. Und noch eine Frage. Gibt es hier ein Telefon? Ich muß jemanden anrufen.«
»Auf der Diele rechts.«
»Danke.«
Nach einigen Minuten war dann alles soweit. Mit dem Sack über dem Rücken ging der Student auf die angelehnte Tür des Weihnachtszimmers zu. Einen Moment blieb er stehen. Er hörte die Stimme von Herrn Lemm, der gerade sagte: »Wißt ihr, wer jetzt gleich kommen wird? Ja, Petra, der Weihnachtsmann, von dem wir euch schon so viel erzählt haben. Benehmt euch schön brav . . .«
Fröhlich öffnete er die Tür. Blinzelnd blieb er stehen. Er sah den brennenden Baum, die erwartungsvollen Kinder, die fei-

erlichen Eltern. Es hatte geklappt, jetzt fiel die Falle zu. »Guten Tag, liebe Kinder«, sagte er mit tiefer Stimme. »Ihr seid also Thomas und Petra. Und ihr wißt sicher, wer ich bin, oder?«

»Der Weihnachtsmann«, sagte Thomas etwas ängstlich.

»Richtig. Und ich komme zu euch, weil heute Weihnachten ist. Doch bevor ich nachschaue, was ich alles in meinem Sack habe, wollen wir erst einmal ein Lied singen. Kennt ihr ›Stille Nacht, heilige Nacht‹? Ja? Also!«

Er begann mit lauter Stimme zu singen, doch mitten im Lied brach er ab. »Aber, aber, die Eltern singen ja nicht mit! Jetzt fangen wir alle noch mal von vorne an. Oder haben wir den Text etwa nicht gelernt? Wie geht denn das Lied, Herr Lemm?«

Herr Lemm blickte den Weihnachtsmann befremdet an. »Stille Nacht, heilige Nacht, alles schläft, einer wacht . . .«

Der Weihnachtsmann klopfte mit der Rute auf den Tisch: »Einsam wacht! Weiter! Nur das traute . . .«

»Nur das traute, hochheilige Paar«, sagte Frau Lemm betreten, und leise fügte sie hinzu: »Holder Knabe im lockigen Haar.«

»Vorsagen gilt nicht«, sagte der Weihnachtsmann barsch und hob die Rute. »Wie geht es weiter?«

»Holder Knabe im lockigen . . .«

»Im lockigen Was?«

»Ich weiß es nicht«, sagte Herr Lemm. »Aber was soll denn diese Fragerei? Sie sind hier, um . . .«

Seine Frau stieß ihn in die Seite, und als er die erstaunten Blicke seiner Kinder sah, verstummte Herr Lemm.

»Holder Knabe im lockigen Haar«, sagte der Weihnachtsmann, »Schlaf in himmlischer Ruh, schlaf in himmlischer Ruh. Das nächste Mal lernen wir das besser. Und jetzt singen wir noch einmal miteinander: ›Stille Nacht, heilige Nacht‹.«

»Gut, Kinder«, sagte er dann. »Eure Eltern können sich ein Beispiel an euch nehmen. So, jetzt geht es an die Bescherung. Wir wollen doch mal sehen, was wir hier im Sack haben. Aber Moment, hier liegt ja noch ein Zettel!« Er griff nach dem Zettel und las ihn durch.
»Stimmt das, Thomas, daß du in der Schule oft ungehorsam bist und den Lehrern widersprichst?«
»Ja«, sagte Thomas kleinlaut.
»So ist es richtig«, sagte der Weihnachtsmann. »Nur dumme Kinder glauben alles, was ihnen die Lehrer erzählen. Brav, Thomas.«
Herr Lemm sah den Studenten beunruhigt an.
»Aber ...«, begann er. »Sei doch still«, sagte seine Frau.
»Wollten Sie etwas sagen?« fragte der Weihnachtsmann Herrn Lemm mit tiefer Stimme und strich sich über den Bart.
»Nein.«
»Nein, lieber Weihnachtsmann, heißt das immer noch. Aber jetzt kommen wir zu dir, Petra. Du sollst manchmal bei Tisch reden, wenn du nicht gefragt wirst, ist das wahr?« Petra nickte.
»Gut so«, sagte der Weihnachtsmann. »Wer immer nur redet, wenn er gefragt wird, bringt es in diesem Leben zu nichts. Und da ihr so brave Kinder seid, sollt ihr nun auch belohnt werden. Aber bevor ich in den Sack greife, hätte ich gerne etwas zu trinken.« Er blickte die Eltern an.
»Wasser?« fragte Frau Lemm.
»Nein, Whisky. Ich habe in der Küche eine Flasche ›Chivas Regal‹ gesehen. Wenn Sie mir davon etwas einschenken würden? Ohne Wasser, bitte, aber mit etwas Eis.«
»Mein Herr!« sagte Herr Lemm, aber seine Frau war schon aus dem Zimmer. Sie kam mit einem Glas zurück, das sie dem Weihnachtsmann anbot. Er leerte es und schwieg.
»Merkt euch eins, Kinder«, sagte er dann. »Nicht alles, was

teuer ist, ist auch gut. Dieser Whisky kostet etwa 50 DM pro Flasche. Davon müssen manche Leute einige Tage leben, und eure Eltern trinken das einfach ’runter. Ein Trost bleibt: der Whisky schmeckt nicht besonders.«

Herr Lemm wollte etwas sagen, doch als der Weihnachtsmann die Rute hob, ließ er es.

»So, jetzt geht es an die Bescherung.«

Der Weihnachtsmann packte die Sachen aus und überreichte sie den Kindern. Er machte dabei kleine Scherze, doch es gab keine Zwischenfälle, Herr Lemm atmete leichter, die Kinder schauten respektvoll zum Weihnachtsmann auf, bedankten sich für jedes Geschenk und lachten, wenn er einen Scherz machte. Sie mochten ihn offensichtlich.

»Und hier habe ich noch etwas Schönes für dich, Thomas«, sagte der Weihnachtsmann. »Ein Fahrrad. Steig mal drauf.«

Thomas strampelte, der Weihnachtsmann hielt ihn fest, gemeinsam drehten sie einige Runden im Zimmer.

»So, jetzt bedankt euch mal beim Weihnachtsmann!« rief Herr Lemm den Kindern zu. »Er muß nämlich noch viele, viele Kinder besuchen, deswegen will er jetzt leider gehen.«

Thomas schaute den Weihnachtsmann enttäuscht an, da klingelte es. »Sind das schon die Gäste?« fragte die Hausfrau.

»Wahrscheinlich«, sagte Herr Lemm und sah den Weihnachtsmann eindringlich an. »Öffne doch.«

Die Frau tat das, und ein Mann mit roter Kapuze und rotem Mantel, über den ein langer weißer Bart wallte, trat ein. »Ich bin Knecht Ruprecht«, sagte er mit tiefer Stimme.

Währenddessen hatte Herr Lemm im Weihnachtszimmer noch einmal behauptet, daß der Weihnachtsmann jetzt leider gehen müsse. »Nun bedankt euch mal schön, Kinder«, rief er, als Knecht Ruprecht das Zimmer betrat. Hinter ihm kam Frau Lemm und schaute ihren Mann achselzuckend an.

»Da ist ja mein Freund Knecht Ruprecht«, sagte der Weihnachtsmann fröhlich.
»So ist es«, erwiderte dieser. »Da drauß' vom Walde komm ich her, ich muß euch sagen, es weihnachtet sehr. Und jetzt hätte ich gerne etwas zu essen.«
»Wundert euch nicht«, sagte der Weihnachtsmann zu den Kindern gewandt. »Ein Weihnachtsmann allein könnte nie all die Kinder bescheren, die es auf der Welt gibt. Deswegen habe ich Freunde, die mir dabei helfen: Knecht Ruprecht, den heiligen Nikolaus und noch viele andere . . .«
Es klingelte wieder. Die Hausfrau blickte Herrn Lemm an, der so verwirrt war, daß er mit dem Kopf nickte; sie ging zur Tür und öffnete. Vor der Tür stand ein dritter Weihnachtsmann, der ohne Zögern eintrat. »Puh«, sagte er. »Diese Kälte! Hier ist es beinahe so kalt wie am Nordpol, wo ich zu Hause bin!«
Mit diesen Worten betrat er das Weihnachtszimmer. »Ich bin Sankt Nikolaus«, fügte er hinzu, »und ich freue mich immer, wenn ich brave Kinder sehe. Das sind sie doch – oder?«
»Sie sind sehr brav«, sagte der Weihnachtsmann. »Nur die Eltern gehorchen nicht immer, denn sonst hätten sie schon längst eine von den kalten Platten und etwas zu trinken gebracht.«
»Verschwinden Sie!« flüsterte Herr Lemm in das Ohr des Studenten.
»Sagen Sie das doch so laut, daß Ihre Kinder es auch hören können«, antwortete der Weihnachtsmann.
»Ihr gehört jetzt ins Bett«, sagte Herr Lemm.
»Nein«, brüllten die Kinder und klammerten sich an den Mantel des Weihnachtsmannes.
»Hunger«, sagte Sankt Nikolaus.
Die Frau holte ein Tablett. Die Weihnachtsmänner begannen zu essen. »In der Küche steht Whisky«, sagte der erste, und als

Frau Lemm sich nicht rührte, machte sich Knecht Ruprecht auf den Weg. Herr Lemm lief hinter ihm her. In der Diele stellte er den Knecht Ruprecht, der mit einer Flasche und einigen Gläsern das Weihnachtszimmer betreten wollte.
»Lassen Sie die Hände vom Whisky!«
»Thomas!« rief Knecht Ruprecht laut, und schon kam der Junge auf seinem Fahrrad angestrampelt. Erwartungsvoll blickte er Vater und Weihnachtsmann an.
»Mein Gott, mein Gott«, sagte Herr Lemm, doch er ließ Knecht Ruprecht vorbei.
»Tu was dagegen«, sagte seine Frau. »Das ist ja furchtbar. Tu was!«
»Was soll ich tun?« fragte er, da klingelte es.
»Das werden die Gäste sein!«
»Und wenn sie es nicht sind?«
»Dann hole ich die Polizei!«
Herr Lemm öffnete. Ein junger Mann trat ein. Auch er hatte einen Wattebart im Gesicht, trug jedoch keinen roten Mantel, sondern einen weißen Umhang, an dem er zwei Flügel aus Pappe befestigt hatte.
Der Weihnachtsmann, der auf die Diele getreten war, als er das Klingeln gehört hatte, schwieg wie die anderen. Hinter ihm schauten die Kinder, Knecht Ruprecht und Sankt Nikolaus auf den Gast.
»Grüß Gott, lieber . . .«, sagte Knecht Ruprecht schließlich.
»Lieber Engel Gabriel«, ergänzte der Bärtige verlegen. »Ich komme, um hier nachzuschauen, ob auch alle Kinder artig sind. Ich bin nämlich einer von den Engeln auf dem Felde, die den Hirten damals die Geburt des Jesuskindes angekündigt haben. Ihr kennt doch die Geschichte, oder?«
Die Kinder nickten, und der Engel ging etwas befangen ins Weihnachtszimmer. Zwei Weihnachtsmänner folgten ihm, den

dritten, es war jener, der als erster gekommen war, hielt Herr Lemm fest. »Was soll denn der Unfug?« fragte er mit einer Stimme, die etwas zitterte. Der Weihnachtsmann zuckte mit den Schultern. »Ich begreif' es auch nicht, warum er so antanzt. Ich habe ihm ausdrücklich gesagt, er solle als Weihnachtsmann kommen, aber wahrscheinlich konnte er keinen roten Mantel auftreiben.«

»Sie werden jetzt alle schleunigst hier verschwinden«, sagte Herr Lemm.

»Schmeißen Sie uns doch 'raus«, erwiderte der Weihnachtsmann und zeigte ins Weihnachtszimmer. Dort saß der Engel, aß Schnittchen und erzählte Thomas davon, wie es im Himmel aussah. Die Weihnachtsmänner tranken und brachten Petra ein Lied bei, das mit den Worten begann: »Nun danket alle Gott, die Schule ist bankrott.«

»Wieviel verlangen sie?« fragte Herr Lemm.

»Wofür?«

»Für Ihr Verschwinden. Ich erwarte bald Gäste, das wissen Sie doch.«

»Ja, das könnte peinlich werden, wenn Ihre Gäste hier hereinplatzen würden. Was ist Ihnen denn die Sache wert?«

»Hundert Mark«, sagte der Hausherr. Der Weihnachtsmann lachte und ging ins Zimmer. »Holt mal eure Eltern«, sagte er zu Petra und Thomas. »Engel Gabriel will uns noch die Weihnachtsgeschichte erzählen.«

Die Kinder liefen auf die Diele. »Kommt«, schrien sie, »Engel Gabriel will uns was erzählen.« Herr Lemm sah seine Frau an.

»Halt mir die Kinder etwas vom Leibe«, flüsterte er, »ich rufe jetzt die Polizei an!« »Tu es nicht«, bat sie, »denk doch daran, was in den Kindern vorgehen muß, wenn Polizisten . . .« »Das ist mir jetzt völlig egal«, unterbrach Herr Lemm. »Ich tu's.»

»Kommt doch«, riefen die Kinder. Herr Lemm hob den Hörer ab und wählte. Die Kinder kamen neugierig näher. »Hier Lemm«, flüsterte er. »Lemm, Berlin-Dahlem. Bitte schicken Sie ein Überfallkommando.« »Sprechen Sie bitte lauter«, sagte der Polizeibeamte. »Ich kann nicht lauter sprechen, wegen der Kinder. Hier, bei mir zu Haus, sind drei Weihnachtsmänner und ein Engel und die gehen nicht weg . . .«
Frau Lemm hatte versucht, die Kinder wegzuscheuchen, es war ihr nicht gelungen. Petra und Thomas standen neben ihrem Vater und schauten ihn an. Herr Lemm verstummte.
»Was ist mit den Weihnachtsmännern?« fragte der Beamte, doch Herr Lemm schwieg weiter.
»Fröhliche Weihnachten«, sagte der Beamte und hängte auf.
Da erst wurde Herrn Lemm klar, wie verzweifelt seine Lage war.
»Komm, Pappi«, riefen die Kinder, »Engel Gabriel will anfangen.« Sie zogen ihn ins Weihnachtszimmer.
»Zweihundertfünfzig«, sagte er leise zum Weihnachtsmann, der auf der Couch saß.
»Pst«, antwortete der und zeigte auf den Engel, der »Es begab sich aber zu der Zeit« sagte und langsam fortfuhr. »Dreihundert.« Als der Engel begann, den Kindern zu erklären, was der Satz »Und die war schwanger« bedeute, sagte Herr Lemm »Vierhundert« und der Weihnachtsmann nickte.
»Jetzt müssen wir leider gehen, liebe Kinder«, sagte er. »Seid hübsch brav, widersprecht euren Lehrern, wo es geht, haltet die Augen offen und redet, ohne gefragt zu werden. Versprecht ihr mir das?«
Die Kinder versprachen es, und nacheinander verließen der Weihnachtsmann, Knecht Ruprecht, Sankt Nikolaus und der Engel Gabriel das Haus. »Ich fand es nicht richtig, daß du Geld genommen hast«, sagte Knecht Ruprecht auf der Straße.

»Das war nicht geplant.«
»Leute, die sich Weihnachtsmänner mieten, sollen auch dafür zahlen«, meinte Engel Gabriel.
»Aber nicht so viel.«
»Wieso nicht? Alles wird heutzutage teurer, auch das Bescheren.«
»Expropriation der Expropriateure«, sagte der Weihnachtsmann.
»Richtig«, sagte Sankt Nikolaus. »Wo steht geschrieben, daß der Weihnachtsmann immer nur etwas bringt? Manchmal holt er auch was.«
»In einer Gesellschaft, deren Losung ›Hastuwasbistuwas‹ heißt, kann auch der Weihnachtsmann nicht sauber bleiben«, sagte Engel Gabriel. »Es ist kalt«, sagte der Weihnachtsmann.
»Vielleicht sollten wir das Geld einem wohltätigen Zweck zur Verfügung stellen«, schlug Knecht Ruprecht vor.
»Erst einmal sollten wir eine Kneipe finden, die noch auf hat«, sagte der Weihnachtsmann. Sie fanden eine, nahmen ihre Bärte ab, setzten sich und spendierten eine Lokalrunde, bevor sie weiter beratschlagten.

Ein Job

P. stand auf und stellte sich mit dem Rücken gegen den Ofen. »Ich weiß nicht, ob es schon bekannt geworden ist,« begann er, »aber ich soll demnächst heilig gesprochen werden.«
»Scheinheilig«, sagte R., doch niemand lachte.
»Heilig«, sagte P. »Ich muß nur noch zwei Wunder vorweisen, dann ist meine Heiligsprechung so gut wie gesichert. 5000

Professoren und der Papst sind auf einem Kongreß in Wanne-Eickel zu dem Ergebnis gekommen, daß es nur eine Frage der Zeit sein kann, bis ich die allerhöchsten Weihen empfange.«
»Wieso zwei Wunder, »fragte Z., der gerade dabei war, eine Ei-Tempera zu mischen. Er stocherte in dem Trichter herum, da das Eigelb nicht in die Flasche rutschen wollte. »Wenn mich mein Gewährsmann Kurienkardinal Ottaviani richtig unterrichtet hat, sind zu so etwas drei Wunder notwendig.«
»Bei mir nicht«, sagte P. und setzte sich ans Klavier. »Mein drittes Wunder wäre die Heiligsprechung.«
»Freilich«, sagte Z.
»In der Tat!« schrie F. aus dem Nebenzimmer.
»Was mir noch fehlt«, sagte P., »sind einige Gebetserhörungen. Hat jemand meinen Namen angerufen, während er in Not war? Ihr solltet das tun. Jeder, der mich ehrlich und ohne Falsch anruft, erhält einen immerwährenden Ablaß, der allerdings auf drei Jahre begrenzt ist.« Er begann, das »Erwachen des Löwen« zu spielen, doch Z. unterbrach ihn.
»Ich habe einmal deinen Namen angerufen«, behauptete er.
»Das war in einer kalten Winternacht am Nollendorfplatz, als ich nach einer Piese suchte. Und siehe! Ich fand eine.«
»Am Nollendorfplatz? Das ist kein Wunder«, schrie F. aus den Nebenzimmer. Die Vorstellung erregte ihn so sehr, daß er von seiner Liege aufstand und durch die Tür schaute. »Am Nollendorfplatz eine Kneipe zu finden, ist kein Wunder!«
»Richtig«, sagte Z. »Das ist Schicksal.«
»Zufall«, sagte R. und trat von der Staffelei zurück. »Es ist reiner Zufall. Wie groß ist so eine Kneipe? Vielleicht 200 Quadratmeter. Und wie groß ist die Erde? Nur das Land, Meere nicht mit eingerechnet? Ich schätze drei Millionen Quadratkilometer.«
»Mehr«, sagte Z.

»Nun gut. Jedenfalls ist sie riesengroß, klitzeklein sind die Kneipen auf ihr. Wenn man eine findet, ist das in Anbetracht dieser Tatsache reiner Zufall.«
»Zufall oder Fügung«, sagte Z. »Ich weigere mich, an den puren Zufall zu glauben.« Das Eigelb war in die Flasche geflossen, und Z. begann sie zu schütteln, langsam vermengten sich Leinölfirnis und Eigelb. »Wenn mein Erlebnis am Nollendorfplatz ein Zufall war, dann wäre es auch ein Zufall, daß von den Millionen Eiern dieser Welt eines den Weg in diese enge Flaschenöffnung gefunden hat.«
»Der Vergleich hinkt«, sagte F. »Er hinkt gewaltig. Daß du das Ei trotz deines Tatterich in die Flasche bekommen hast, ist nun wirklich ein Wunder.«
»Ich war im Krieg verschüttet«, sagte Z. und schaute auf seine Hände, die tatsächlich etwas zitterten. »Damit spaßt man nicht.«
»Heilig, heilig«, warf R. hilfreich ein. »Ein weiteres Wunder. Die zweite Gebetserhörung innerhalb von zwei Wochen. P., ich würde dem Papst schreiben. Es ist so weit!«
Gerade wollte Z. einwenden, daß er P.s Namen in diesem Falle aber gar nicht angerufen habe, da klingelte es.
Im Treppenhaus stand J., der fragte, ob er störe, worauf ihm von allen Seiten versichert wurde, daß er natürlich störe, nichts jedoch über eine kleine Störung gehe – »Oder war es eine kleine Stärkung?« schrie F. – und dann schwiegen alle für einen Moment.
»Es handelt sich um einen Job«, sagte J. schließlich und kam damit P. zuvor, der wieder zum Klavierspielen ansetzen wollte.
Sie wüßten doch sicher alle, daß er bei Frau Greims in Untermiete wohne, im ersten Stock, in der Motzstraße, im Erdgeschoß aber befinde sich eine Kneipe, und in der nun sei

es nach Meinung seiner Wirtin derartig laut, daß sie sich beim Ordnungsamt beschwert habe. Das Amt habe daraufhin für heute Abend den Besuch eines Beamten angekündigt, der mittels eines Phonmessers den Lärm im Schlafzimmer der Wirtin messen wolle – »Das liegt nämlich über der Kneipe« –, und um in punkto Krach auch sicherzugehen, habe die Wirtin ihm zwanzig Mark gegeben, die er an lärmversierte Freunde weiterleiten solle, damit sie besagtem Lokal heute Abend einen Besuch abstatteten.

»Ein teuflischer Plan«, sagte Z. und nickte anerkennend. »Wann soll es losgehen?«

Um neun etwa, erwiderte J., der Beamte werde gegen zehn Uhr erwartet, die Frage sei nur, ob die anwesenden Herren Zeit und Lust hätten.

»Ein altes Mütterlein mit seinen Sorgen allein zu lassen, das geht ganz einfach gegen meine Pfadfinderehre,«, sagte F. und schaute beifallheischend um sich, worauf P. meinte, hier liege ja nun wirklich ein Fall von Anrufung in höchster Not vor, dem er sich als Fastheiliger ganz unmöglich entziehen könne.

»Und überdies könnten wir gepflegt einen sicherstellen«, gab Z. zu bedenken, was R. zu dem Ausruf »Nun verstehe ich alles« veranlaßte, und schließlich kam man überein, schnell noch einen Happen einzuwerfen, um neun sei man dann in der Kneipe.

»Ich geh schon mal vor«, sagte J., »um oben in der Wohnung die Stellung zu halten. Wenn etwas ist, sag ich euch Bescheid.«

Anderthalb Stunden später kamen sie nacheinander durch den Vorhang, der die Kneipe vor Zugluft schützte, und schauten sich um. Außer der Bedienung waren lediglich zwei Gäste im Lokal, die sich tuschelnd unterhielten. Z. deutete auf einen der Tische, die anderen nickten und setzten sich.

»Kalt draußen«, sagte P. Auch er sprach unwillkürlich ge-

dämpft, versuchte seine Stimme anzuheben und endete wieder im Gemurmel. »Man möchte keinen Hund vor die Tür jagen. Oder möchte das jemand von euch?«
»Es soll mal in Flensburg einen gegeben haben, der bei einem solchen Wetter einen Hund vor die Tür gejagt hat«, sagte F.
»Wie bitte?« fragte Z., und F. wiederholte den Satz etwas lauter.
»Und?« fragte R.
»Es ist ihm schlecht bekommen. Er ist keine sieben Jahre später ausgerutscht und hat sich irgendwo sehr weh getan.«
»Trocken hier«, wisperte P.
»Fräulein, vier Bier«, sagte R. und mußte es noch einmal sagen, bis das Fräulein die Zeitung, in der sie gelesen hatte, mit einem Knistern zusammenfaltete, das die beiden tuschelnden Gäste aufschrecken ließ. »Was soll's sein?« fragte sie und trat hinter die Theke.
»Vier Bier, wenn's recht ist.«
»O meine Staublunge«, sagte R. und fing an zu husten. Es war ein ganz trockenes, bellendes Husten, das alle in Erstaunen versetzte.
»Den ganzen Tag im Pütt, und dann wollen sie einem ein Bierchen in Ehren verwehren!«
Die Bedienung begann Bier einzuschenken. Sie füllte die Gläser halbvoll und wartete, bis sich der Schaum gesetzt hatte.
»Wer um Himmels willen?« fragte P., der auf der Toilette gewesen war und erst jetzt an dem Gespräch teilnehmen konnte.
»Wer? Die Interessenverbände. Abs und seine Leute. All jene, die daran interessiert sind, einem ehrlichen Kohlenschipper noch die letzte Freude zu nehmen.«
R. begann wieder zu husten, doch die Bedienung hatte mittlerweile die vier Biergläser vollgeschenkt, nun brachte sie sie und

stellte sie auf die Bierdeckel. »Vielleicht sollten wir einen Rechtsanwalt kommen lassen«, sagte F. »In Oldenburg ist einmal der schreckliche Fall vorgekommen, daß Leute vor vollen Gläsern verdurstet sind.« »Das«, sagte Z., »das erinnert mich an einen ähnlichen Vorfall in Herne. Drei fröhliche junge Burschen mußten damals daran glauben. Einen halben Meter vor den gefüllten Gläsern fand man am nächsten Tag ihre gräßlich entstellten Leichen.« Z. machte ein Gesicht, das dem eines Verdursteten gleichen sollte. Es gelang ihm nicht.

»Trotzdem bin ich der Meinung, daß wir einen Rechtsanwalt kommen lassen sollten«, begann F. wieder.

»Weshalb?« fragte R. höflich.

»Zum Anstoßen«, sagte F. und war froh, daß er es endlich

»Ich finde, das sollten wir unter uns ausmachen«, meinte Z., »wozu einen Fremden bemühen. Prost!«

Alle tranken, setzten die Gläser ab, sagten Ah! und wischten sich über den Mund.

»Also«, sagte Z. schließlich, »dann woll'n wir mal. Wir öffnen unsere Gesangbücher auf Seite 112 und singen ›The lion sleeps tonight‹. Und jetzt alle!«

Er begann, »In the jungle, the mighty jungle . . .« zu singen, doch noch bevor er die verlegen dasitzenden Freunde dazu ermuntern konnte, das »Awimaweawimawe« der Baßstimme zu intonieren, wurde er durch die beiden Gäste am Ecktisch abgelenkt, die der Bedienung bedeuteten, daß sie zahlen wollten.

»Ach Scheiße«, sagte R. »Jetzt gehen die auch noch! Warum mußtest du denn so schreien?«

»Wer in diesem Lokal keinen Krach vertragen kann, der soll ruhig rübergehen«, sagte Z. böse. »Leisetreter haben hier aber alten Frauen und lärmenden Straßenbahnern. Die Wirtin wolle ihr Geld zurück, sagte er, doch er wurde niedergeschrien.

Sie würden sich nicht als Handlanger ruheversessener Wirtinnen gegen das notleidende Kleinkneipentum ausnutzen lassen, rief F. aus, worauf Z. »Der Judaslohn ist längst versoffen« und P. »Das kommt dazu« sagte. R., der etwas weiter entfernt stand, grüßte winkend und fuhr fort, dem Mädchen Karin von den Begebenheiten der letzten Stunden zu erzählen. Schon begannen sie sich zu einer Geschichte zu runden, in der es nur Sieger gab; bald würde er sie selber glauben.

auch gar nichts verloren!« Er versuchte, wieder zu singen, doch da alle beiseitesahen, ließ er es schnell.
»Was ist denn das für ein Ticken?« fragte F. schließlich.
»Vielleicht eine Uhr?«
»Apropos Uhr – wie spät ist es denn?«
»Viertel vor zehn.«
»Dann ist ja noch etwas Zeit.«
Sie bestellten noch einmal vier Biere und vertrieben sich die Zeit damit, auf den Vorhang des Eingangs zu schauen und sich die unerhörten Krachmacher auszumalen, die gleich hereinkommen würden.
»Ich aber sage euch, es werden sieben mal hunderttausend Jünglinge eintreten, die Schuhe geschnürt mit Senkeln aus eitel Speckstein und gehüllt in Gewänder aus eitel Schnürsenkeln und sie werden einen fürchterlichen Lärm machen, auf daß das Wort der Schrift erfüllet werde, das da sagt . . .«
»Welcher Schrift denn?« unterbrach Z. P., der ohnehin nicht weiter wußte und daher eilfertig erklärte, daß das alles im fünften Buch Mosel stände; »Oder war es beim Apostel Paulaner?« fragte er lauernd, doch da öffnete sich der Vorhang tatsächlich, und J. trat schnell an den Tisch.
Seit zehn Minuten sei der Beamte schon da, was denn nun mit dem Lärm sei?
Z. deutete anklagend auf die anderen, F. zeigte entschuldigend auf das leere Lokal, und R. erklärte mit erhobener Stimme, sie hätten erst ab zehn mit dem Beamten gerechnet und daher auch erst um zehn mit dem richtigen Krach beginnen wollen.
»Nicht so laut«, sagte J.
»Ich denke, wir sollen lärmen!«
»Natürlich. Aber das muß doch nicht jeder wissen!«
»Wieso denn jeder? Ist doch keiner hier!«

»Pschscht!« »Darf es noch etwas sein?« fragte die Bedienung, die an den Tisch getreten war.
»Nochmal dasselbe«, sagte F. so laut er konnte.
»Könntest du nicht mitlärmen?« fragte Z. J. hoffnungsvoll. Nein, er müsse wieder rauf, sagt J., worauf Z. etwas von Ratten rief, die das sinkende Schiff verließen und sich daher auch nicht wundern dürften, wenn sie nicht mitertränken.
Doch J. war schon wieder draußen, dafür betrat ein alter Mann das Lokal, in dem F. Opa Olaf, den gefürchtetsten Radaubruder von Kreuzberg zu erkennen glaubte; doch der Greis stellte lediglich eine Dreiliter-Bierkanne auf die Theke, und die Bedienung begann, sie vollzuschenken.
»Also!« sagte Z., hob sein Glas und sah alle scharf an. »Unserem lieben Geburtstagskind ein dreifaches Hoch, Hoch« . . .
»Welchem Geburtstagskind denn?« fragte P. verstört.
»Komm! Mitmachen!« flüsterte Z. »Hoch . . .«
»Hoch!« schrien alle.
»Und noch einmal!« rief Z. »Dem edlen Geburtstagskind ein dreifaches . . .«
»Nein«, sagte R. »Bitte nicht. Singen wir doch lieber: Dem lieben Z. ein Trullalla . . .«
»Dann können wir ja gleich jodeln«, sagte P.
»Jodel doch!« erwiderte Z. böse. »Dann jodel wenigstens!«
»Aber doch nicht hier, mitten in Berlin!«
»Wo denn sonst? In den Alpen ist es einfach zu jodeln, da, wo niemand zuhört, weil alle jodeln. Erst hier in der Großstadt beweist es sich, ob du wirklich zum Jodeln berufen bist.«
»Na gut. Bin ich halt nicht berufen. Außerdem schickt es sich für einen angehenden Heiligen auch nicht, zu jodeln.«
Der heilige Franziskus sei aber seines Wissens nach einer der begabtesten Jodler Umbriens gewesen, gab F. zu bedenken,

Reden ist Silber

Ohne Worte

DOCH, DOCH...
WAR GANZ SCHÖN GEMEIN
EHRLICH!
JA?

DANKE!

Ausklang

Wie Orbi den Urbi einmal furchtbar hereinlegte

Während eines Spaziergangs entdeckten Urbi und Orbi einst in der Ferne ein merkwürdig geformtes Bauwerk, das sogleich ihr Interesse erregte . . .

Urbi: Guck mal dahinten! Ich freß 'nen Besen, wenn das nicht der Dom von Florenz ist!
Orbi: Das da? Niemals. Das ist der Kölner Dom!
Urbi: Wetten?
Orbi: Wetten!
Beide: Ok. Gehen wir mal näher ran!

Urbi: Na bitte! Der Dom von Florenz!
Orbi: Kommt mir aber verdammt vor wie der Kölner Dom!
Urbi: Der doch nicht!
Orbi: Genau der!
Beide: Na gut! Gehen wir noch näher ran, dann wird sich der Fall schon klären!

Urbi: Dom von Florenz!

Orbi: Dom von Köln!
Beide: Das wollen wir jetzt aber mal ganz genau wissen! Gehen wir mal ganz, ganz nah ran!

Urbi: Möönsch . . . Sieht so aus, als ob du recht gehabt hättest . . . Das könnte der Kölner Dom sein . . . Nee, das isser . . . Wie konnte ich mich nur so irren?
Orbi (verschmitzt): Ja, wieso? Wissen Sie des Rätsels Lösung, lieber Leser?

Kleine Hilfestellung: Vielleicht versuchen Sie es einmal mit Nachdenken?

Komm' ran, Kleines! Hier bist du richtig!

Inhalt

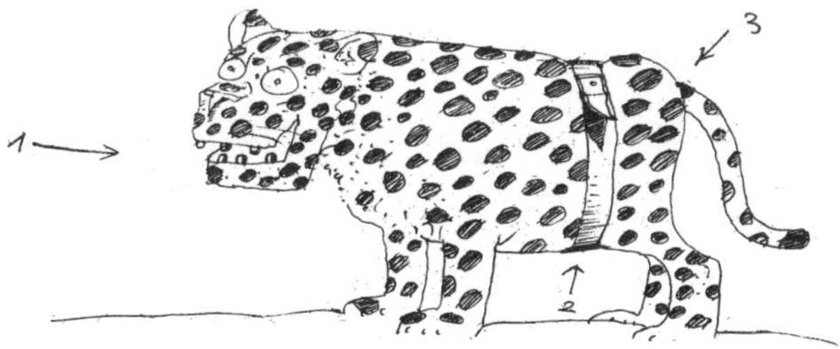

Worauf man beim Panterkauf achten muß

Bibliographische Notiz

Die in diesem Buch versammelten Bildergeschichten, Geschichten und Fotoromane entstanden zwischen 1962 und 1977. Zum Teil erschienen sie in mittlerweile vergriffenen Anthologien, zum Teil in Zeitschriften (konkret, pardon u. a.) und, natürlich, in der Beilage »Welt im Spiegel«. Außerdem enthält das Buch eine Reihe bisher unveröffentlichter Arbeiten.
Die Geschichten »Noch ein Bild und seine Geschichte« und »Der Fall Binder«, sowie der Fotoroman »Der Biber von Eschnapur« entstanden in Zusammenarbeit mit F. W. Bernstein; am Märchen »Vom lieben Gott, der über die Erde wandelte« hat Peter Knorr mitgearbeitet.

Goethe
Skizzenblatt 77